运动成惯性　健康伴一生

运动惯性

YUNDONG GUANXING YU JIANKANG

主　编◇林文弢

副主编◇孙晋海　丁华丽

广东高等教育出版社
Guangdong Higher Education Press
·广州·

图书在版编目（CIP）数据

运动惯性与健康／林文弢主编．—广州：广东高等教育出版社，2016.11（2017.8重印）

ISBN 978-7-5361-5772-9

Ⅰ．①运…　Ⅱ．①林…　Ⅲ．①体育运动-关系-健康-研究　Ⅳ．①G806

中国版本图书馆CIP数据核字（2016）第269819号

出版发行	广东高等教育出版社 地址：广州市天河区林和西横路 邮政编码：510500　电话：（020）87554153 http://www.gdgjs.com.cn
印　　刷	广州市穗彩印务有限公司
开　　本	787毫米×1 092毫米　1/16
印　　张	12.75
字　　数	236千
版　　次	2016年11月第1版　2017年8月第2次印刷
定　　价	38.00元

编　委　会

主　　编： 林文弢

副 主 编： 孙晋海　丁华丽

编写人员：（按姓氏笔画排序）

丁华丽　王　英　王　凯　冯　卫

孙晋海　苏　斌　林文弢　林洁如

岳冀阳　崔旭艳　黄新红

目　录

导言

运动成惯性，健康伴一生

惯性，原是力学研究的专门术语，如惯性定律、惯性与火车的发明等。然而，无论是生活还是工作都存在着某些惯性。说话有惯性，如一位教师或演讲者，刚刚上课时的讲解或演讲，滔滔不绝，口若悬河，突然下课了，演讲结束了，还有许多话要说，因此特别喜欢学生或听众再次提问；唱歌也有惯性，唱了一个晚上卡拉 OK，结束后，意犹未尽，人虽离开，手中也没有麦克风，周围也没有音乐，但口中不由自主哼了再哼；啃瓜子也有惯性，闲聊之时，看戏、看电视之际，瓜子一嗑，手不停嘴不停，直到最后一颗，哪怕是最小的瓜子也不放过；工作也有惯性，一整天忙忙碌碌，腰酸背痛，头昏脑涨，但一停下来，还是难受，左折腾，右忙碌，不由自主又干起活来；睡觉也有惯性，特别是冬天、下雨天、休闲天，睡上一觉，闹钟再闹，毫无作用，想起不行，昏昏沉沉，迷迷糊糊，一睡再睡，就想赖床；看书学习也有惯性，特别是雅兴一来，书不离手，眼只盯书，简直就是书痴。当然，运动也一定有惯性。人从事运动，不管何种运动，运动负荷多大，人体肯定产生适应性的变化。运动得当，方法科学，人体会产生良好的适应，运动的愉悦奇妙产生，使从事运动的人体产生依赖性，并有轻松、愉快、幸福的感觉，这些初步反应会加快人体对运动的进一步适应，于是，运动习惯形成。如果运动者有强身壮体、防治疾病的成功与体验，更会激励运动习惯的提前完成。运动习惯，运动坚持，最终必定使人体建立一种高度适应，完全依赖的运动健康模型，这就是运动惯性。运动定性，运动惯性，欲停无法，欲罢不能。生命不息，运动不止，惯性运动，健康一生。这是体力活动和运动锻炼的最高境界和最终追求。

运动欲成惯性，需要一定的过程，要有一定的毅力。人们从不爱运动，到开始运动；从无规律、断续运动到有规律、比较系统运动；从享受运动愉悦、战胜运动中的疲劳到运动的坚持；从运动坚持到形成运动习惯；从运动习惯到人体各内部器官、系统的高度的良性的生物适应；从人体适应到运动惯性的形成，这是一个较为漫长的过程，也是人体克服外部压力、战胜自我的一个艰辛过程，运动中不断流汗、运动中不断消耗热量，运动中人体各器官系统的不断锻炼，运动中神经系统不断兴奋、抑制；运动中不断产生劳累与愉悦；于是，运动、坚持、习惯、惯性，一步一步，自然形成。

养成运动习惯，使之形成惯性，这个对人体健康很有益处。运动是良医，运动有益健康，生命在于科学运动，这是近年来探讨的热门话题。尽管有些不同的看法，如静养论、心脏跳动定数论等，但很容易被人们认识和接受的是：动，则健康；动，有活力；

动，比静好。运动成习惯，健康伴一生，是人们追求的生活方式。

运动习惯成自然，习惯是临时的，不稳定的，可随时改变，但运动惯性是稳定的，终生的，无法轻易改变的。人体运动时，总是作为一个有机统一的整体在进行活动。任何体育运动，不仅是运动器官在活动，心血管、呼吸、能量代谢、内分泌、感觉系统以至全身各组织器官都会发生相应的机能适应性变化，在神经系统的统一指挥下相互协调配合进行运动。体育促进着人的低级功能对高级功能的纵向服从和横向协调，其作用于人体使之产生良好的健康效应。系统的规律性的运动习惯，给人体的健康带来许多益处，如：运动能提高肺活量、肺通气量，改善呼吸肌力量；运动能使心肌中的毛细血管大量增生，心肌肥大，增强心脏功能，提高血管弹性，增大管径，促进血管功能的提高；运动能改善大脑的物质供应，增加大脑皮质的重量，促进大脑两半球的充分协调发展，促进大脑释放脑啡肽、内啡肽等化学物质，这些物质能够缓解神经紧张，促进学习和记忆；运动能使肌肉丰满结实，筋骨强壮有力，使人体的身形优美，精力充沛；运动有助于骨骼的生长，使骨密质增厚、骨骼变粗、骨面肌肉附着处突起明显，可使人体关节的机能得到提高；运动可以调节情绪，促进心理健康；运动能提高抗疲劳和耐久的能力；运动可以消除多余脂肪，防止肥胖症；运动可以防治慢性疾病；运动可以治“未病”；运动可以延年益寿；等等。特别是运动成惯性，人体更会产生一种高度的、深刻的的适应性变成，从而更加持续促进人体的健康水平。

一般来说，不是任何运动都可以促进健康的。运动有益健康，一定要有科学的指导。运动促进健康，生命在于运动，关键是运动负荷、方式方法的科学控制。每个人生活环境不同；身体条件，身体素质，运动潜能不同；运动爱好、习惯也不同，必须根据个人的各种情况不同，制定出适合自己的行之可行的运动锻炼的方案。根据个人不同的阶段、不同的身体状况，制定不同的运动负荷和运动锻炼的具体目标，循序渐进，逐步适应，逐步形成。在条件允许的情况下，对运动过程可以进行全程监督与自我控制，检测有关指标，如体重、BMI、心率、脉搏、血糖、血脂、血尿素、尿蛋白等的变化，了解身体体能、体质的变化，建立个人的运动与健康的档案，不断调整运动方案和运动处方，使运动惯性的形成更加科学。

近期，“运动与健康”“运动健康促进”“运动坚持与运动习惯”的有关研究相当多，成果很丰富。然而，对运动惯性的研究尚少。本书第一次提出运动惯性，一是对近年来作者研究成果的小结，二是对作者本人今后提出更宽的研究范围和更高的研究要求。运动惯性的研究属初步启动状态，很多均为粗浅的认识，本书的内容仅供参考，有待检验，必须论证。书中体系为作者初步研究所提出的设想，是根据运动规律和人体的生命过程提出的，有实践、有实验、有数据、有论据。书中不少例子也是我们的研究成果。书中的大量引注、大量例子、大量图片也是目前大多数研究者的研究成果，我们也对现有的研究成果与资料进行大胆的分析、总结与提炼。由于我们的研究能力有限，理解的程度不一，难免存在不少错漏，敬请各位读者进行评判，提出意见和建议。

林友毅

2016年10月

第一章

劳动、运动与活动

第一节 劳动与运动

据统计，全球每年有2 000多万人因身体运动不足而死亡，预计到2020年，全球将有70%的疾病是由于缺乏身体运动引起的。① 在如此严峻的形势之下，任何有利于加强身体锻炼、有利于预防疾病的因素，我们都要充分利用。适当的体力劳动和体育运动都可以为我所用。那么劳动和体育运动是否相同，两者之间可以相互替换还是截然不同。很多人都存有类似的疑问。

从体育学的视角，从劳动（尤其是体力劳动）和体育运动的概念界定着手，通过目的、形式等方面分析体力劳动和体育运动之间的差异，深入剖析两者之间的辩证关系，倡导公众在进行体力劳动的同时积极参与到体育运动，让运动造福人类。

劳动是人的第一需要，是马克思所设想的未来共产主义社会的基本特征之一和人类劳动的最终形式，也是人类社会孜孜不倦追求奋斗的目标。劳动，不仅是人类脱离动物界的分水岭，更是人类提升自我的基本方式。马克思认为，劳动是人获得解放和发展的动力和源泉。人类在劳动中自我发展，自我创造，自我实现。劳动创造了人类。劳动和体育运动对于人类的生存和进化，都具有极其重要的作用。劳动是当今人类生活的第一需要，每一个人在社会上都从事着一定形式、一定内容的劳动。劳动与体育运动两者之间存在着什么关系？劳动能否代替体育运动？劳动或体育运动与人体健康有什么关系？

一、劳动

《三国志·魏志华佗传》记载："人体欲得劳动，但不当使极尔。动摇则谷气得消，血脉流通，病不得生，譬犹户枢不朽是也。"《辞海》中对"劳动"的解释谓：活动锻炼身体。② 劳动是人类运动的一种特殊形式，人们在劳动过程中经过反复练习，形成并发展

① 吴戈，汪熔芳．体力劳动与体育运动的辩证思考［J］．当代体育科技，2014（11）．

② 《辞海》编辑委员会．辞海［M］．上海：上海辞书出版社，1980．

成为个体从事劳动的一种需要的自主化行为方式，便形成了劳动的习惯。

一般的人类劳动由脑力劳动、体力劳动与生理力劳动按照不同的比例关系组合而成。

脑力劳动是指以大脑神经系统的劳动为主，以其他生理系统的劳动为辅的人类劳动。体力劳动是指以人体肌肉与骨骼的劳动为主，以大脑和其他生理系统的劳动为辅的人类劳动。

生理力劳动是指除了体力劳动和脑力劳动以外的其他形式的人类劳动，任何形式的生理力劳动都可归结于细胞的运动，而细胞的运动实际上就是一个物质和能量代谢的过程，人的生理系统通过一定的生理力运动对所获取的食物进行消化、吸收、传输和能量转换，为整个生理系统的正常运行提供所需的物质和能量，以保证机体协调一致地运行。

体力与脑力的劳动是统一在人的实践活动中的，没有完全分割体力或者脑力劳动。这在表述上不等于两者的分隔，恰恰是两者在实践上的统一，这源于概念与实践本身的关系。劳动都是带有针对性的，是人们意志对其客体付诸动作功能，从而使其客体按照人们的意愿而达到预期目的。在这个过程中，经常要自觉或不自觉地运用智慧。常言道“劳动是创造”，就是这道理。

二、运动

运动指从事活动的基本内容和方法。根据参与运动的人体主流系统的不同，人类运动可分为脑力运动、体力运动。体力运动是指以人体肌肉与骨骼的运动为主，以大脑和其他生理系统的运动为辅的主体运动，如步行、挑水等。体力运动是所有动物具有的运动形式，生物进化到一定程度，就形成了动物的运动系统。体力运动的形成使动物一方面能够通过改变自己与外部客观事物的空间距离，以灵活地选择客观事物和外部环境；另一方面能够通过肌肉和骨骼形成一定的机械作用力来改变事物的数学与物理性质，如空间位置、形状、尺寸等。任何体力运动的形成、维持和发展必须依靠机体其他生理系统的参与，并为之提供物质、能量和信息，因此体力运动必然伴随着其他生理系统的运动。脑力运动是指以大脑神经系统的运动为主，以其他生理系统的运动为辅的主体运动，如思考、记忆等。第二信号系统的形成与发展是脑力运动得以产生的前提条件，低等动物的大脑由于不具备第二信号系统，不能相对独立地进行脑力运动，它只是为体力运动或其他运动提供必要的本能控制信号，从属于其他形式的运动，因此脑力运动是只有人类才具有的运动形式。体力运动与脑力运动是相互依存、相互促进、互为补充的辩证统一关系。①

三、劳动与运动的关系

从以上对“劳动”和“运动”的解释来看，两者都包含了脑力与体力两个方面的形式，其生理实质受生理力所能提供的物质和能量的限制。生理力（劳动）运动是体力（劳动）运动与脑力（劳动）运动存在的必要条件和基础因素。

---

① 360百科．劳动［EB/OL］．http://baike.so.com/doc/363736－385347.html.

在生产力低下的社会中，生活和工作劳动一直被视为是被迫的、无可奈何的、单调重复的、繁重的活动，发展生产、劳动力的目的之一，就是把人们从这种繁重的劳动枷锁下解放出来。现今，生产力和科技高度发展，生活水平日益提高，生活和工作劳动，对很多人来说已不是繁重的枷锁，而是人生享受、乐趣和健身的需要。例如：家务劳动千头万绪，有外劳也有内勤，既有需要力气的，例如大扫除、换季收藏、换煤气、买米等；也有不费力的，在轻松中即可完成，例如摘菜、剥毛豆等。家务劳动虽然没有运动标准，因其也要消耗热量，也有一定的健身作用。研究发现，每周消耗 4.778 卡的热量属于“低度运动”，对人体最有益。只要应用得当，完全可以把家务作为一种低度运动而达到健康长寿的目的，家务健身锻炼要讲究适当的方法，扫地时站在一个地方，把扫帚尽量伸向远处，扫完这一片，再换个地方，每次扫地时都弯腰，这样有助于锻炼双臂及减少腰围尺寸，健身延寿的效果就明显了。擦窗，可运动双臂、胸部及腰部，要以大动作去抹擦。弹灰尘，对小腿及腰部有好处，强化小腿的做法是，以脚尖站立，伸手往高处弹，使腰部和上下腹结实的做法是弯腰伸手弹低处。手洗衣服，洗衣机虽已普及，可“故意”用手搓，一些质地细软的衣服更不妨用手洗，在搓衣服时，把胸肌一伸一缩，起锻炼作用。收拾床铺，收拾时弯腰动手，收紧臀部是足腿及臀部良好的运动。整理杂物可锻炼腰、大腿及小腿，做时以脚尖站立，尽量向高处取物，弯身向下时，则要保持腰部挺直。繁重的家务往往令人烦恼，而健身锻炼却备受青睐，其实两者的作用相近，许多原来把家务劳动看成是妇女分内事的男性也纷纷下厨和打扫房间了，当今世界各国女子平均寿命普遍比男子高（高 5 岁以上），家务健身也是一大原因。有人计算过，以 10 分钟为单位，做饭洗碗、洗熨衣服、打扫房间、擦玻璃窗、收拾物件等可消耗能量 20～40 卡；上街购物以步代车，轻快走路 10 分钟，可消耗能量 70～80 卡；携物爬楼梯可消耗能量 120 卡左右；常做家务，每周累计消耗能量可达 2 000 卡，与轻度运动的耗能量相当。假若把家务看成是件快乐的事而乐于去干，便可成为一种特殊的健身方法。[①]

在劳动与运动的关系上主要的误区有以下几个方面。

（1）自己从事的是体力劳动，身体活动的强度、体力消耗都已很大，因此不必再进行体育锻炼了。尽管劳动是一种身体活动，对增强体力有一定的效果，特别是体力劳动，是可以起到一定的锻炼身体的作用的。劳动和体育终究是两个不同的概念，限于工作特点和劳动方式，人们所从事的体力劳动表现为一种单一的重复动作，大都限于身体局部反复活动和固定姿势的动作，对身体的影响只能局限在某些部位的组织和器官，往往只能有一个或几个肌肉群得以活动，而无法全面得到活动。长此以往，这种单一重复的劳动很容易使人感到疲劳。长时间局部劳动的结果，很可能造成职业性的身体缺陷或疾病，如腰肌劳损等最常见的“职业病”。

（2）体育锻炼会耽误劳动。这种观点，实质上还是劳动可代替运动。有必要对运动的作用加以认识，并贯穿于自己的活动中去。在物质生活越来越丰富的同时，人们必然产生形式更多、层次更高的精神和文化需要。在参加体育运动的过程中，体育发挥出

① 宋秀兰．用愉快的心情做家务［J］．婚育与健康，1996（4）．

“强筋骨、增知识、调感情、强意志”的作用，它使人筋骨强壮，手脚灵活，思维灵活，精神焕发，从而激发人们最大的劳动力和创造力。运动锻炼不是单一的肢体活动，而是针对性很强的一种全身锻炼，就连最普通的广播体操，都是锻炼上肢、下肢、腰、背、颈、肩各个部位的全身运动，且伸展、俯仰、踢跳全面兼顾。锻炼还有利于心血管的运动，包括呼吸的锻炼以及神经系统的放松。故体力劳动者在业余时间可注意补上劳动的不足，例如从事上肢劳动多的，下班后就要多活动下肢。气功锻炼在这些方面更有讲究，而散步也是一种全身性的运动。

四、劳动与体育运动的关系

劳动是人类凭借智力、体力、脑力以完成人的需要为目标的实践活动，是人的本质知识性外化为满足自己需求的产品的过程。劳动是理论实践（内实践）和行为实践（外实践）的完美结合。体育运动是指以身体练习为基本手段，以增强体质、促进人的全面发展，丰富社会文化生活和促进精神文明建设为目的的一种有意识、有组织的社会活动。从对人的健康角度而言，体育运动有增强体质、预防疾病、延缓衰老、身心愉悦、保持健康等作用。

两者目的不一致：劳动侧重于在过程中获得经济效益，是一部分人安身立命之所在；体育运动则侧重于在运动中获得健康、在运动中预防疾病。两者形式不一致：体育运动动作丰富、全面，且带有一定的娱乐性；劳动往往是机械重复，相对枯燥，但随着生产力水平的不断提高，劳动也是快乐的源泉。

劳动与体育运动存在着一定的联系，从概念上来说，体育运动是增强身体素质的各种活动，劳动是能够生产满足人们某种需要的使用价值的劳动。两者的载体都是身体，都是以身体运动作为最基本的方式，都可以让身体的某个部位得到锻炼。体育运动源于劳动，一方面，跑、跳、投等动作技能既是劳动动作，又是现代体育运动过程中基本动作的前身；另一方面，运动的器具大多源于劳动工具，投石索与链球、风箱与拉力器、水车与跑步机等，它们之间有惊人的相似之处。①

第二节 运动与体力活动

在农业社会和工业社会的早期，人类的主要生产活动是靠体力劳动来完成的，体能的强弱便是人的价值的重要象征，在此社会背景下，体能的强弱自然也是健康的重要象征。后来人们知道，体能的增进要通过体育活动来实现。在人们健康需求的推动下，体育运动发展成了一项社会事业。毛泽东还就发展我国体育事业，题词写下“发展体育运

---

① 吴戈，汪熔芳. 体力劳动与体育运动的辩证思考［J］. 博硕论坛，2014（11）.

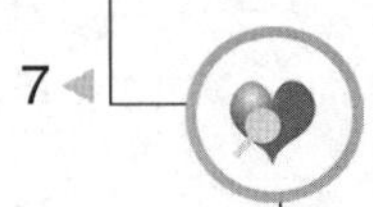

动，增强人民体质"，说明体育运动的目的是为了促进健康、增强体质。

一、适宜运动的作用

运动是影响人体健康的重要因素。适宜的运动，可以改善人体各器官系统的功能状况，增强机体的适应能力，是增强体质、促进健康的基本措施。

1. 适宜运动的健身作用

生命在于运动，健康必须锻炼。人体在运动过程中，机体将产生一系列适应性变化。但这一变化的结果可以健身防病，也可以危害健康，其关键在运动过程中掌握适度。不同年龄、不同性别、不同体质的人运动强度有一定的差别，但有一大致的范围和一定的规律。运动适量具体的衡量标准一般为运动的强度和运动的频率，其中运动强度决定运动的效果。一般来说，运动的强度主要是将运动时的心率控制在有效范围内，即最大心率次数有 60 ~80 次/分（最大心率次数 =220 - 年龄）。在达到适宜心率后，要在此基础上至少要持续 15 ~60 分钟才有效果，并要坚持长期锻炼，每周 3 ~5 次，方可达到良好的锻炼效果。

运动方式可多种多样，因人而异，但健身活动应取有氧代谢的运动项目较好。例如，健身操、慢跑、爬山、游泳、跳绳、太极拳等运动项目。老年人可以选择步行、太极拳等运动强度较小的运动方式，中青年人可以选择慢跑、游泳、爬山、自行车、球类、健身操等运动方式。

适量运动是一个循序渐进的过程。当一个人知道自己的健康状况出问题的原因是长期缺乏运动时，起初大都表现出极大的决心与劲头，非常投入。这时往往运动量非常大，引起运动过量而发生身体不适等症状。所以运动后要进行自我监测，可以根据身体状态来判断，如果运动后轻松愉快，食欲和睡眠都良好，说明运动比较适当。相反，可能运动量过大，应减少运动量或停止运动，待情况好转后再运动。

2. 适当运动的康复作用

运动是促使伤病患者康复的重要措施之一。运动必然会引起机体各器官、系统相应的生理反应，长期合理系统地锻炼后可提高机体各器官的功能，因而对由于患者长期不动或少动，以及因某些疾病所引起的身体形态和功能的衰退，起到逆转作用，从而达到临床康复的目的。

有指导的医疗体育是促进恢复代偿功能最积极的措施，可以最大限度地发展代偿能力，如当一侧肢体功能丧失后，对侧肢体通过有计划的训练，可充分代偿该侧的功能；又如，肺切除术后，进行专门的呼吸锻炼可使余肺膨胀完全，充填残腔。

二、体力活动与健康

体力活动不足是影响全球疾病负担的一个重要健康危险因素，是影响世界范围内大多数人健康的主要问题。世界卫生组织资料显示 60% ~85% 的成年人日常生活方式为静坐或近似静坐生活方式。因此必须采取积极有效的措施促进各人群体力活动的参与程度和科学化程度，以提高公众健康水平。

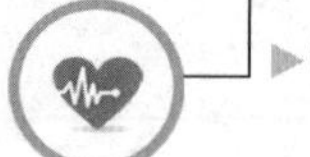

（一）体力活动

体力活动，又称身体活动，是指由骨骼肌收缩引起的，能使机体能量消耗增加的一切身体运动。体力活动包括工作相关的体力活动、家庭中的体力活动（做家务、照看小孩、园艺等）、交通中的体力活动（步行、骑自行车等）、闲暇时间的体力活动（包括参与各种体育运动，为提高体质与健康水平而进行的体育锻炼等）。①

由体力活动的定义可以看出，有体力活动就有能量消耗，体力活动的多少与能量消耗成正比关系。与体力活动有关的能量消耗是人体日常能量消耗的一部分。个体每天的能量消耗由以下三部分组成：一是基础代谢约占总能量消耗的60%～70%，二是食物特殊动力学作用约占10%，三是各种类型的体力活动与运动约占总能量消耗的20%～30%。其中，基础代谢是最主要的部分，影响基础代谢的主要因素是年龄、性别、身体成分等。体力活动能量消耗虽然远低于基础代谢，但它是个体日常能量消耗中最可变的部分，也是最重要的可调节部分。

（二）体力活动与健康的关系

早在5 000年以前，中国与印度的科学家和医生已经意识到体力活动和健康之间的联系。在公元前5世纪，古希腊医学家已描述了体育锻炼能够预防并治疗一些疾病。在16世纪，意大利医生描述了体育锻炼对儿童的健康成长起促进作用，并对老年人和患病人群有多种健康益处。18世纪早期，被誉为"职业医学之父"的意大利医生亚美滋妮（Ramazzini）在系统研究了55种职业人群的常见疾病及致病因素后，指出某些职业对健康带来不良影响，如修鞋匠、裁缝和其他久坐不动工作的人存在诸多健康问题，而其他职业人群（如长期跑步的人）则可避免这些问题。现代流行病学研究为体力活动与健康的关联提供了更多的证据。

大规模队列研究的证据表明：体力活动不足是很多疾病发病与死亡的重要原因，如体力活动与心血管疾病、冠心病、Ⅱ型糖尿病、精神疾病、心肌梗死、痴呆、中风、癌症、骨质疏松，甚至死亡等相关联。增加体力活动不仅可以预防疾病，而且可以治疗疾病。Meta分析和系统综述的结果表明：体力活动充足的人群冠心病危险性只有静坐人群的一半，规律体力活动还与糖尿病、肥胖、骨质疏松、结肠癌风险减低和促进精神健康相关联。与肥胖相比，体力活动不足的心肺耐力差是人群全因死亡率更好的预测因子。有氧中心纵向研究表明：如果每一个人都有中等水平的心肺耐力，全因死亡率将降低17%，而去除肥胖这一危险因素，死亡率仅降低2%～3%。

（三）"运动是良医"理念的提出与发展

目前已经有有力的证据表明规律的体力活动可产生广泛的健康效益，如减少患心脏病、Ⅱ型糖尿病及某些癌症风险，延缓增龄性的身体机能退化等。近来又有新的证据表明体力活动延缓认知衰退，对脑健康有益。

"运动是良医"的思想古已有之，但直到第一次世界大战期间，医生才成为运动促

① 李文慧．城市成年人体育锻炼能力评价理论框架的建立［D］．北京：北京体育大学，2011.

进身体健康的主要支持者，这一转变是基于他们接受了体力活动与健康及生活质量之间的关系。“运动是良医”这一学术理念是由美国运动医学会于2007年正式提出，经过近三年的实践，2010年正式召开第一届国际代表大会并向全球发布。“运动是良医”这一种学术思想和实践模式，必须通过基础研究、应用实践及政策保障得以推广。2010年“运动是良医”第一届会议广泛讨论了以下几方面的内容：（1）科学证据：包括生理学的、公共卫生的、行为科学的证据，分析“运动是良医”在美国和国际范围内的发展前景；（2）应用：如何通过医生、健身专业人员及其他卫生保健服务人员将科学证据和政策应用于日常实践中；（3）政策制定：通过法律和非法律性政策的形式将运动科学研究的证据应用到公共卫生实践中，促进“运动是良医”的全球化。“运动是良医”建议将体力活动水平作为人的基本生命体征，纳入医生问诊的内容体系中，并提倡临床医生和健康管理人员积极参与人群预防性卫生服务，促进人群体力活动水平的提高，倡导积极健康的生活方式。[①]

第三节 运动的发展与趋势

广义的运动是指以身体练习为基本手段，结合日光、空气、水等自然因素和卫生措施，达到增强体质、促进健康、丰富社会文化娱乐生活的一种社会活动。狭义的运动是一种涉及体力与技巧的有一套规则或习惯所约束的活动，通常具有竞争性。[②] 运动是物质的固有性质和存在方式，是物质所固有的根本属性，没有不运动的物质，也没有离开物质的运动。运动具有守恒性，即运动既不能被创造又不能被消灭，其具体形式则是多样的并且互相转化，在转化中运动总量不变。人在运动的过程当中，身体的结构会随着运动而变化，可以加强自身的体质，促进新陈代谢，运动是人类离不开的一种生活方式之一。

根据文物和建筑等历史证据表明，中国早在公元前2000年左右便已开始进行体育运动。体操在中国古代时期是十分流行的项目。从为法老修筑的纪念碑可以看出，游泳、垂钓等体育运动已经在上千年前的古埃及发展起来并建立了体育规则。在埃及开展的其他体育项目还包括投掷标枪、跳高和摔角。古代波斯的体育运动包括传统伊朗武术项目，它同打仗技巧有着密切联系。同样起源于古代波斯的运动项目还包括马球和马上长矛比武。体育运动自古代奥运会时期发展至今，其组织性和相关规则不断得到加强。工业化使得在发达及发展中国家的居民有了更多的闲暇时间，这让他们可以参加并观看体育运动，体育运动参与人数增加，传播更为普遍。随着大众媒体和全球联系的加强，这一趋势更加明显。体育运动专业化成为主流，体育运动更加流行，体育迷通过广播、电视、

① 李红娟. 体力活动与健康促进［M］. 北京：北京体育大学出版社，2012.

② 周西宽. 现代“体育”概念几个问题的探讨［J］. 成都体育学院学报，2004（4）.

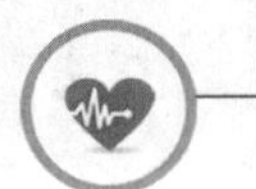

互联网追逐职业运动员，同时他们也参与业余的体育运动，从中得到锻炼和娱乐。[①]

一、运动作为现代人的一种重要需求，休闲体育将更广泛、更深入地介入人类生活

首先，运动是人类的一种需求。与社会科技、经济的高速发展相对应的是人们工作生活节奏加快，竞争激烈，压力加大，职业病的发生率上升，而自动化的生产方式使人的体力活动减少，城市化的生活方式使人与土地接触和与自然交流的机会下降。这一切促使人们对身体运动的热爱，使人们对生态环境广泛深入的了解变成一种迫切需要，工作中体力消耗的减少需要休闲中体力活动的增加来补偿，户外休闲运动正好满足了这种需要。这就是休闲体育活动，尤其是生态休闲体育迅速发展的重要原因。

其次，闲暇时间的增加，使人们面临着如何利用闲暇时间的问题。人类休闲史早已证明，休闲绝不仅是单纯的寻欢作乐，而更应该有浓厚的精神旨趣。休闲是整日赌博酗酒、纵情声色、无所事事，还是珍惜生命、关心健康、有所作为。随着教育的大众化和人们受教育程度的提高，对休闲的价值认识和休闲行为的选择日趋理性，更多的人选择积极、健康、快乐的休闲行为方式。休闲体育是一种重要的休闲生活方式，它无可比拟的休闲参与价值使得其成为人们休闲时的重要选择。未来社会人们将更加追求健康，健康保障将成为人们生活价值观中首要追求的目标。科学早已证明，人体机能随年龄增长而衰退，而通过合理和有规律地参加体育活动可延缓衰老和机能衰退进程，提高生命的质量。因此，体育将越来越受到人们重视。但是，由于人们体验体育不同的价值功能，其感受亦是不同的。如单纯为了健身而采用的体育活动方法手段往往都比较枯燥，比较艰苦，完成过程很少有乐趣，而为了娱乐参加体育活动，则是另一番体验。具有较强休闲娱乐功能的休闲体育将代替传统体育健身活动，而成为人们休闲行为的主要方式，更广泛、更深入地介入人类生活。休闲体育成为人类重要的休闲运动，将成为生命中的重要组成部分。

二、生活中的运动，将运动形成一种惯性

一个人要拥有美好的身材，保持体内营养素的均衡水平是关键。人体不断摄取食物，摄入各种各样的营养，但又不断地进行体力活动消耗能量，这种能量不断产生与消耗，使人体获得一种动态的平衡。人体能量的支出包括三个方面：基础代谢（维持生命基本活动）、食物的热效应（消耗营养素所需的热量，比如一顿饭如果提供了800千卡的热量，那么消化这顿饭就需要80多千卡）、体力活动的能量消耗（工作、出行、家务、体育活动）。在这三方面中可以看到，前两项我们个人的可控性不是很大，但是第三项的体力活动为我们留出了很大的余地。如果我们要消耗体内多余的脂肪，那么有氧运动是最佳的选择。虽然有氧运动有很多种，比如钓鱼、游泳、球类、各种导引之术，但是现代人的工作繁忙，抑或经济压力很大，不会有很多余钱花费在运动上。不过也有很多有氧

① 黄鑫. 作为生活方式的古希腊体育研究［D］. 长沙：湖南师范大学，2014.

运动的花费并不多，甚至是零消费的，时间也不用额外支出很多，同样能够达到相当好的健身效果。办公室工作的人们，一般以坐姿为主，而且工作时间都比较长，那么首推的健身方式就是步行和爬楼梯了。通常一名身高 160 cm，体重 60 kg 的人，慢走（4.5 千米/时）30 分钟可以消耗 129 千卡的热量，快走（6.5 千米/时）30 分钟可以消耗 198 千卡，按照正常速度（大概 100 步/分）爬楼梯 10 层，上下 5 个来回可以消耗 108 千卡。人们平时都喜欢吃的巧克力蛋糕，100 克会提供 437 千卡的热量，从这些数据可以看到，如果我们一时难以控制自己而吃了块美味的蛋糕，可以通过在工作间隙爬几趟楼梯，上下班快速的步行来抵消这多余的热量。①

大家都知道运动对身体有益，但是，怎么做？什么时候做？都是令人伤脑筋的问题。如果你仔细观察一下，很多运动其实很简单。假设你坐在椅子上，让两只脚离地，慢慢向上提，并且往上抬，然后放下。这样反复做几次，可以缓解疲劳、释放压力。还可以用双手抓住椅背的两边，然后身体向左向右地摆动，这样可以很快解除腰部的疲劳。在课余时间，可以像伸懒腰一样将双手用力伸直，往上推，然后停一下，再放到胸前，左右摆动，做些简单的伸展动作。乘坐公共汽车或地铁时，车子开始移动，如果我们不坐着，就是在运动。车子在摇晃的时候，让身体保持平衡，就是锻炼身体平衡感的练习；后脚跟抬起再放下的动作也可以做；如果背着书包，就用两手把包举起再放下，这样反复也是一种训练手臂的运动。这些都是因地制宜、灵活多变的锻炼方法。

美国 Metropolitan 人寿保险公司提出了“The Exercise and Physical Activity Pyramid（运动金字塔）”计划，如图 1-1 所示。运动促进健康计划，专门为运动者设计了一套安全有效的运动训练方案。该金字塔训练计划的主要内容是：以每天与日常生活或工作相关的体力活动作为运动的基本组成内容，换言之，以积极的工作与生活方式部分代替运动。首先，要求锻炼者每天至少以积极的工作与生活方式从事工作或劳动 30 分钟，每种方式至少持续 10 分钟以上（金字塔底部）；其次，要求锻炼者必须在一周内有 3~5 次从事有氧运动和柔韧性练习，有氧运动练习时，根据个人体质，以个人预测最大心率的 60%~80% 练习 20~60 分钟，柔韧性练习可穿插在有氧运动练习前的热身运动或练习后的整理活动中，一周内还应该安排 2~3 次从事抗阻力量练习，每次练习 1~3 组，每组练习重复 8~12 次，每次练习之间要间隔 1 天（金字塔中部）；最后，“运动金字塔”计划要求，每个人要尽量少坐在以静止生活方式为主的金字塔塔尖上。②

---

① 王欢．步行能量消耗特征的研究与应用［D］．上海：上海体育学院，2013.

② 樊明媚，凌敢．中等职业学校女生生活方式与体力活动的调查研究［J］．教育教学论坛，2014（24）.

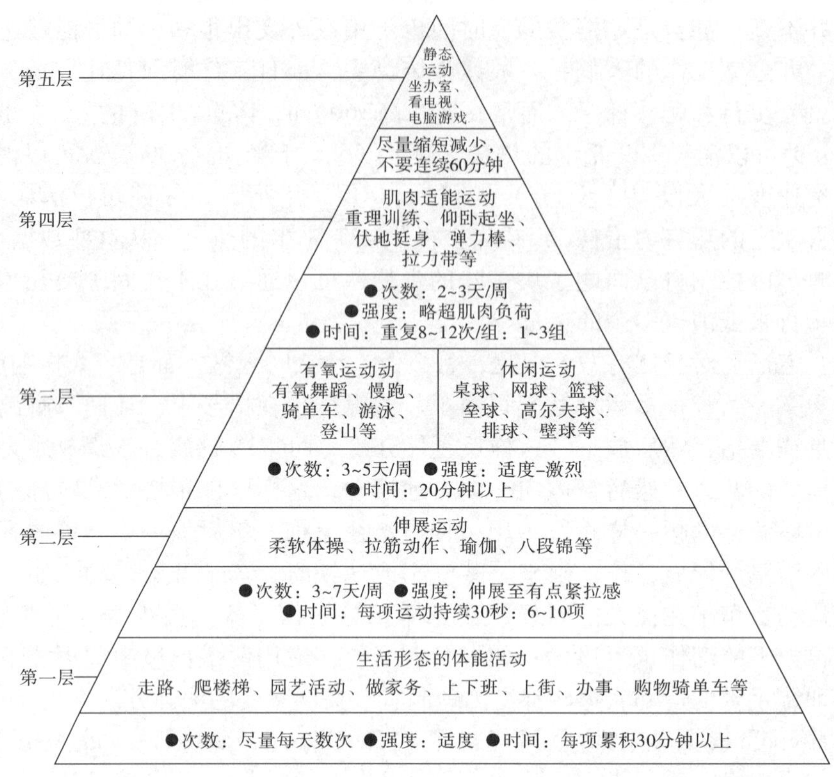

图 1－1　运动金字塔①

三、运动将与其他休闲体育相融合，文化性、娱乐性、参与性增强

休闲是人类度过闲暇的生活方式。人们在休闲运动中自由自在，各种休闲运动交叉在一起进行，相互融合，从而增强了休闲运动的文化性、娱乐性与人性化、生活化，最终加强了休闲运动的参与性。如体育与旅游的融合，便形成了体育旅游；体育与社区文化融合，便形成了社区体育；体育与城市景观融合，便形成了景观体育；体育与传统习俗融合，便形成了节日体育；等等。未来休闲体育的发展，这种趋势将进一步加强，从而使休闲体育融入人们休闲生活的方方面面，更加普及化与经常化。

休闲体育行为将更多地与自然融合，体育旅游等新兴内容将成为休闲体育新亮点。人们休闲的目的就是要调节心理状态，缓解精神压力。放松心情，缓解压力的最佳途径就是融入自然，呼吸自然空气，在自然条件环境中放飞心情。随着未来社会城乡居民收入增加、闲暇时间增多、生活水平提高，体育旅游将进入人们生活。依托自然资源而发展起来的登山、攀岩、漂流、探险和冰雪运动，正在不断成为人们休闲体育的新亮点。体育旅游集体育健身和旅游活动、休闲、娱乐、健身、回归自然、探险、漂流、文化追

① 健身金字塔，你在第几层［N］. 浙江日报，2015－08－11（14）.

求、科学考察等为一体，参与性与趣味性强。春天到原野远足、夏天到海滨潜水、秋天到大山登高探险、冬天到雪原滑冰……这些生活方式正在成为未来社会城镇居民休闲体育行为的新亮点。

四、休闲运动服务将走个性化、专业化、社会化之路

未来，城乡居民休闲运动行为方式将随着生活水平的提高而更趋个性化，城乡居民的经济实力决定着休闲运动的发展规模和速度。经济状况与城乡居民的休闲运动行为之间的密切关系，决定了生活日趋富裕的城乡居民更多地将时间与金钱投入提高生活乐趣与生命质量的休闲运动中，选择自己喜爱的休闲行为。随着城乡居民收入水平的不断提高，消费结构开始由生存型向发展型转变，物质消费比重下降，用于文化、教育、娱乐、健身、休闲等方面的个人发展和享受消费需求的比重逐渐上升。这一发展趋势有利休闲运动行为个性化发展，使得城乡居民的休闲运动消费能力增强，对于休闲运动行为的自主性意识提高，选择的休闲运动行为方式将更加明显地表现出个性化特征，并强化城乡居民的休闲运动行为。如青年人追求时尚的休闲运动行为，滑板、保龄球、壁球、蹦床、攀岩、漂流、卡丁车、蹦极等冒险类、探险类、娱乐类、休闲类项目将深受青年人的喜爱，以体现他们回归自然、超越自我、向极限挑战的个性。老年人散步、打太极拳、练气功，以体现他们热爱生命，颐养天年的追求。男性的刚，女性的柔，都会在休闲运动行为中得到充分的表现。

伴随着城乡居民休闲运动行为个性化的发展趋势，满足城乡居民休闲运动的服务行业也必然要突出个性化的服务特征。而且随着城乡居民休闲运动意识的增强、需求的增加和参与行为的增多，将会出现越来越多专业的休闲运动服务行业，各种运动、健身、健美等专业化的休闲运动俱乐部将更多地影响城乡居民的休闲生活。休闲运动服务体系将越来越完善，专业化和社会化程度会越来越高。休闲运动服务不再是体育一个行业或部门的事情，而会成为社会普遍关心与参与的事情。例如韩国金融业顺应城乡居民旅行、体育、文化活动等需要，在 2000 年 5 月推出的一项“我们的爱——休闲运动储蓄、基金”活动，就为喜爱运动休闲的人提供休闲运动设施服务及用品购买优惠，免费加入体育、交通伤害保险服务等。由于城乡居民对休闲的高度重视，这个服务项目推出仅 100 天，就创造了签订 5 兆韩元以上协议的业绩。很多酒店业也看中了现代社会中高尔夫、网球等休闲运动文化的繁荣，纷纷开办休闲运动专业网站，兴建高尔夫、滑雪、别墅、游乐场等功能齐全的综合度假村。旅游业也在不断开辟运动旅游新项目，扩展体育、休闲、趣味活动等来增强旅游销售吸引力，体育赛事观光游、拓展运动体验游、高尔夫、越野赛车等休闲运动专项旅游等。诸如此类个性化、专业化、社会化的休闲运动服务发展趋势越来越明显，在未来将更加快速发展。[①]

① 许宗祥．休闲体育概论［M］．北京：人民体育出版社，2007.

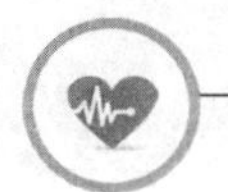

五、加强运动处方的研究

事实上由于个体间体质的差异，个体本身健康相关的体质发展也会出现非同步的发展，比如有些个体具有良好的肌肉骨骼系统机能，但心肺耐力水平低下，针对这些现象，需要设计有个性化内容反映的运动计划，美国 ACSM 首先提出“运动处方”这个概念，运动处方制定时，首先必须对个体的健康和体质进行综合评定，在此基础上提出适合个体锻炼的运动项目、锻炼时的运动强度、每次运动锻炼应持续的时间和每周运动锻炼的频率，由于机体体质随着运动锻炼得到了提高，因此必须对体质发展做动态跟踪与评估，并制定相应的适合现阶段体质的运动处方，把此称之为运动进度。运动项目、运动强度、运动锻炼持续的时间、运动锻炼的频率及运动进度总称为运动处方五要素。运动时如按个性化的运动处方实施锻炼计划，就可稳步地增强个体体质，促进健康，最终减少疾病发生的机会。由于在运动过程中实施了运动处方，也使个体运动过程中发生意外的概率大大降低，运动安全性得到了保障。

第四节 运动项目的起源、发展及分类

一、运动项目的起源

在原始社会，人们在解决基本的衣食住行问题过程中的各种社会生产劳动实践，孕育了原始游戏、产生了原始的宗教祭祀活动、休闲娱乐活动、消除病痛的方法及时常爆发的冲突或战争，这些活动在漫长的发展过程中，逐渐演变成运动项目的雏形或主要来源（图 1－2 和图 1－3）。至今我们仍可从世界各国的一些民族传统体育项目中看到许多将劳动作为运动项目的事例，看出各种原始“运动项目”的影子，如蒙古族依靠畜牧业谋生，其生产方式孕育了赛马、叼羊、姑娘追等；澳洲的伐木比赛；美国的驯马、骑野牛比赛，以及中国农民运动会上的 50 米抗旱提水保苗赛跑、自行车载重竞赛等运动项目，这些都与现实生活的劳动形式有关。这类运动项目动作简单粗犷、接近自然，活动形式自由、随意，偏于感性和感官满足，是一种初级文化形式。强调生产劳动起源学说，并不排斥体育起源多元学说的可能性，在诸多体育起源因素中，生产劳动起决定作用，生产劳动之外的诸多因素都是其从属产品，因此运动项目的起源具有多元性。人类社会生产和生活实践绚丽多彩，特别是进入工业文明以后，社会物质财富的增加为人类从事体育休闲娱乐活动提供了物质保证，人类社会文化教育等需求的提高，也推动了现代体育运动项目的产生。[1]

---

① 刘旭东．我国正式开展的体育项目演进机制与创新研究［D］．南京：南京师范大学，2011．

图 1－2　劳动中的骑马

图 1－3　体育比赛中的骑马

二、运动项目的形成

从我国古代的蹴鞠到现代毽球运动（图 1－4 至图 1－8）的形成就经历了近 3 000 年的演变。在 3 000 年前殷商时代，现代毽球运动的鼻祖——蹴鞠只是一种祭神祈雨时边跳边踢的舞蹈，到战国时期达到鼎盛阶段，在汉朝，蹴鞠开始分化出踢毽子的雏形——蹴毛丸，蹴毛丸后来演进成为踢毽子，踢毽子兴盛于隋、唐、宋朝，是这几个朝代重要的休闲娱乐活动之一。从平踢数量的比赛，到踢花样表演的比赛，再到拉网决胜负的比赛，踢毽子在经历了 2 000 多年的积淀后，在 20 世纪发生了质的飞跃，衍生、分化为花毽和网毽。从 20 世纪 30 年代广州火车站三轮车工人的隔绳对踢，到 1984 年以广州为蓝本的第一部《毽球竞赛规则与裁判法》的正式启用，再到种类繁多的国内毽球比赛乃至已成功举办的数届世界毽球锦标赛，毽球运动由个人娱乐表演技艺嬗变为现代体育竞技项目，历时近半个世纪孕育而呱呱落地。1984 年 3 月，国家体委公布将网毽列为正式体育比赛项目，定名“毽球”，1988 年在天津举行了全国第一届花毽比赛。至此，现代毽球运动包括既密切联系又独立存在的三位一体形式：踢毽子、花毽和网毽。①

(a)

(b)②

图 1－4　现代毽球运动的鼻祖——蹴鞠（殷商时代起）

① 丁华丽. 毽球运动竞技演化历程与岭南文化之渊源［J］，广州体育学院学报，2013（3）：50－54.

② 360 图片. 蹴鞠［EB/OL］. http://image.so.com.

(a)　　(b)①

图 1－5　现代毽球运动的雏形——蹴毛丸（汉朝起）

(a)　　(b)②

图 1－6　现代毽球运动的形式之一——踢毽子（隋朝起）

(a)　　(b)③

图 1－7　现代毽球运动的形式之二——花毽（民国时期起）

---

① 360 图片．蹴毛丸［EB/OL］．http://image. so. com.
② 360 图片．踢毽子［EB/OL］．http://image. so. com.
③ 360 图片．花毽［EB/OL］、http://image. so. com.

(a)

(b)①

图 1－8　现代毽球运动的形式之三——网毽（民国时期起）

攀岩运动起源于19世纪的欧洲，早在1865年，英国登山家、攀岩运动创始人埃德瓦特首次用简单的钢锥、铁锁和登山绳索等技术装备，成功地攀登上了险峰。1890年，英国登山家马默里又改进了攀登工具，发明了打楔用的钢锥和钢丝挂梯以及各种登山绳结，把攀岩技术推进到了新的阶段。20世纪中期攀岩运动在苏联兴起。1947年，苏联首先成立了攀岩委员会。1948年，苏联在国内举办了首届攀岩锦标赛，这也是世界上第一次攀岩比赛。20世纪60年代初，苏联最早倡导这项运动。当时的评判标准是在同样的条件下，攀登峭壁的速度最快者为优胜。70年代初，形成了一年一度定期举行的全国联赛。1974年9月，苏联和捷克斯洛伐克的登山组织，在苏联克里米亚发起举办了首届国际攀岩锦标赛，英国、民主德国、联邦德国、意大利、美国和日本等12个国家的213名选手参加了比赛。由苏联提议，国际登山联合会决定，每两年举行一次国际攀岩锦标赛。自此，攀岩运动和技术水平不断提高，规则日益完善，形成了个人单攀赛、个人平行计时赛、个人自选路线赛、结组攀登赛和小队攀登赛等比赛项目。攀岩比赛参加的国家也逐年增多，在世界各地，地区性和双边性的攀岩活动也越来越活跃。

进入80年代，以难度攀登的现代竞技攀登比赛开始兴起并引起广泛的社会反响，1980年法国开始举办各种形式的攀岩比赛。1985年和1986年，意大利举办的国际比赛因有许多国家的攀岩高手参加而获得了巨大成功。从此攀岩运动开始在欧洲盛行。1985年，法国人弗兰西斯·沙威格尼发明了可以自由装卸的仿自然人造岩壁，解决了攀登自然岩壁时因交通、时间等问题给人们带来的诸多不便，实现了人们要把自然中的岩壁搬到城区的梦想。因人工岩壁比自然岩壁在比赛规则上易于操作，并利于观众观看。1987年，国际登山联合会（UIAA）规定，国际比赛必须在人工岩壁上进行，并于当年在法国举办了人工岩壁的首届比赛。1989年，首届世界杯攀岩赛分阶段在法国、英国、西班牙、意大利、保加利亚和苏联举行。运动员参加在各地举行的比赛，然后根据每站比赛的得分，进行年度总排名，总成绩最好者即为世界杯得主。此后每年都举行世界杯赛。1991年，举办了首届世界攀岩锦标赛，以后每两年举办一次。1992年，举办了首届世界青年攀岩锦标赛，以后每年都举行一次。1993年，国际奥委会正式承认国际登山联合会为国际奥委会正式组织。通过国际登山联合会的努力，攀岩已被列为2005年世界运动会

① 360图片. 网毽［EB/OL］. http://image.so.com.

正式的比赛项目。在2006年的都灵冬季奥运会上，攀岩成为表演项目，目前国际登山联合会正努力争取把攀岩列入奥运会正式比赛项目。①

随着社会生产的发展和人类文明的进步，专门的运动项目在奴隶社会开始出现和形成，逐渐成为一种专门化的人类实践形式。由于历史条件的不同，运动项目发生之后会沿着不同的路线进化，一部分仍停留在民间自然流传，另一部分则向着更高级的形式进化。尤其是作为竞技需要的运动项目，表现得更为突出，古希腊奥运会为此提供了大量运动项目的原型。古希腊在公元前900年就出现了赛跑、投掷、角力等运动项目的竞赛，我国也于公元前400年创造出"导引术"之类的运动项目。经过封建社会和资本主义社会后，运动项目的内容得到了极大的丰富和发展。特别是近代科学的发展，推动了朴素的经验形态向科学形态转化。16世纪以后，在生产、科学技术以及其他文化活动的综合作用和影响下，大量新型的、有益于人类身心健康的运动项目涌现出来，如汽车赛、赛艇、滑翔、热气球等人机结合的运动项目，就是随着科学技术的迅猛发展产生和发展起来的。另外，艺术化的运动项目也纷纷在体育与艺术的联姻中涌现出来，如艺术体操、花样滑冰、花样游泳、花样滑雪、体育舞蹈等。现代国际上流行的运动项目，尤其是奥林匹克运动会上的运动项目，绝大多数起源于英国的户外运动，是资本主义商品经济的产物。他们自产生之日起，就随着英国的扩张而传播到世界各地，形成当今蔚为壮观的主流体育文化。

三、运动项目的发展

众所周知，古代例如跑、跳、投掷、射箭等运动项目是从人类生产及其他实践活动中直接筛选出来的某些身体活动形式，使之作为运动项目的"原材料"（图1－9），然后根据体育特定的目的和要求，逐渐进行加工、改造、整理，做出某些规定，使之成为规范化、专门化的运动项目。即使是属于自然运动类最简单的跑步，在田径场上的跑步，它的步幅、步频、摆臂等规范性的要求，已经是在人类的加工之下了，远远超出了它最初作为生产、生活中的跑步。而现代篮球、排球等竞技运动项目是按体育的目的要求，人为设计创造的运动项目（图1－10），起源距今也不过几百年历史，这些运动项目的运

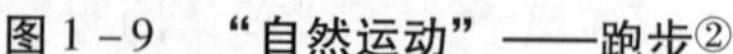
图1－9 "自然运动"——跑步②

图1－10 "人工运动"——篮球

① 百度百科．攀岩［EB/OL］．http：//baike. so. com/doc/3740536－3929891. html.

② 360图片．跑步［EB/OL］．http://image. so. com.

动形式不是对原始实践活动的简单移植或继承，而是“嫁接”“复合”后创新的结果。其进化历程中更多地孕育着人类教育、文化娱乐和民族交往等因素的直接作用，体现着人类休闲、娱乐和教育动因对运动项目形成和发展的影响。

现代运动项目形式多样，发生的直接原因各有不同。许多项目的起源问题已无从考究，从项目史研究资料和教科书中可以发现大部分项目有着较为具体的发生地点和大致年代，并且明确记载了项目的发明人（见表1－1）。从这一事实分析可以认为，现代运动项目的发生具有社会精英人为创造的特点，尽管他们的游戏创造活动基于不同的背景，但主动吸纳社会、科技、文化和教育的相关信息，创造了可以流传的体育文化财富却具有共同性，这种共同性体现了人类社会精英对文化进化的推动作用，这一点与达尔文生物进化的物种起源有着明显的区别。

表1－1　竞技运动项目的发生

运动项目	起源时间	地　点	发明人	背　景
篮球	1891年	美国麻省春田学校	奈·史密斯（图1－11）	替代足球进室内
排球	1895年	美国麻省荷尤克镇	威廉·摩根（图1－12）	—
现代足球	1863年	英格兰	丹麦、荷兰、英国等国协会	—
垒球	1887年	美国芝加哥	乔治·汉柯克	替代棒球进室内
网球	1873年	法国与英国	温菲尔德（图1－13）	王室的室内游戏
橄榄球	1823年	英格兰格拉比镇	威廉·艾利斯	足球赛场行为衍生
柔道	1882年	日本东京	嘉纳治五郎（图1－14）	改良打架为比赛
高尔夫球	1200年	苏格兰	—	野外巴卡尼克游戏
自行车	1790年	法国	贵族哈西	技术发明两轮木马

许多现代竞技体育项目，基本上是按照这样一条逻辑线路演进发展的。最初某种人类活动具有竞技性、趣味性、休闲性，人们在业余时间进行玩耍时运用这种手段来进行。由于这类活动符合大部分人的需求，所以，经过一代代人的加工整理，产生了一些简单的规则和裁判方法，变成了某区域的民间游戏。再后来，这类游戏经过时间的检验后，经过一定组织的培养和推广，规范了规则、场地、器材，配备了裁判，成立了组织机构，完备了运动竞赛，逐步演变成为一个广为流传的体育项目。运动项目是社会体育文化的重要组成部分，它的发展受诸多因素的影响，其进化过程具有明显的“自我表述”特点。首先，运动项目是由人类创造的文化活动，成熟的运动项目具有社会化组织机构，进化过程具有明显的不可逆特点。例如：在运动项目的确立初期，人们憧憬其后来的发展状态，而再后来的发展只能依靠前一阶段打下的基础，却不能返回到最初的状态，因此其进化是一个不可逆过程。其次，运动项目的各级群众组织，经常随着社会发展提出影响自身进化方向的新思想、新理论和新方法，通过自产理论与方法来指导人们的体育运动实践并影响自身的发展，而发展历程具有明显的自我表述、自创性和自我相关的特

性。随着人类社会经济和文化事业的发展，现代人类体育文化的发展呈现出全球化和多样化的趋势。一方面以攀登人类运动极限高峰为价值取向的竞技化奥运项目生机勃勃，具有强大的全球化影响力，这标志着运动项目系统进化的成熟；另一方面多样化的新兴运动项目不断涌现，呈现出五彩缤纷的体育文化世界。各种时尚的身体运动方法通过要素的不断汇聚与整合进化出了组织机构，逐步走向成熟，最终进化成为现代运动项目。当代新兴体育运动项目发生的背景大部分与文化、科技和经济的发展密切相关，比如户外运动、滑翔伞、山地车、电动滑板等项目的发生，无不体现着新生活背景和科学技术要素的汇聚与支持。手球、软式网球、在韩国普遍流行的网场足球、东南亚流行的毽球等，都是运动项目要素汇聚与交融的结果，这当中也体现了文化与文化、运动项目与运动项目之间的汇聚与交融，汇聚与交融使运动项目得以分化派生，在演化出新的运动项目和方法的同时，也使体育文化呈现出多样化特点，促进了运动项目社会适应度的提高。我国体育项目，从古代的导引术、气功、太极拳到近代西方兵式体操、竞技体育项目的引进传播，从局限于陆上的一些体育项目，拓展到海陆空三维空间的“绿色体育”项目，从作为帝王将相在深宫内殿的娱乐内容到平民百姓的健身体育项目的演进，都可以感受到体育项目的变迁之巨大。

图 1－11　篮球运动的发明者：奈·史密斯

图 1－12　排球运动的发明者：威廉·摩根

图 1－13　网球运动的发明者：温菲尔德

图 1－14　柔道运动的发明者：嘉纳治五郎

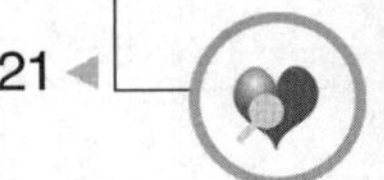

四、运动项目的分类

运动项目是现代体育活动的主要载体和手段，它伴随着人类社会的进化已经成为具有全球化特征的文化系统。运动项目是实现体育目标的手段，是多样化体育社会现象的载体，是人们从事体育活动通行的基本内容和方法。

（一）运动项目常见的分类

1. 按运动项目包含的内容来划分

根据运动项目群中的层次，即包括的项目多少来划分，划分为大项、分项和小项，这是比较笼统的一种分类方法，常运用于体育管理中。如图1－15① 所示。

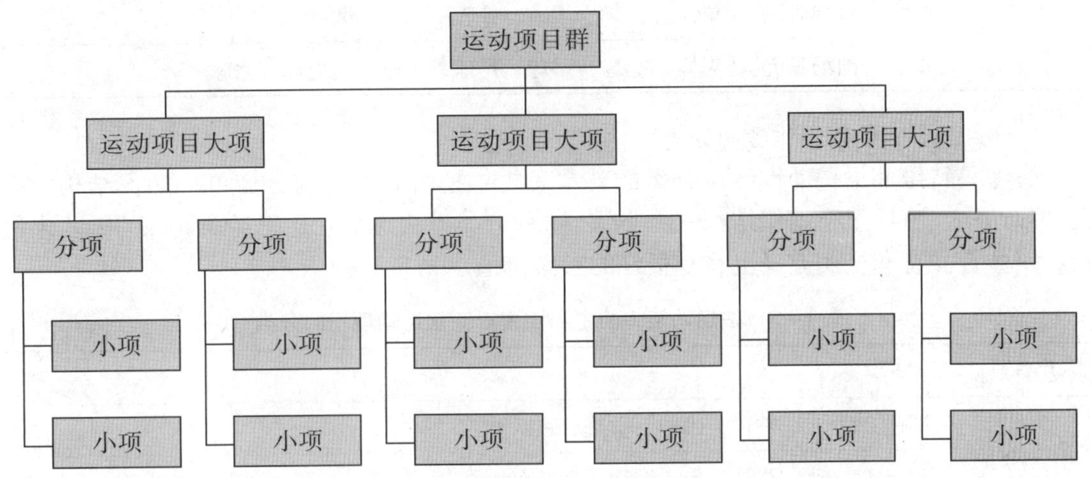

图1－15　按运动项目内容对运动项目的分类

2. 按竞技能力主导因素划分

根据田麦久等人的《论竞技运动项目的分类》，按决定人体竞技能力的主导因素分类，反映各运动项目对人体竞技能力的不同要求，便于对运动训练进行更为准确的分析与控制。见表1－2。

表1－2　按运动能力的主导因素对竞技运动项目的分类

大类	亚类	分组和项目
体能类	速度力量类	短冲：100 m、200 m、400 m，100 m 游泳、短距离速度滑冰、短距离赛场自行车
		跳跃：跳高、跳远、跳跃滑雪、三级跳远、撑竿跳高
		投掷：标枪、铁饼、铅球、链球
		举重：举重

① 刘旭东. 我国正式开展的体育项目演进机制与创新研究［D］. 南京：南京师范大学，2011.

续上表

大类	亚类	分组和项目
体能类	耐力类	800 m、1 500 m、5 000 m、10 000 m 跑；200 m、400 m、800 m、50 m 游泳；长距离速度滑冰、中长距离划船
		超长距离：马拉松、公路竞走、公路长距离滑雪
技能类	表现类	准确性：射击、射箭
		难美类：跳水、体操、艺术体操、花样滑冰、花样游泳、武术
	对抗性	隔网对抗：（单双人）乒乓球、羽毛球、网球；（集体）排球
		直接对抗：（单人）击剑、柔道、摔跤、拳击、散打
		同场对抗：（集体）篮球、手球、足球、水球、曲棍球、冰球

3. 按运动项目的动作结构分类

参考马特维耶夫按动作结构分类的基本思想，把所有项目划分为单一动作结构、多元动作结构、多项组合动作结构三大类。① 这种分类方法也是立足于运动训练的需要来进行，对体育教育和全民健身也具有很好的参考价值。见表 1－3。

表 1－3　按运动能力的主导因素对竞技运动项目的分类

大类	亚类	项　目
单一动作结构	非周期性	铁饼、铅球、举重、跳跃滑雪
	周期性	跑、竞走、游泳、自行车、射击、射箭、长距离滑雪、速度滑冰、划船
	混合性	跳高、跳远、标枪、链球
多元动作结构	固定组合	体操单项、武术单项、艺术体操单项、技巧单项、花样滑冰、马术
	变异组合	篮球、手球、足球、水球、曲棍球、冰球、乒乓球、羽毛球、网球、排球、拳击、摔跤、柔道
多项组合结构	同属多项组合	田径十项、七项全能、速滑全能、体操全能、艺术体操全能、武术全能、技巧全能、射箭全能、跳水全能
	异属多项组合	现代五项、冬季两项

4. 按照运动成绩评定方法的分类

这种分类方法可以反映各个项目运动成绩结构的一般规律，对于训练实践和成绩提高均有较高的参考价值。如图 1－16 所示。

① 田麦久. 论周期性耐力项目的多种竞速能力［J］. 体育科学，1984（1）：22－37.

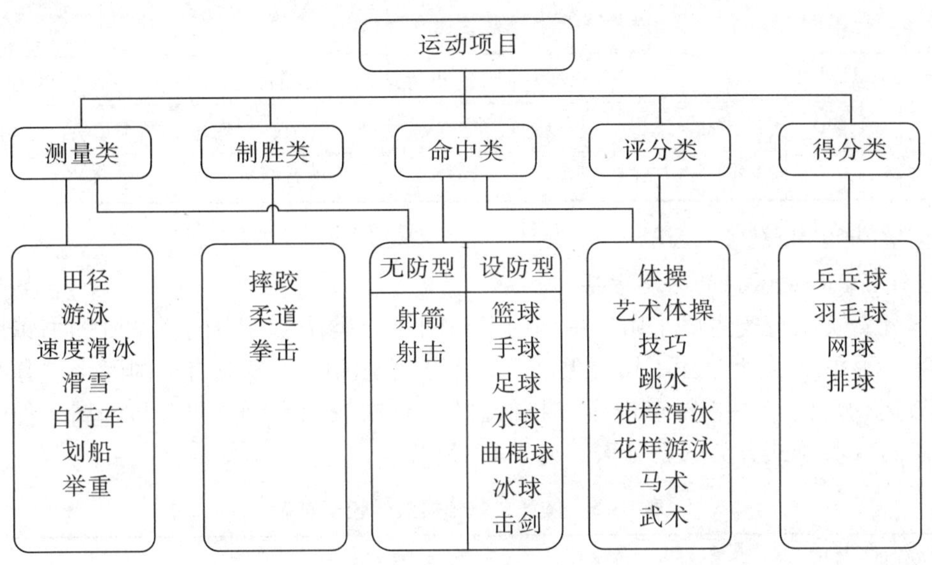

图 1－16　按运动成绩评定方法对运动项目的分类

5. 根据形式美的要素和法则分类

国外学者在对体育项目的分类中，很注重寻求形式美的要素或法则。如松田把平衡、匀称、比例、律动等作为形式美的要素。[①] 德国的马依勒尔从运动学的角度寻求运动过程的本质特征，分为运动构造、和谐、节奏、流畅、弹性、准确、先达到目标等种类。达芙拉用舞蹈的组合原则，强调了多样、对比、均衡、高潮、次序、移动、反复、和谐这八方面的统一。见表 1－4。

表 1－4　世界运动项目分类分项举例

序号	类别	世界运动代表项目
1	田径	田赛、径赛、公路赛、越野赛、全能运动、室内田径、健身跑等
2	体操	基本体操、竞技体操、艺术体操、团体操、技巧、体育舞蹈、健美操、蹦床等
3	球类	篮球、合球、内特球、板网球、壁球、巧固球、声球、角球等
4	水上	竞技游泳、花样游泳、实用游泳、跳水、潜水、冲浪、水下曲棍球等
5	冰雪	速度滑冰、花样滑冰、冰球、冰上曲棍球、掷冰壶、高山滑雪、雪车等
6	武术	长拳、八卦掌、刀术、散手、推手、短兵、枪术、棍术、形意拳等
7	重竞技	举重、摔跤、拳击、射箭、击剑、健美、柔道、相扑、拔河等
8	军体	摩托车、射击、航空、航海、跳伞、登山、无线电、越野识图、攀岩等
9	娱乐	垂钓、棋牌、集邮、游戏、风筝、跳绳、跳皮筋、信鸽、飞盘等

① 小林信次. 体育美学［M］. 北京：人民体育出版社，1988：63.

续上表

序号	类别	世界运动代表项目
10	民间	卡巴迪、飞镖、投马蹄铁、套车、龙舟、秋千、珍珠球、姑娘追等
11	其他	汽车、自行车、手指运动、逆反运动、自然力锻炼、超级明星赛等

注：对奥运项目的分类主要是按中国图书馆分类法而划分的。

6. 图书资料中常用的分类方法

我国体育文献分类主要采用《中国图书馆图书分类法》《中国科学院图书馆图书分类法》和《中国人民大学图书馆分类法》3 种方法。国际上多采用《国际十进分类法》。李江拟按运动环境与主要特点进行“目概念”，首次按门、纲、目、科、属、种的层次将体育进行了类群式分类的新分法。见表 1 – 5。

表 1 – 5　体育文献分类法比较一览表

分类标准	运动项目分类
中图法	田径、体操、球类、武术及民族形式体育、水冰雪、军体、其他、文体
科图法	体操、田径、球类、水上、冰雪及其他、文娱活动及游戏
人大法	体操、田径、球类、水上、冰雪、武术、重竞技、国防、文娱、其他
UDC	户外、器械、球类、体操田径、登涉、骑车、机动车、重竞技、冬季、水上、航空、骑术、垂钓猎射
新分	田径、体操、球类、水上、冰雪、武术、重竞技、军体、民间、娱乐、其他

7. 按竞技特征来分类

李宗浩等在对《奥林匹克运动项目分类及其项目群特征的研究》中提出按竞技性质和竞技特征对现代奥林匹克运动项目进行分类，分别以奥林匹克运动项目的竞技性质和竞技特征为分类标准对奥林匹克运动项目进行了二阶系统分类研究，并提出了以奥林匹克运动项目的竞技性质和竞技特征为分类标准的分类方法。这种分类方法，可以更好地对体育项目之间的一些相同属性进行研究，更好地指导训练与竞赛。① 见表 1 – 6。

表 1 – 6　奥林匹克运动项目的分类

竞技类型	竞技特征	运动项目
直接竞技类	格斗竞技类	拳击、摔跤、柔道、跆拳道、击剑
	（身体）接触性竞技类	足球、篮球、曲棍球、水球、手球、冰球
	非（身体）接触性竞技类	棒球、垒球
	隔网竞技类	排球、乒乓球、羽毛球、网球

① 李宗浩，肖林鹏，杨晓晨，等. 奥林匹克运动项目分类及其项目群特征的研究［J］. 天津体育学院学报，2006（6）：461 – 463.

续上表

竞技类型	竞技特征	运动项目
间接竞技类	同时竞技类	田径（径赛项目）、游泳、自行车（同时竞技类项目）、皮划艇、帆板、帆船、赛艇、短道速滑、速度滑冰
	次第竞技类	田径（田赛项目）、体操、艺术体操、花样游泳、马术、跳水、射箭、射击、举重、自行车（次第竞技类项目）、花样滑冰、跳台滑雪、高山滑雪、自由式滑雪、速度滑雪、越野滑雪、雪橇、滑板滑雪、雪车、冰壶、冰橇

8．我国正式开展体育项目分类

我国正式开展的体育项目大项为78项，中项为142项。根据我国参与奥林匹克运动的情况，可以将我国正式开展的体育项目分为奥运体育项目和非奥运体育项目。根据他的内容，可以进一步分为不同的项目群。见表1－7。

表1－7　奥林匹克运动项目的分类

项目	类型	数量/项	运动项目
奥林匹克项目	夏季奥运会项目	28	田径、足球、篮球、排球、羽毛球、乒乓球、网球、棒球、垒球、手球、曲棍球、体操、举重、柔道、摔跤、跆拳道、拳击、现代五项、射击、击剑、射箭、自行车、马术、铁人三项、水上项目、帆船（帆板）、皮划艇、赛艇
	冬季奥运会项目	5	滑雪、滑冰、现代冬季两项、冰壶、冰球
非奥林匹克项目	民族传统类	12	武术、健身气功、龙舟、舞龙、舞狮、毽球、藤球、拔河、桥牌、国际象棋、中国象棋、围棋
	西方现代类	32	电子竞技、航空模型、航海模型、车辆模型、业余无线电、滑水、潜水、登山、定向、救生、摩托车、汽车、摩托艇、热气球、跳伞、运动飞机、滑翔门球、软式网球、保龄球、地掷球、钓鱼、信鸽、健美、体育舞蹈、技巧、健美操、高尔夫球、橄榄球、壁球、轮滑、台球、飞镖

（二）我国民族传统体育项目的分类

中国民族传统体育的发展和形成，并最终以完整的、独立的文化体系存在，数量、种类之多是任何一个国家本民族体育形成过程所不多见的。除汉族外，少数民族中以蒙、回、藏、维吾尔、壮、苗、布依、朝鲜、满、侗、瑶、白、土家、哈尼、哈萨克、傣、黎族等17个民族为最多，其次为水、傈僳、拉祜、东乡、纳西族等15个民族；再次有撒拉、布朗、毛南、塔吉克、普米、裕固族等23个民族。中国民族传统体育的主体，是分布在各个民族中的多样运动形式。据1982年的资料统计表明，我国55个少数民族的运动项目已经达到676种，尽管时至今日，这一统计数字已显得保守了许多。

目前学界对于民族传统体育项目的分类，综述起来主要有以下几种方法。

（1）按民族传统体育的性质和作用分类，分为娱乐类、竞技类和健身养身三大类。

（2）按现代体育运动项目的形式和特点分类，分为跑跳投类、球类、水上项目、射击、骑术、武艺、舞蹈和游戏类等八大类。

（3）按各民族所开展的项目分类，把56个民族开展的体育项目逐一列出，分为56类。

（4）按地域分类，把我国划分为东北地区、内蒙古地区、西北地区、西南地区、中东南地区等区域，把民族传统体育项目分为五大类。

（5）按人类学观点分类，把民族传统体育项目分为民族起源、种族繁衍、生产活动、反映种族再生或复兴、带有军事性质的身体活动为五大类。

（6）按体育项群分类，把民族传统体育项目分为嬉戏娱乐、竞技能力、配合节庆习俗三大民族体育项群。

（7）按民族传统体育发育形态分类，分为化石型、原始型、发育期型、较成熟型和成熟型为五大类。

（8）按少数民族传统体育的功能分类，分为健身功能、娱乐功能、教育功能、竞技功能和文化功能五大类。

综合上述几种方法，虽然在大的项目形态分类上比较合理，但有的分类标准比较模糊，不能成为运动项目的分类标准，还有的分类方法分出的类目过于庞大，交叉重复类多，没有达到分类的目的。在综合各种因素的基础上，我们按照民族传统体育的性质、作用、功能及其民族属性的特点，结合我国民族传统体育发展和所处的自然环境，根据不同形式本身的活动方式，大体可以做出13项分类①。如表1－8所示。

表1－8　我国民族传统体育分类表

序号	类　别	民族传统体育代表项目
1	骑射类	弓射、弩射、骑射等
2	武艺武术	传统武术中的器械、各类拳术以及器械对练技艺
3	较力类	角力、角抵、相扑、摔跤、搏克、举鼎练力、负重、举石担、石锁、千斤坠等
4	练力与举重	练力与举重物等
5	田径类活动	以跑、跳、投为主要形式的“田径”项目（如蒙古族的打布鲁、逾高、超距、投石、投壶、掷行头、扔包等）
6	球类运动	蹴鞠、蹴球、击鞠（马球）、捶丸、步打球、踢石球、棍打球、抢花炮、波依阔以及各种民族形式的球类活动等

① 中国体育博物馆．中华民族传统体育志［M］．南宁：广西民族出版社，1990.

续上表

序号	类 别	民族传统体育代表项目
7	保健养生	以呼吸锻炼为主的行气术、以引伸肢体为主的导引术和以舒筋活络为主的按摩术以及相关的民间保健养生操等
8	水上运动	游泳、跳水以及民间潜水等
9	冰雪运动	滑冰、拖冰床以及滑雪等
10	棋类活动	围棋、象棋、蒙古象棋、弹起、六博、双陆、翻转棋、梅花棋子及其他民间棋类活动形式等
11	御术与赛马	赛车、赛马、姑娘追等
12	舞戏类	鼓舞、民间战鼓会、凤阳花鼓、腰鼓、秧歌、跑旱船、老鹰抓小鸡、扎猪油渣等
13	民俗游乐	龙舟竞渡、荡秋千、打陀螺、拔河、舞龙、舞狮等民族特色较浓的体育娱乐活动

第二章

运动兴趣与培养

每一运动项目都会以“玩在当下和运动当中的趣味性”给人以独特的运动体验，运动项目的核心价值——趣味的独特性是运动项目最本质的特点。在现代社会里，各个运动项目因自身趣味点对锻炼个体产生不同的影响，不同项目的趣味点也会让现代社会不同类型的人有所选择。

第一节 运动项目趣味点

一、“运动项目”与“趣味”

体育运动项目是指为了强身祛病、娱乐身心及提高运动技术水平所采用的各项活动内容和方法的总称，通常也叫运动项目或体育手段。① “趣味性”是指事物使人感到愉快并能引起兴趣的特性。通常“趣”是指人对事物的趋向和爱好，多用于使人的心理和精神感到愉悦的活动；而“味”的直接意思是“滋味”，是舌头尝东西和鼻子闻东西所得到的感觉，大多属于直接的生理感知活动。② 每一个运动项目从诞生到推广都有其核心的、吸引人们参与的兴趣要素。③ 运动项目独有的趣味要素可以带给运动者生理上的快适和心理上的愉悦，生理快适源自那些直接的运动刺激，所引起的快适感觉具有即时性，但它是一切运动快乐与愉悦的生理基础；而运动的心理快乐和精神愉悦乃是在生理快适感觉不断积累的基础上添加了认知和情感成分，使生理快适发生了向精神愉悦升华的本

---

① 百度百科. 体育运动项目［EB/OL］.［2013 - 07 - 06］. http://baike. baidu. com/view/1207235. htm.

② 百度百科. 趣味性［EB/OL］.［2013 - 07 - 07］. http://baike. baidu. com/view/1207969. htm.

③ 付全. 从运动兴趣到锻炼习惯：体育教学还缺少什么了？［J］. 体育教学，2013（8）：26.

质变化，它一旦建立起来就会相对持久，能影响人们的后续体育行为。[①] 这种使人获得生理快适和心理愉悦感受的运动过程与方法的独特之处就是运动项目的“核心趣味点”。对运动项目“核心趣味点”的体验和认知，能强化正确的运动情感和运动行为，对于形成持久稳定的体育行为具有重要意义。人们在进行一些项目锻炼，如乒乓球、羽毛球、网球、毽球、藤球、篮球、足球、手球、曲棍球、水球、马球、橄榄球跑步、健身操、交谊舞、肚皮舞、扭秧歌、太极拳、门球、攀岩等健身娱乐项目时，有必要了解其给人以特殊体验的核心趣味点。

二、隔网球类运动项目的核心趣味点

隔网球类运动的核心趣味点是“流畅回合”。隔网球类运动的特征是在比赛时用球网将场地隔开，比赛双方各占据一边，在规则允许的情况下，用身体的部位或者球拍将球击打到对方的球台或场地。该类运动项目有一个演化的过程，出现最早的是网球运动，之后是乒乓球、羽毛球、排球及毽球等。历史演化过程中，从起源时刻起，隔网球类运动形式的核心价值就是“流畅回合”。“回合”是指比赛中双方争夺胜分的往返击球，可分为网上回合与同侧配合。网上回合：球在网上一来一往为一个回合；同侧配合指同队员之间在规则限定的次数内，每传递一次为一次配合。“流畅回合”指在规则限制的次数之内，各队队员相互之间通过协调的配合和默契的传递，完成有效的进攻与防守，达成双边网上往来频繁和相持不下的状态。隔网球类运动大致分为两类：隔网持拍类与集体隔网配合类。

（一）隔网持拍球类运动项目的核心趣味点

隔网持拍球类运动项目的核心趣味点是“流畅回合与势均相持”（图 2－1 至图 2－3）。在隔网持拍类的运动项目中，如乒乓球、羽毛球和网球，由于双方队员的每一次击球，既能得分亦能丢分，所以一旦每一回合出现击球失误，该回合结束。运动过程中，比赛双方围绕着回合展开拼争，球路线点的复杂多变、结果的不确定性、比分的胶着、回合的相持与无穷变化，给选手们以无限的期待和成就感，在近乎忘我的拼争中越发激起战胜对手的意志；每当出现多回合相持的运动场面，现场观众都会随着回合相持的场景而进入情绪高昂状态，完全陶醉在激烈精彩的回合相持之中。每一分都可能有一次或多次回合，所以适当的势均相持次数既是隔网持拍球类项目核心要素，又是影响比赛精彩程度的重要可观察指标。[②]

① 李杰凯，马艳红．关于运动项目“特点”学说的理论商榷：兼论运动项目娱人致趣原理研究的必要性［J］．上海体育学院学报，2014，38（1）：45．

② 李杰凯，兰彤，张樯，等．试论隔网球类运动的“流畅回合”之趣：基于运动项目娱人致趣原理的研究［J］．沈阳体育学院学报，2012（1）：1－4．

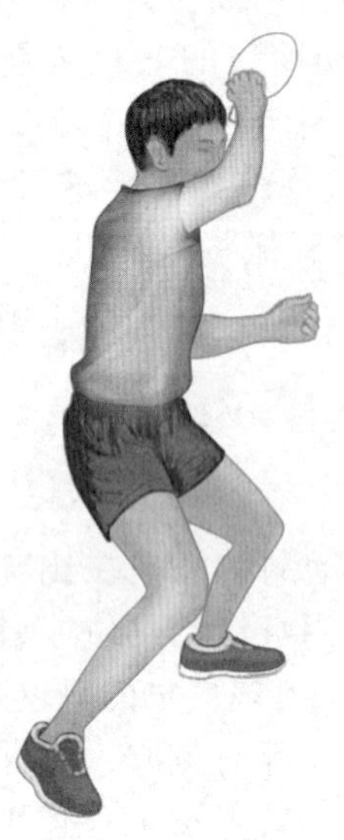

（a）流畅回合　　（b）势均相持①

图 2－1　乒乓球运动中的“流畅回合与势均相持”

（a）流畅回合　　（b）势均相持②

图 2－2　羽毛球运动中的“流畅回合与势均相持”

① 360 图片．乒乓球［EB/OL］．http://image.so.com.

② 360 图片．羽毛球［EB/OL］．http://image.so.com.

（a）流畅回合

（b）势均相持①

图 2－3　网球运动中的“流畅回合与势均相持”

（二）集体隔网球类运动项目的核心趣味点

集体隔网球类运动项目的核心趣味点是“流畅回合与默契配合”②（图 2－4 至图 2－6）。集体隔网配合类项目是必须由多人配合完成的运动项目，参与者隔网击球，以不使球落地，追击嬉戏为乐趣。每名场上队员都有明确的位置与分工，而同伴“配合默契”是“流畅回合”的基础。流畅回合的运动形式是以球在对方或同伴之间相互击打传递的形式表现出来的，早在该类运动创造之初就是其固有的规律。并且始终主导着集体性隔网球类运动的演化与发展，是参与者和观赏者感受到运动带给快乐的原因。以毽球 3 人、排球 6 人和藤球 3 人等为例，多人集体性的特点使得队员之间通过流畅的传递配合，为寻找有效攻击点成为可能；同伴间的传递，受规则限制必须在规定次数之内完成，这使双方之间过网的回合次数与单方之内的传递回合次数形成制约关系，即每个过网回合可能在规则限制的最低与最高之间，从而使得流畅回合充满了变数，复杂多变的场上变化要求场上队员注意力高度集中、情绪更加激奋，这使得临场观众的情绪也会受到极大的感染，这也正是集体性隔网球类运动的魅力所在。

---

① 360 图片．网球［EB/OL］．http://image. so. com.

② 吕兆峰．试论集体性隔网球类运动“流畅回合，配合致趣”：基于运动项目娱人致趣原理的研究［D］．沈阳：沈阳体育学院，2014.

（a）流畅回合　　　　（b）默契配合①

图 2－4　排球运动中的“流畅回合与默契配合”

（a）流畅回合　　　　（b）默契配合

图 2－5　毽球运动中的“流畅回合与默契配合”②

（a）流畅回合　　　　（b）默契配合③

图 2－6　藤球运动中的“流畅回合与默契配合”

---

① 360 图片. 排球［EB/OL］. http://image.so.com.

② 360 图片. 毽球［EB/OL］. http://image.so.com.

③ 360 图片. 藤球［EB/OL］. http://image.so.com.

三、同场对抗球类运动项目的核心趣味点

同场对抗球类运动项目的核心趣味点是“拼抢与命中争分”①（图2－7至图2－13），如篮球、足球、手球、曲棍球、水球、马球和橄榄球等项目。由于在比赛场地、比赛方式和记分方法等许多方面相近似，都具有集体性、同场对抗、身体直接接触以及以球的投射命中计分，并以得分多少来区分胜负的特点，通常被人们看作一个类群，在一般训练学领域被称之为“同场对抗类”运动项目。同场对抗球类运动的比赛方式，决定了球和控制球权的争夺乃是取得比赛胜利的前提，只有更多地掌握支配球的权利，才能获得较多投射目标的机会，投射次数和命中率决定得分，得分多少决定胜负。因此，同场对抗球类运动的核心规律应该是拼抢与命中争分。

“拼抢”是指参赛的双方拼力抢夺球，获得掌握和支配球的权利，进而以较多的投射次数实现所得分数领先的比赛行动。拼抢可以分成集体和个人两种形式，其中集体拼抢以个人拼抢为基础，个人拼抢乃是集体拼抢的组成单位。拼抢的目标是球，围绕着球展开时间、空间、位置和时机的拼争，运动者在拼抢中展示实力，每当拼抢到球时都会感受到成功的喜悦，进而更加激起拼力投射得分的欲望。

投射是拼抢行动的最终目的，“命中的不确定性”是过程中致人乐趣的原因。投射是指同场对抗球类运动中各种得分方式，主要包括篮球比赛中的投篮，足球、手球、冰球、曲棍球和水球项目比赛中的射门行动。这些行动的共同特征是参赛者在拼抢的基础上获得球的支配权，采用最有效的技术方法，把球投、射向目标，并力求命中，以命中次数算得分，因此投射行动的数量和质量是决定比赛胜负的重要因素。同场对抗球类运动比赛方式的内在逻辑，框定了“拼抢与命中争分”之间严密的逻辑关系，在这个关系中，所有的参与者、观赏者都会感受到运动过程带来的乐趣。

（a）拼抢

（b）命中争分②

图2－7 篮球运动中的“拼抢与命中争分”

---

① 李杰凯，张云鹏，魏晓磊，等．论同场对抗球类运动的“拼抢与命中争分”之乐：基于运动项目娱人致趣原理的研究［J］．沈阳体育学院学报，2012，31（2）：1－5，9．

② 360图片．篮球［EB/OL］．http://image.so.com.

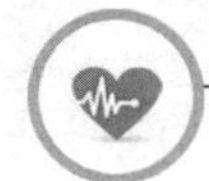

（a）拼抢

（b）命中争分①

图 2－8　足球运动中的“拼抢与命中争分”

（a）拼抢

（b）命中争分②

图 2－9　手球运动中的“拼抢与命中争分”

（a）拼抢

（b）命中争分③

图 2－10　曲棍球运动中的“拼抢与命中争分”

---

① 360 图片．足球［EB/OL］．http://image.so.com.

② 360 图片．手球［EB/OL］．http://image.so.com.

③ 360 图片．曲棍球［EB/OL］．http://image.so.com.

（a）拼抢

（b）命中争分①

图 2－11　水球运动中的“拼抢与命中争分”

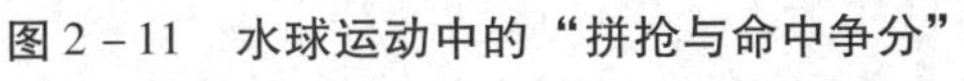

（a）拼抢

（b）命中争分②

图 2－12　马球运动中的“拼抢与命中争分”

（a）拼抢

（b）命中争分③

图 2－13　橄榄球运动中的“拼抢与命中争分”

---

① 360 图片．水球［EB/OL］．http://image.so.com.

② 360 图片．马球［EB/OL］．http://image.so.com.

③ 360 图片．橄榄球［EB/OL］．http://image.so.com.

四、操舞运动的核心趣味点

操舞运动的核心趣味点是“动作节奏与音乐韵律的美妙恰和”[①]（图2－14至图2－25）。操舞运动是由体操项目衍生出来的新兴体育运动项目，是人们以健身和娱乐为目的，徒手或借助器械进行的各种身体操练，以动作节奏与音乐韵律的美妙恰和为基本手段实现的艺术化运动或审美游戏。操舞运动衍生于有音乐伴奏的体操和各种舞蹈，其核心方法是音乐韵律与人体动作节奏的融合统一。挪威让·布约克沃尔德教授指出：“‘本能的缪斯’是儿童与生俱来的一种以韵律、节奏和运动为表征的生存性力量和创造性力量。”[②] 人类生命的基本表征是心脏有节律的跳动和肺器官有节律的呼吸，人的移动主要方式是走、跑的过程中四肢有规律的运动，这些都表现为基本的韵律和节奏，因此可以近似地认为，韵律和节奏是作为人类生命运动的基本形式。

所有的操舞运动都以欢快激昂、节奏明快的音乐为背景，人们在其中以身体运动来尽情地表现个体生命的活力，抒发身体积聚的潜在能量，因此操舞运动成为人类再现现实美好生活的游戏化表达。在这里，音乐曲调和人的身体动作都呈现出一个明显的特点，那就是韵律节奏。在无忧无虑、情不自禁的韵律与节奏的恰和之中，音乐的韵律激起手舞足蹈的动作节拍，而韵律的意境却由手舞足蹈的动作节拍得到进一步诠释。韵律的原意是指诗词平仄和押韵规范，引申为音响的节奏规律，又指某些物体运动的均匀的节律。在操舞运动中，音乐曲调是由不同音阶按照情意主题不断地重复、变换所组成的，因此音乐是有主题的韵律；而这其中的身体运动则是依据音乐曲调变化而不断变化，以肢体语言对音乐主题进行动作韵律的表达。可见曲调与动作都是韵律节奏的不同表现形式，他们通过巧妙的恰和达成完美统一，在这样的意境中，操舞运动者体会运动的审美。在操舞运动中，人们突出强调音乐曲调、身体动作和韵律节奏三个基本要素，其中音乐和动作是两个独立的要素，它们通过韵律节奏的恰和而统一起来。韵律与节奏的美妙恰和是操舞运动兴趣与快乐之源。操舞运动林林总总，层出不穷，但它们从问世那天起就是由韵律和动作节奏的恰和而流行于世，围绕着这种浑然一体的恰和，可以不断地变化、重组和更新。从早年的交际舞、霹雳舞、街舞到现今流行的肚皮舞和钢管舞，从徒手体操、轻器械体操到各种形式的健美操、踏板操和搏击操，无一不是在韵律与节奏的核心要素作用下进行的式样翻新，因此还可以说音乐韵律和动作节奏的美妙恰和是推动操舞运动演化和进步的神韵与灵魂。

---

① 李杰凯，包蕊，贲驰，等．论操舞音乐韵律与动作节奏的本能恰和之美：基于运动项目娱人致趣原理的研究［J］．沈阳体育学院学报，2011，30（4）：7－10.

② 布约克沃尔德．本能的缪斯：激活潜在的艺术灵性［M］．上海：上海人民出版社，1999.

(a)动作节奏

(b) 音乐韵律

图2-14 健身操中的“动作节奏与音乐韵律的美妙恰和”①

(a)动作节奏

(b)音乐韵律

图2-15 啦啦操中的“动作节奏与音乐韵律的美妙恰和”②

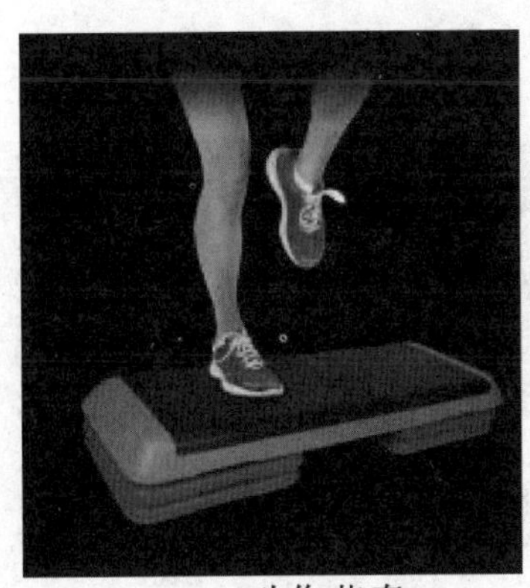

(a)动作节奏

(b)音乐韵律

图2-16 踏板操中的“动作节奏与音乐韵律的美妙恰和”③

① 360图片. 健身操 [EB/OL]. http://image.so.com.

② 360图片. 啦啦操 [EB/OL]. http://image.so.com.

③ 360图片. 踏板操 [EB/OL]. http://image.so.com.

（a）动作节奏

（b）音乐韵律

图 2 - 17　搏击操中的“动作节奏与音乐韵律的美妙恰和”①

（a）动作节奏

（b）音乐韵律

图 2 - 18　扭秧歌中的“动作节奏与音乐韵律的美妙恰和”②

（a）动作节奏

（b）音乐韵律

图 2 - 19　霹雳舞中的“动作节奏与音乐韵律的美妙恰和”③

① 360 图片. 搏击操［EB/OL］. http://image.so.com.
② 360 图片. 扭秧歌［EB/OL］. http://image.so.com.
③ 360 图片. 霹雳舞［EB/OL］. http://image.so.com.

(a) 动作节奏

(b) 音乐韵律

图 2-20　交谊舞中的“动作节奏与音乐韵律的美妙恰和”①

(a) 动作节奏

(b) 音乐韵律

图 2-21　拉丁舞中的“动作节奏与音乐韵律的美妙恰和”②

(a) 动作节奏

(b) 音乐韵律

图 2-22　肚皮舞中的“动作节奏与音乐韵律的美妙恰和”③

① 360 图片．交谊舞 [EB/OL]．http://image.so.com.
② 360 图片．拉丁舞 [EB/OL]．http://image.so.com.
③ 360 图片．肚皮舞 [EB/OL]．http://image.so.com.

（a）动作节奏

（b）音乐韵律

图 2－23　街舞中的“动作节奏和音乐韵律的美妙恰和”①

（a）动作节奏

（b）音乐韵律

图 2－24　踢踏舞中的“动作节奏和音乐韵律的美妙恰和”②

（a）动作节奏

（b）音乐韵律

图 2－25　钢管舞中的“动作节奏与音乐韵律的美妙恰和”③

① 360 图片．街舞［EB/OL］．http://image.so.com.

② 360 图片．踢踏舞［EB/OL］．http://image.so.com.

③ 360 图片．钢管舞［EB/OL］．http://image.so.com.

五、跆拳道运动的核心趣味点

跆拳道运动的核心趣味点是"腿技抢点，礼道求和"① （图 2－26）。对跆拳道运动从外在形式和内在修为两个层面进行研究，发现跆拳道运动外在的"腿技抢点"和内在的"礼道求和"二者为和谐的统一体是此项目的核心趣味点。"腿技抢点"是跆拳道运动外在形式的基本规则，"礼道求和"是跆拳道运动的内在精神追求。跆拳道的练习者正是通过以腿法攻击、拳法格挡防守的抢点式争分实战对抗获得一种感官的刺激快乐；同时，通过严格的礼仪规范、品势练习、冥想等方式领悟一种"道"的追求之乐。

"腿技"是指跆拳道运动的腿法技战术，2010 年跆拳道世界杯比赛共 267 场，世界跆拳道比赛得分技术共 1 228 次，其中世界各队使用拳法技术得分次数为 117 次，占总得分的比例为 9.5%；腿法技术得分次数为 1 111 次，占总得分的比例为 90.5% 得分次数由多到少的顺序为横踢、下劈、拳法、推踢、后踢、双飞踢、后旋踢、旋风踢、侧踢。跆拳道运动的竞技比赛中得分技术绝大多数是以腿法得分为主、拳法得分技术为辅的战术。"抢点"是跆拳道运动的独有的技击特点，是一种以腿法得分技术为主的，准确有力打击一点或连续几点得分部位并迅速结束攻击，且区别于其他对抗性项目的重要特点。"抢点"也是跆拳道攻击技术"力道"的一种体现。通过观摩多场重大比赛实况后发现，跆拳道运动的一个共同之处，每当运动员通过"斗智斗勇"，千辛万苦用自己的精湛腿技击中对方得分点时，无论是当前占有优势还是劣势，都掩饰不住自己的兴奋，而观者同样会为得分者欢呼不已。

"礼"，即礼仪，是跆拳道练习者的礼仪规范，是对练习者的一种精神修养和行为准则。"道"，为通过合理的技术和战术的应用取得胜利的一种方法，通过身体最终感悟一种精神境界。在这种身体练习和精神内涵互相作用下，跆拳道练习者体会和追求"道"的过程的和谐之乐：人与自身的和谐、人与人的和谐、人与自然万事万物的和谐。跆拳道之所以要冠以"道"，是因为跆拳道运动不仅仅以外在的胜负为终极目标，其追求一种人与道的和谐，强调"道以礼始"，在对道的追求中，处处表现礼。跆拳道以搏击形式展示竞技过程，而运动员双方无论胜负都享受其中，称其为"礼道求和"，正是"腿技抢点，礼道求和"这两条主线构成了跆拳道的核心趣味点。

---

① 沙杰．论跆拳道运动的"腿技抢点，礼道求和"之乐：基于运动项目娱人致趣原理的研究［D］．沈阳：沈阳体育学院，2014．

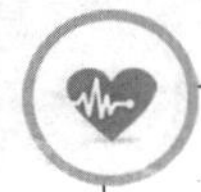

（a）腿技抢点

（b）礼道求和

图 2－26　跆拳道运动的“腿技抢点，礼道求和”①

六、竞速滑动类运动项目的核心趣味点

竞速滑动类运动项目的核心趣味点是“平衡自如与滑行驰骋”②（图 2－27 至图 2－31）。“平衡自如”是指运动者于特定环境中通过自主努力达成的“随体平衡”，隐含着避免滑倒的危险和安全的含义。随体平衡又称中性平衡，处于该状态下的人体随着身体受到轻微扰动后仍可处于体位平衡状态。在竞速滑动类运动项目中，这种随体平衡表现为运动者借助滑行器材与场地之间的相互作用，在巨大不稳定扰动（因滑动而易摔倒）中，仍能主动保持基本竖立的身体姿势，同时利用重力加速度大于滑动摩擦力与空气阻力之和这一原理，获得预期的滑行动力，并于运动中不断自主地调控身体重心，实现安全自如，随心所欲地快速滑行，具体说来就是滑动中对方向和速度变化的有效控制。掌控好平衡就是为了使身体处于最稳定的滑行状态，体会快速滑动过程中姿势优美、动作协调、快速流畅所带来的运动感受。

“驰骋”最初是指骑马奔跑，也有自由或随意地到处走动和漫游的意思。在竞速滑动类运动中，“滑动驰骋”体现着人类通过不断学习和适应，摆脱诸如惯性、摩擦力、重力加速度等自然力的束缚，并对其有效驾驭进而实现行动自由的能力，也表达了在异常环境中获得超乎寻常运动效果时所感受到的愉悦心境。“打出溜”作为北方冬季的运动方式有着悠久的历史和深厚社会基础，是儿童冬季进行的徒手溜冰游戏。而“冰车”“滑子”“滑雪圈”等游戏更是非常普遍。在世界各地“打滑梯”恐怕是最为普及的儿童游戏了。在滑梯游戏中，可以看到“滑动和出溜”运动与儿童的天性、人类的本能密切相关。人类天然地对那些滑动特征鲜明的运动具有某种积极的倾向性，滑冰、轮滑、冲浪、滑雪、滑翔伞等皆是如此。人类在生产与生活实践中发现了滑行与滑动的规律与特性，并创造了以滑动为手段的生产和娱乐方式，“滑行与滑动”运动项目总会受到人们的青睐，这是竞速滑动类运动项目得以存在和发展的人类文化学基础。当滑行者的技能

① 360 图片．跆拳道［EB/OL］．http://image.so.com.

② 张士波，李杰凯，郑兆新．论竞速滑动类运动项目的“平衡自如与滑行驰骋”之畅：基于运动项目娱人致趣原理的研究［J］．沈阳体育学院学报，2012，31（6）：82－85.

提高和进步时，都可极大地调动他们的兴趣，产生一种“征服自然、战胜自我”的成就感。例如，滑冰时学会旋转和急停，同伴和朋友投来羡慕的目光，会使滑行者产生一种近乎自豪的满足感。滑动所致乐趣的感受越深刻，对后续参与行为的激励就越强，这一点在滑雪运动中表现更为明显。滑雪运动爱好者中普遍存在不断地更换雪场的现象，其原因是在新的雪场内滑行能够带来更加新颖的难度刺激，获得更深刻的自如滑行乐趣。因此，“平衡自如与滑动驰骋”是竞速滑动类运动项目致人乐趣的原因，也是该类运动独有魅力的词语表达。

（a）平衡自如　　（b）滑行驰骋

图 2－27　滑冰运动的“平衡自如与滑行驰骋”①

（a）平衡自如　　（b）滑行驰骋

图 2－28　轮滑运动的“平衡自如与滑行驰骋”②

（a）平衡自如　　（b）滑行驰骋

图 2－29　冲浪运动的“平衡自如与滑行驰骋”③

① 360 图片．滑冰［EB/OL］．http://image. so. com.

② 360 图片．轮滑［EB/OL］．http://image. so. com.

③ 360 图片．冲浪［EB/OL］．http://image. so. com.

(a) 平衡自如

(b) 滑行驰骋

图 2-30　滑雪运动的“平衡自如与滑行驰骋”①

(a) 平衡自如

(b) 滑行驰骋

图 2-31　滑翔伞运动的“平衡自如与滑行驰骋”②

七、路跑项目的核心趣味点

路跑项目的核心趣味点是“互动方便，轻松自如”③（图 2-32 至图 2-34）。路跑是指以自发组织成群结伴而跑为主要形式，在各种空旷场地进行的不拘速度和形式、边跑边互动交流的跑步运动。趣味路跑则是感受跑步带来的快乐，感受和同伴一起奔跑带来的快乐的过程。趣味路跑和马拉松完全不一样，马拉松是一个自我超越的过程。

近年来，路跑骤然成为最热门、最受欢迎的运动，各地的跑团如雨后春笋般地不断涌现。路跑花样翻新，四季跑、彩色跑、活尸路跑、热波电跑、奇装异服跑、欢乐跑中国等一系列新型的趣味路跑备受欢迎。趣味路跑改变了人们对跑步的认识。“彩色跑”(The Color Run)，是一项 2011 年发源于美国的运动，被称为“地球上最快乐的 5 公里赛跑”，参加者身着白色 T 恤，跑步过程中经过不同的彩色站，会被从头到脚抛撒彩色粉末。“四季跑”是由中华全国体育基金会打造，融合 4D 高科技立体感官技术，从视觉、听觉、嗅觉、触觉多角度完美模拟四季变换的跑道。“活尸路跑”兴起于欧美的丧尸障碍跑，像病毒般蔓延全球，赛事中设置迷宫、血池、泥浆等关卡。你可以扮演丧尸，也可作为人类体验影视剧中被追逐的惊心动魄的情景。激发你所有的神经感官，要么被感染，要么奔跑着活下去。“奇装异服跑”将各种服装元素、电影、动漫人物造型融入跑

---

① 360 图片. 滑雪 [EB/OL]. http://image.so.com.

② 360 图片. 滑翔伞 [EB/OL]. http://image.so.com.

③ 网易体育. 近年趣味路跑为何如此火爆? [EB/OL]. [2014-09-03]. http://run.sports.163.com/14/0903/16/A57T4BCF000509NH.html.

道当中，通过 Cosplay 当中人物，跑友们不仅仅能体验跑步本身带来的感官享受，还能在跑道上体验一场视觉盛宴，在时尚、活力中完成赛程。

路跑项目的趣味点是门槛低、互动方便、轻松自如。与其他健身性运动项目相比，路跑项目运动的主要特点有：方式方法的简单与周期性、运动时间的较长性、运动空间的随意性、运动强度适中与运动量较大性。

人们参加马拉松是为了实现一种自我超越，感受那种不断克服极限，挑战自我的感觉。而趣味路跑，更多的则是让跑步者感受自由，舒缓压力。相比马拉松，趣味路跑克服了跑步运动原有的机械枯燥感，使参与者能获得快乐愉悦的感受。

一些路跑比赛只要身体相对健康，任何人都可以报名参加，不设任何成绩门槛。无规则约束和轻松自如地完成预计跑动距离，进而体验到跑的过程机体快适与事后的身心愉悦。跑完预计距离之后的心情愉悦，能激起参与者的路跑兴趣。“欢乐跑中国”突出的就是欢乐，彩色跑给赛道上增添了色彩，而四季跑更是把四季的元素融入跑道当中，春天的草地、夏天的细雨、秋天的凉风和冬天的白雪，都将在跑道上呈现，而且在跑步过程中，还加入了很多互动的元素，与其说这是一场跑步，不如说这是一个在跑道上举办的盛大聚会，充满了欢乐。跑友能在跑步中感受到自由，而并非约束。对于很多当下的都市白领来说，这样的路跑更有吸引力，更能够帮助他们舒缓压力，放松心情。同时，现在路跑还满足了人们社交的诉求。在跑步过程中拍照发到自媒体平台上，和朋友家人一起分享自己跑步的成绩或者心情，成了越来越多跑友的习惯。路跑项目正在以前所未有的速度向前发展，以前所未有的方式影响着人们的生活，正在逐渐成为城市主流人群的生活方式。

（a）四季跑

（b）彩色跑

图 2－32　路跑项目的“互动方便，轻松自如”（一）①

（a）活尸路跑

（b）奇装异服跑

图 2－33　路跑项目的“互动方便，轻松自如”（二）②

①② 360 图片. 路跑［EB/OL］. http://image.so.com.

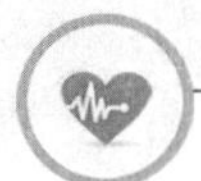

（a）热波电跑

（b）欢乐跑中国

图2－34　路跑项目的“互动方便，轻松自如”（三）①

八、攀岩运动的核心趣味点

攀岩运动的核心趣味点是“挑战极限，攀登险峰”（图2－35）。攀岩运动被喻为人类“挑战极限”的运动之一，攀岩运动要求人们在各种高度及不同角度的岩壁上，连续完成转身、引体向上、腾挪甚至跳跃等惊险动作，是一项刺激而不失优美的极限运动，攀岩运动既有“岩壁艺术体操”，又有着“登山运动的小弟弟”这样的雅称。攀岩运动是不断向上的运动，攀登者在高空只有自己一个人，任何事情都必须自己解决，在遇到困难的情况下，也只有一种选择，就是自己激励自己，克服困难，完成攀登，这就要求攀登者具有良好的自信心及锲而不舍的精神。

从广义上来说，攀岩运动是利用人类原始的攀爬本能，借以各种装备作为安全保护，攀登一些岩石所构成的峭壁、裂缝、大圆石以及人工岩壁的运动。从狭义上来说，攀岩是指攀登者不依赖任何外在的辅助力量，只靠自身力量和身体的平衡完成攀登陡峭岩壁或人造岩墙的竞技运动项目。攀岩竞技比赛项目主要分为难度攀登、速度攀登及攀石三种，难度攀登是由裁判来定路线，按照攀登高度来决定名次。速度攀登则是同样的路线，看谁的速度快，更快的为优胜。而攀石是选定数条线路攀登，完成数量多者取胜，线路难度由定线员来设定。由于目前攀岩活动的安全措施都十分完善，因此安全性相当高，在欧美国家，攀岩活动基本上就像上健身房一样，是一项时尚流行的健康运动。

（a）挑战极限

（b）攀登险峰

图2－35　攀岩运动的“挑战极限，攀登险峰”②

① 360图片．路跑［EB/OL］．http://image.so.com.

② 360图片．攀岩［EB/OL］．http://image.so.com.

运动惯性与健康

九、门球运动的核心趣味点

门球运动的核心趣味点是“槌球精准入门，结果波浪起伏”（图2-36）。门球是在平地或草坪上，用木槌击打球穿过铁门的一种室外球类游戏，又称槌球。门球运动安全，且技术简单，比赛时间短，现行门球竞赛场地为25米×20米，每队5名队员上场参赛，每名队员依次按顺序上场竞技，每次击球完成动作限定10秒以内，每人每场比赛最多有八轮次上场机会，门球运动过程中无激烈对抗，运动员在场上完成动作只有步行、站立、弯腰下蹲、持棒击打等基本动作，伴随着快步走或慢跑、弯腰、下蹲、手脚配合等运动，动静结合，有劳有逸，弱体力都可参与，是最早被称为“智力游戏”的运动项目。

门球运动的精准标准要比其他项目要求更高。球员不仅要在最远距离25米的范围内，准确击打或闪带、闪送只有10厘米直径大的目标球，还要在距一门4米，二门15米，三门10米的任意距离点，从不同角度把自己的主球和同伴的球打送进只有19厘米高，22厘米宽的球门。以及用更高的准确精度在距离球场中心点10米范围内，使主球或他球能击中仅有2厘米粗，20厘米高的中柱来获得积分。为掌控局面，保证球进门得分的同时，还必须按点、线、面讲攻防御的攻防布局，让进门的球准确停在有利位置，以便获得连续进攻的好机会。门球属不带瞄准器，完全凭感觉经验做到精准无误的准确类项目。

门球具有激烈对抗和准确要求高两个特性导致产生了另一新特点——偶然性。在球场上，常常会出现该进门的球未进，该击中的近距离球未击中，以及击球的分量、角度掌握不好自球违例出界和有的球却能歪打正着，在没有击中首选目标的情况下，碰到另外的球获得新生，造成彻底翻盘、逆转局势的混乱局面。首先，情绪决定准确，形成了偶然的成因。对于准确类项目，出现偶然是必然现象。关键在于要用沉着、冷静、平稳、自信的良好心态减少杜绝偶然现象出现。其次，队员具有多项选择性也是偶然现象产生原因之一，每名场上队员，在特定条件下，都有击打其他9个球中的任意一个球或进门和撞柱共11种选择，按数学排列组合计算，将会出现上百种不同的战术阵型演变。另外，有无风向，场地是否平坦，球行走方向有颗粒状异物等环境因素都会出现偶然现象。

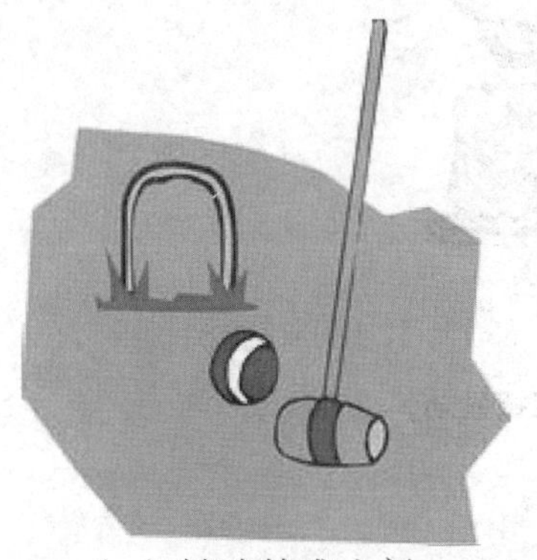
（a）槌球精准入门

（b）结果波浪起伏

图2-36　门球运动的“槌球精准入门，结果波浪起伏”①

① 360图片．门球［EB/OL］．http://image.so.com.

十、武术套路运动的核心趣味点

武术套路运动的核心趣味点是“架招显功，喻意神勇”① （图2－37）。武术套路运动以“架招显功”修其外，以“喻意神勇”修其内，二者和谐统一为该项目的核心兴趣点。“架招显功”就是习武者通过武术特有的功架与招式显示自己的本领与能力，在中国民间，常用“功夫”好坏来形容一个人武术水平的高低，对功夫的量化就是看功架与招式的规格与质量。“显”为“表现、露出”。“功夫”一是指做事所费的精力和时间，二是指素养、本领和造诣，因此作为“武术”代名词的“功夫”可以理解为，是一种需要通过长时间努力，才能够获得的一种本领和能力。喻意解释为“用什么物体来表明意思”。“神勇”解释为“非凡的勇猛”，《史记》中对项羽的描述中有这样的词汇：“项羽之神勇，千古无二。”因此，喻意神勇就是以“架招显功”为载体，表达“神勇”的气势，即传统理论所追求的“内外合一”最高境界，也就是说武术练习的核心就是追求功夫的神勇境界，在这个过程中获得乐趣。武术套路来源于技击搏斗实践，但又区别于真正的技击搏斗实践，是建立在“架招显功，喻意神勇”基础上的假想式搏斗场面再现，“架招显功，喻意神勇”是武术套路运动产生之初的规律与规则，并在武术套路运动漫长的发展中，一直是影响其发展的核心价值观，同时也是武术套路学习与练习中建立兴趣的关键所在。

（a）架招显功　（b）喻意神勇

图2－37　武术套路运动的“架招显功，喻意神勇”②

---

① 于海，李杰凯．论武术套路运动的“架招显功，喻意神勇”之悦：基于运动项目娱人致趣原理的研究［J］．沈阳体育学院学报，2013，32（2）：1－5．

② 360图片．武术套路［EB/OL］．http://image. so. com.

第二节 运动兴趣的形成

运动兴趣能够让一个人积极主动地参加体育活动，活动的结果有助于人们获得需要的满足和积极情绪的体验。运动兴趣的形成发展是一个过程，有其内部完整的机制。

一、“运动兴趣”概念的含义

“兴趣”是个体对生活环境中的人、事、物的喜好程度以及对学习、职业等活动主动接触参与的积极心理倾向。[①] 兴趣是一种巨大的激励学习的潜在力量，能唤起主体亢奋愉悦的心情，激发学习的乐趣，人对某种事物一旦有了兴趣，他的心理活动就经常倾向于那种事物，就总是积极地想方设法去认识、去接近、去获取。兴趣的内力，使得自己常常不服输，不满足现状，具有精益求精、更上一层楼的良好心劲。兴趣为人们的认识划界，同时也为人们的活动划界，他的兴趣的范围也就是他活动的范围。

广义“运动兴趣”指一个人力求积极认识和优先从事体育活动或身体锻炼的心理倾向，他是人们参加体育活动的基本动力之一；[②] 狭义“运动兴趣”通常指个体因某项运动的兴趣点高度契合自身需要而自身激情被点燃，主动倾注时间、积极投入体力、主体自主沉浸到该项目的运动实践中，并强烈意愿通过磨合能与之融为一体的心理倾向。人在从事自己不感兴趣的某项运动时，他与这项运动是分离的，这种分离不能使人与这项运动建立真正的关系，他所带来的是能量甚至是人格本身的分裂。反过来说，人只有在对某项运动发生兴趣时，才能与这项运动建立起某种真实的关系。有兴趣意味着从事这项运动的目的来自于活动者本人的意愿，而非外在的强制和压迫，这时，运动者感到自己是自由的、自主的，愿意为这项运动的进展和结果负起完全的责任，兴趣与努力是统一的，自我与这项运动也是有机统一的，从情绪这方面来讲，兴趣同时意味着愉悦和幸福，兴趣决定我们喜欢“赞成”趋近这项运动而不是那项运动，做这项运动而不做那项运动。对某项运动的兴趣决定着它对我们来说是有意义的，是有价值的。

二、人的发展与运动兴趣

(一) 人的社会发展与运动兴趣

运动是物质的根本属性和存在方式。身体活动是人类生存的本能。每个人从胎儿具备基本的活动能力时，就不甘寂寞地在妈妈腹中拳打脚踢。出生后，他们迫不及待地想要翻身、坐起、爬行、站立、行走、奔跑。在幼儿园、游乐场、小学低年级的操场上，

---

① 王同军，司继伟．兴趣研究现状与进展［J］．山东教育学院学报，2006（6）：11－14.

② 傅建．运动兴趣的研究取向［J］．体育与科学，2015，36（6）：97－100.

他们不知疲倦地玩耍、嬉戏、打闹、追逐。有谁会说这一阶段的孩子不喜欢运动呢？然而，随着年龄的增长，一些孩子似乎渐渐失去参与运动的兴趣，甚至远离了运动。这一现象背后深层的原因是什么呢？

人本是一种动物，人与其他动物最明显的区别在于社会行为的复杂性。我们在懵懂中来到这个世界，在成长过程中，通过他人如何看待自己和自己如何看待他人形成了自我概念。自我概念是个体对其自身所持有的观念集合。美国社会学家查理斯·霍顿·库利提出“自我”是他人如何看待我们的一种反思，是“自己的影像”。如果父母、老师或同学说我们聪明、美貌或擅长运动，那我们很可能也以此自视。如果人们说我们是笨蛋或不适合这项运动，那我们也将如此地看待自己。小于6岁的儿童几乎不可能获得清晰的对自我概念的理解，倾向于用绝对的词汇来思考自己，而不与他人相比较。随着儿童慢慢长大，他们开始将自己与其他人相比较，8岁以后的儿童开始思考他们自己和他人的观点，并逐渐形成自我评价。自我评价是自我概念的一个重要部分，即我们自认为如何。当通过与他人比较，我们得到了对自己强弱的理解时，自我评价就出现了。自我评价在儿童中期和青春期尤为重要。自我评价较低的人更可能遭遇失落、焦虑，并从与他人的社会交往和社会行为中退缩。

准确地说，运动兴趣不应该是从无到有的培养过程，而是从与生俱来的本能中进行激发和保护的过程。

（二）人的情感发展与运动兴趣

情感是心理发展中重要的部分。人类是情感化的，因心情不同，在不同的场景下，人们所体验的情感也存在着个体差异。兴趣、快乐等人类的主要情感在6个月大的婴儿身上已经开始显现。羞耻、内疚、窘困等情感一般出现在2岁以后。6岁以后，儿童有能力对大多数情感做出自我调整，但仍然需要帮助。即使是成人，在某些情况下也需要帮助以实现情绪调控。运动乐趣的获得以及羞耻感、内疚感和窘困的避免均与成功体验密切相关。通过个人努力，能够体验到成功是运动兴趣得以保持和提高的重要条件，也是建立自信的过程。

（三）人的人格发展与运动兴趣

人格是指一个人与社会环境相互作用表现出的一种独特的行为模式、思维模式和情绪反应的特征，也是一个人区别于他人的特征之一。埃里克森将人格发展划分为八个阶段，每个阶段都有一个由生物学的成熟与社会文化环境、社会期望之间的冲突和矛盾所决定的发展危机。

6～11岁即小学阶段的主要危机是勤奋感对自卑感。这时的儿童追求学业完成时所获得的成就感及师长的认可与赞许。如果儿童在体育课或游戏活动中不断取得成就并受到成人的奖励，儿童将以成功为荣，利于养成乐观、进取和勤奋的人格；反之，如果教学不当、多次受挫或其成就受到漠视，儿童容易形成自卑感。因此，体育活动中的成功体验和教师的肯定和奖励将是小学阶段健康人格塑造的营养基础。12～18岁的主要危机是自我同一性对角色混乱。这一阶段是人格发展中最关键的时期。这一阶段的青少年对自身的关注变得敏感，诸如“我是谁”“我想成为什么样的人”等问题几乎引起每个青

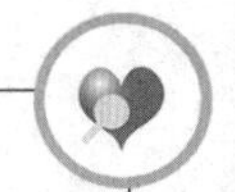

少年的思索。青少年必须仔细思考全部积累起来的有关他们自己及社会的知识去回答它，并借此做出种种尝试性的选择，最后致力于某一生活策略。一旦这样做了，他们也就获得了一种同一性，长成大人了。如果年轻人不能达到自我同一性的确立，就有可能引起角色混乱。运动能力和身体条件在自我概念中具有重要地位。“我身体不好”“我不适合运动”等观念极易在此阶段固化，这种观念一旦形成，仅靠说教或认知调整是很难改变的。①

三、运动兴趣的形成

运动兴趣的形成发展是一个过程，有其内部完整的机制。运动兴趣不是某种单一层面的心理倾向，而是呈现出三个层次所构成的梯度结构。

运动兴趣（狭义）的形成过程就是个体与某个运动项目融为一体的过程，一般可划分为孕育萌发、初步形成和深化发展三个阶段。

（一）运动兴趣的诱发与点燃

属于运动兴趣的孕育萌发阶段，是初级水平。个体因某运动项目的兴趣点与自身特征相契合而被吸引、点燃，心理产生向往。对运动本身产生了极强的探秘与好奇心理，并且跃跃欲试。这种运动兴趣的区域尚不明确，且这一认识水平的运动兴趣是无意识的。这种被吸引的运动兴趣极不稳定，程度的深浅影响未来的走向，既可能深入其中，也可能自生自灭，带有直观性、盲目性和广泛性。

（二）运动兴趣的磨合与融入

属于运动兴趣的初步形成阶段，是中级水平。“磨合”原意是使配合件正常稳定运转，引申为融合同化为共同体的过程，运动兴趣的磨合是个体与运动项目之间通过长期“沟通、交流”和实践，融为一体的过程，是在被吸引的基础上发展起来的，过程较长。个体被运动项目所吸引后，自愿倾注时间和精力投入到该运动项目的实践中，乐此不疲、孜孜不倦、不畏艰辛、运动参与者常常体验到运动的兴奋性、愉悦性，且大于无趣性、厌倦性，对运动项目学习的注意力集中时间越来越长，并与他人建立良好的人际关系。磨合过程是一个变化的、曲折的、螺旋式渐进的波动起伏过程，磨合中既有无比的享受也会有艰难的困苦，这一认识水平的运动兴趣是有意识的。

（三）运动兴趣的痴迷与沉浸

属于运动兴趣的深化发展阶段，是高级水平。个体经历反反复复的磨合，越过了艰辛的极点，常常感到酣畅淋漓，对运动的兴趣上升到如痴如醉、欲罢不能，运动参与者的运动兴趣逐渐形成、程度稳定，能积极自觉，坚持不变。不需要意志力的参与，痴心不改，长期追随，沉浸其中，运动习惯已基本形成了，基本上可达到终身体育的目标。这一认识水平的运动兴趣是有意识的。

运动兴趣的这三个层级，环环相扣，层层相衔，前一层级的兴趣孕育着后一层级的

---

① 付全．从运动兴趣到锻炼习惯：体育教学还缺少什么？［J］．体育教学，2013（8）：25．

兴趣雏形，后一层级的兴趣又包含前一层级兴趣的特征，它们有机地结合在一起，贯穿于体育活动的始终，促进了运动兴趣的发展。在运动中，如果运动参与者体验到身体运动的兴奋性、愉悦性大于无趣性、厌倦性，便会对所参与的运动项目、运动形式产生新的运动认知，并且伴有积极的运动情绪体验。只要运动参与者形成了积极、稳定的运动认知，在运动中经常体验到趣味性、愉悦性等积极的情绪，这些新的运动认知及积极的运动情绪体验直接影响运动兴趣的发展及其方向，由此保持运动兴趣，推动运动兴趣向运动习惯发展。

四、运动兴趣的自我发掘

人具有潜能性，就像一颗具有生命的种子一样，在合适的条件下，就会生根、发芽、开花、结果。运动兴趣是人的潜能中重要的一种。人的差异性决定每个人的运动才能是不尽相同的，只要开始行动你就可以借着行动来发掘运动兴趣并加以培养。

（一）依据运动项目兴趣点激发本能的运动欲望

裴斯泰洛齐曾经说：“发展个人天赋的内在力量，使其经过锻炼，使其能尽其才，能在社会上达到他应有的地位。”接受并享受你本人的特色。试着问自己：我最享受做什么运动？做什么运动会令我充满活力甚至忘记时间？我喜欢团队合作的球类运动还是喜欢单独的个人运动？我是喜欢规律的运动还是变化的运动？我是属于内向型还是外向型？我喜欢竞争还是喜欢合作？一方面，理智地去评估自己的运动才能，根据自己的身体状况和本能的运动欲望来列出清单。另一方面，把握运动项目兴趣点与自身的相容度。每一个运动项目从诞生到推广都有核心的、吸引人们参与的核心兴趣点。运动项目的兴趣点主要来自于两个方面：一是源自项目本身，如足球的射球命中兴趣点可能对男性具有无条件的吸引力，广场舞的音乐韵律和动作节奏的美妙恰和的核心趣味点则可能是大妈们的至爱。二是源自组织或练习形式，如集体性的、竞争性的或有条件变换的练习形式更容易激发学生的运动兴趣。以学生最容易产生厌烦和抵触的耐久跑为例，若采用变换路线、变换速度、变换环境、变换跑的方式进行，或利用分组比赛、测验，定时、定距等方式进行，则可以有效调节学生的情绪，提高教学效果。依据运动项目兴趣点重在对运动项目本质的认识。如篮球的兴趣点可能是投篮命中，可能是运球超越对手或助攻传球；乒乓球的兴趣点可能是连续的多拍回合或扣杀得分；体操的兴趣点可能是成功地控制身体姿态或挑战自我完成从未完成的动作。运动项目的核心兴趣点不是单一的，并且可能是因人而异的或随着运动水平的提高而变化的。好好花时间省查自己擅长的与运动项目的兴趣点的融合度，然后征求亲朋好友的意见，告诉他们你正在寻找适合自己的运动锻炼项目，适合自己的锻炼项目往往也需要别人的支持。

（二）通过实践发掘运动天赋、合理定位保护运动兴趣

兴趣与努力相互作用的最佳效果体现了个体自然的发展。发掘自身运动兴趣点的最好方法是尝试不同的运动，由于你从来没有去尝试，有许多隐藏的运动才能是你不知道的。因此要鼓励自己去做一些从未做过的运动，通过合理的评价让自己看到参加体育运动的成绩和收获，持续发展你的特色，发挥多媒体的优势，收集和整合信息，使信息多

媒体技术成为自己的学习工具。练习形式的多样化，对于提高练习兴趣具有十分重要的作用。无论你年纪多大，敦促自己绝不要停止尝试。很多人，在七八十岁时才发现自己的潜能。美国有一位90岁的女士在10公里赛跑中取得冠军，她在78岁时才发现自己喜爱跑步！不尝试你永远不知道自己擅长什么，若不成功，就把它当作一个试验，而非失败，最终你会知道自己的运动兴趣是什么。

在运动兴趣发展和形成的关键期，积极的自我评价的形成与成功体验密不可分。而成功体验与目标定向又息息相关。目标定向分为任务定向和自我定向两类。任务定向的目标是对一种特定技巧的掌握。任务定向的个人为了实现目标会连续地练习，并能够体会到自我效能和自信的感觉；自我定向的目标是比另一个人或另一些人表现好。自我定向的个人的主观能力和自信心是紧紧地与别人相比较联系在一起的，而不是与自己的客观进步相联系。要主动选择营造任务定向的运动氛围，使自己能专注于任务的完成。通过合理地设置任务难度，并能够区别对待，让自己具有体验成功的机会。经常进行自我比较，树立超越自己就是成功的思想。对于一些人来讲，运动中也会情不自禁地与他人进行比较，这时应注意个人的自我目标定向，弱化比较结果。任务定向有利于个人自信心的形成，对运动的自信就是最大限度地保护了运动兴趣。

五、运动兴趣的培养

兴趣可以让一份枯燥的任务变得生动有趣，可以在你面对它时不会感觉疲累甚至会喜欢上那个任务安排。运动兴趣也是如此，个体只有激发和保持运动兴趣，才能形成积极的内在动机，自觉、积极地进行体育运动。

（一）项目富含的趣味效应

运动过程中激起愉悦情绪的“趣味点”就是运动项目富含的“卖点”“看点”和“体验点”。如篮球运动的“拼抢与命中争分”、排球运动的“击球与流畅回合”、操舞运动的“音韵与动作节奏的恰合”、高尔夫球运动的“挥杆与击球到位”、棒球运动的“抛球与接球精准”等，揭示了该项目的基本特点。项目不同，运动过程中激起愉悦情绪的“兴趣点”亦有所不同，同一个人参与不同运动项目的活动其感受也不相同。

人类文明的进步带来了丰富多彩的运动方式，人们对某一项运动情有独钟具有其内在的逻辑性。运动初期，除要对自己的运动基础和特长有所了解之外，还要对所选运动项目的运动方式、技能特点具有足够的了解，把握项目的核心趣味点与自身特长的匹配度，对激发运动兴趣，提高运动的积极性起着举足轻重的作用。运动兴趣的发生是运动项目兴趣点与个体已有知识经验的高度融合。

以足球运动的“拼抢与射门争分”兴趣点为例，初学者不宜以“竞技”足球学习程序模式进行学习，即不要对技术动作的规范性要求过高，用过多的时间用来练习单个的技术动作，这样会导致体会不到足球运动带来的快乐，久而久之会失去兴趣。可以先学习最简单实用的基本技术，初步掌握后进行各类有趣味的足球活动，如射小门、运球绕杆、踢远、踢准、运球接力等形式的足球趣味活动，然后开展简单的“三对三”或“五对五”等小场地的比赛。在活动中巩固所学技术的同时，又体验到足球运动所带来的快乐，同时在活动中可以认识到自己的不足，从而对新的技战术产生了学习的欲望，如此，兴趣得到了有效的激发。

（二）成功体验的成就效应

成就感指一个人做完一件事情或者正做一件事情时，为自己所做的事情感到愉快或成功的感觉。成就感作为一种积极的情绪体验是人们在心理需求得到认可，自我价值得以实现时的一种心理满足。心理学告诉我们每个人都希望得到他人的欣赏和肯定获得成就感，对成就感的渴望是个体与生俱来的。美国心理学家麦克拉伦的研究表明成就感强的人在学习上成绩优秀，学习速度快、效率高、自觉性强，具有较强的竞争心、好胜心和自信心。心理学实践证明，兴趣来源于成功。要使个体对从事的运动项目产生兴趣，必须要让其从中获得乐趣。如果在运动过程中得到是痛苦或自尊的伤害，是不可能对运动有兴趣的。在运动中获得成就感和荣誉感，从中获得成功的乐趣，对诱发和保持人们的运动兴趣是非常重要的。运动中的成就感主要来源于两个方面：一是他人的评价，积极的肯定和鼓励产生成就感；二是挑战困难和运动水平获得提高而产生的成就感。如图 2－38 所示。

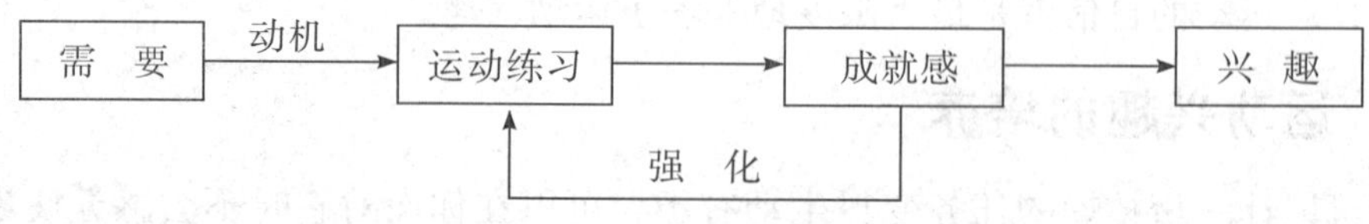

图 2－38　运动兴趣的获得

增加个体在运动中所学技能的成功掌控体验，提高个体对技能的掌控感，对提高运动兴趣具有重要意义。个体对技能的成功掌握往往被自我感知为运动水平的进步，反复练习的成败经验是影响运动兴趣形成和发展的核心因素之一。体育每个项目都是由许多小的技术动作组成，练习时，一个细小动作取得成功，就会充满成就感，进而取得肯定的情绪体验，对该项目产生兴趣。策略上对新参与的运动项目练习内容的首次成功体验尤为重要，当面对某种较为复杂的技能时，可以将其进行分解，并按逻辑上的难易程度进行顺序练习。这样在整个运动实践的过程中会反复体验到对动作的控制感，直至最后体验到对复杂且有挑战性动作的控制感。实验证明，当个体对复杂且有挑战性的任务有成功掌控的体验后，他在重新面对该任务或类似的任务时，运动兴趣会高。个体通过自己的努力实现看得见的目标并有了扎实的收获，获得成功的心理喜悦和自豪感，真正地带来成就感，而成就感又催生强烈的向更高层次问题挑战的自信心，带来持续的运动兴趣，为后续的运动实践打下良好基础。

（三）竞赛对抗的竞争效应

竞赛是激发拼搏力量的有效方式，这也是体育运动的常用方法。竞赛时的愉悦与快乐、激情与享受，能够唤醒人们身上“沉睡”的运动细胞，给予炽热的阳光、清澈的泉水、肥沃的土壤，让参与者解放自我、解放心灵、达到忘我、找到理性与感性的平衡点，自由自在地运动，这就是比赛对抗所赋予的。通过竞赛形式可以激发好胜心，激起人们对运动项目参与和训练的积极性。无论是社区健身人士还是学校学生个体，无论他们运动水平如何，都希望自己能有一个展示自我的机会。竞赛虽有胜负之分，但通过适度的竞赛可以激发大家的运动热情，对个体进行有效的指引和调整，找到问题所在，提高练习的效果，在有限的时间内给以胜利的信心，随着运动水平的提高，运动兴趣会更浓。

尤其是采用小型竞赛，激发人们的竞争意识更生活化。不必拘泥于某种形式，只要积极参与了，运动了、快乐了，同样可以达到目的。例如，跳绳比赛、小型篮球赛、小型接力跑比赛、小范围的乒乓球比赛、社区毽球赛、羽毛球业余赛等，水平相当的同学安排在一组，这样打的回合增多，既不能让其输得一败涂地，也不能让其赢得轻轻松松，使比赛更精彩、激烈。只要稍有进步，其兴趣就将大大增强。通过比赛，人的斗志高了，肯动脑子了，运动成绩自然也会提高，以后运动的兴趣也会更浓。

（四）丰富多彩的游戏效应

荷兰文化史学家赫伊津哈（Johan Huizinga）认为“游戏是一种在一定规则导向下、在特定的时空里进行的自愿的活动或消遣，游戏的人具有明确‘不同于’‘平常生活’的自我意识”①。游戏是一种没有压力的愉悦活动，是一种自发的学习、活动、适应或生活的方式。游戏具有显著的教育性、群体性、规则性、竞争性与趣味性等特点。爱游戏是儿童的天性，体育游戏是学校体育教学中的一种能使学生快乐学习的方法，也是激发学生体育运动兴趣的有效手段。体育游戏在学生中具有相当高的受欢迎程度，在各级各类体育教学中，部分教师采用游戏教学，取得了良好的效果。

顺应学生好动的天性，将一系列富有趣味性、操作性与实践性的体育游戏活动带入课堂，更能满足学生的好奇心理，激起全体学生共同参与游戏活动的激情，让学生在快乐的氛围、愉悦的心情下带着积极的情感主动参与到体育训练活动中来，使学生玩得开心、玩得痛快，真正体会到体育活动的乐趣。如队列训练原本枯燥无味，设计让学生手拿不同的旗帜，听教师的口令来进行，看哪个学生做得又快又好，看哪个队伍更标准整齐，如此深受学生的喜爱，能取到事半功倍的效果；跳高的助跑起跳，可采用学鸭行走游戏，体会降重心、脚跟先落地的起跳技术特点，使学生的情绪高涨，从而产生了对跳高学习的积极性；篮球教学中通过踏线运球、传球比多、面对面传球、4 人传三球、追截传球、对墙传球、抢篮板球比赛、越界、20 分投篮赛、端线篮球、快速启动、快速反应、3 人圆圈追拍、折回接力跑、绕弧线跑接力、圆圈运球接力跑、运球绕实心球比快、躲开传球人、运两球接力比赛、投射与躲闪、障碍运球、全场跑投篮接力、打背游戏、追逐传球、圆圈运球追逐赛、通过障碍传球接力赛等丰富多彩的教学游戏可以让学生热爱篮球运动。

（五）榜样魅力的示范效应

榜样的力量是无穷的。周杰伦演唱的歌曲《双节棍》使习武之风空前高涨；林书豪的逆袭故事让青少年打篮球蔚然成风；李娜特立独行的人格魅力使许多家长趋之若鹜，网球学校如雨后春笋班风靡全国。通过项目明星和榜样效应可以诱发运动兴趣，选择体育界的著名人物的奋斗历程或本项目杰出人物的成名之路作为学习的榜样，对其强烈的

---

① 赫伊津哈. 游戏的人［M］. 何道宽，译. 广州：花城出版社，2007：31.

敬仰之情，也会产生对项目的兴趣。青少年群体尤为常见。

中老年人则更趋向于选择身边优秀的运动爱好者作为榜样，50 岁的老王原有高血压，一直坚持打篮球，不用服药，血压正常了；60 岁的李大妈每天踢毽子，腿脚利索得似年轻人，诸如此类的榜样，其看得见、摸得着的示范效益，可以带动身边许多同龄人重燃运动的热情，因其运动目的更加具体化，更容易产生对运动的兴趣。

（六）目标设置的指引效应

合理的运动目标，能够激发人们的努力并动员其能量，提高运动表现，能够长时间的坚持参与运动，保持运动兴趣。确立运动目标贯穿于整个运动过程中，内容的安排，方法的选择，都必须具有明确的目的性和针对性。由于个体之间存在着差异，所以制定合理的运动目标非常重要。一个人喜不喜欢排球运动，归根结底在于能否在排球运动上获得运动的乐趣和成功的情感体验。在选择适宜的运动目标的基础上，千方百计地实现运动目标。在这一过程中，重要的一点是要分解好运动目标，一步一步地去接近目标，实现自我超越。如果个体在运动中体会到运动的甜头，这种成就感会激发运动的动力，使人变得更自信，运动的兴趣提高了，就会主动去求知、去探索、去实践，并在这一过程中产生愉快的情绪和体验，如此良性循环。

第一，在进行目标设置时，个体对自己能力的恰当判断与评价是设置成功目标的重要依据。一方面，应根据实际情况进行全面考虑，合理地确立目标，对于运动基础较差的个体，目标可以适当定低一些，基础较好的个体可以适当地提高目标，使其在原有水平上得到相应的情绪体验。另一方面，目标应该有一定的难度，最好是需要经过较大努力才能达到的水平，使自己总是处于一个既有困难又可实现的目标之间。从而能够在原来的基础上获得进一步的提升。只有这样的目标才具有挑战性，才能够激发斗志，保持运动兴趣。如果目标太容易完成，就体验不到挑战性，无法激发学习和锻炼的动机。相反，如果目标太难，个体反复努力后仍达不到这一目标，就会产生挫折感，怀疑自己的能力，使兴趣水平降低，甚至放弃运动。第二，设置具体明确的目标。具体明确的目标应该是可测量且容易观察的目标，即可以用次数、米数、秒数等可测定的量来确定的数字目标。设置具体明确的目标有助于形成明确而有效的追求成功的行为，而且还有助于对目标进行评价，有助于定量化地检验是否达到了目标。设置明确、具体、可测量的目标会比仅仅设置一般性的目标（如“尽最大努力”）产生更大的兴趣推动作用并导致更好的成绩。第三，设置长期目标与短期目标紧密结合的目标。长期目标设置是对运动者运动过程的总体规划。一般而言，短期目标比长期目标有效，对人的行动最容易产生立竿见影的推动作用，但必须要有长期目标的引导，行动才能更加自觉，坚持不懈。将长期目标与短期目标相结合，并将长期目标划分为一个一个短期的子目标，当子目标被一一实现后，就会自然加大长期目标实现的可能性。长期目标与短期目标的结合最理想的是使用“阶梯型”式目标设置。其具体步骤是：首先，确定自身经过努力奋斗所能达到的最终目标；其次，确定这个具体任务的基础水平或一般水平表现；最后，确定几个指向于实现最终目标并且难度逐步加大的目标。

（七）音乐熏陶的节奏效应

依据运动生理学有关知识，在体育运动中，运动者借助于听觉与视觉、本体感觉和前庭感觉的共同分析活动，控制动作的节律和速率，感知准确的空间位置，保持身体平衡，对掌握动作技能具有重要作用。音乐在这个过程中能够刺激耳中的毛细胞产生神经冲动，并沿听觉神经传向听觉中枢引起了大脑皮层的兴奋性。各项运动技术动作都是按一定的动作节奏来完成的，动作节奏反映动作过程中不同阶段的时间特征。运动时，用力的强度、运动空间的尺度和动作历时的长短构成了技术动作的节奏变化。各项技术动作的变化都有一定的特殊节奏，如武术套路是由单个动作根据特定的时间间隔和运行速度连接在一起的节奏变化；跑步是由一定的步频和步幅的变化构成其节奏变化；110 米跨栏的 3 步栏间节奏是有一定规律的，步时越短，成绩越优。如果运动节奏受到了破坏，不但影响成绩，还会影响运动技术动作的完成。例如，跳远的助跑节奏受到破坏，就不能准确地踏跳，从而影响了助跑速度和正确的技术动作的完成。用音乐配合体育运动是培养兴趣的一种有力手段。

在运动实践中，根据运动的实际需要配备与之相符合的音乐类型，在大脑皮质指挥运用有关部位建立起暂时的联系，使动作与音乐结合为一体，形成新的条件反射。被音乐柔化了的动作变得活泼、欢快且富有艺术的魅力。这种使个体能以愉快的心情和美的享受去学习、接受新的动作，势必使形成新动作条件反射的时间大大缩短。利用音乐的节奏性规律，可以有效地控制运动负荷大小，防止运动者出现过度疲劳或运动负荷过小的弊病；利用节奏欢快的音乐激发和控制运动练习时的积极性以达到保持练习强度的目的；利用不同的节奏速度来控制练习密度的大小，小运动负荷训练可选择旋律较短，速度在 130～150 拍/分钟的音乐伴奏；大运动负荷训练可选择旋律较长，速度在 160 拍/分钟以上的音乐伴奏；结束阶段可选择旋律优美、节奏缓慢，速度在 130 拍/分钟左右的音乐伴奏；利用音乐节奏对练习的间隔、速度、动作频率、动作幅度等进行控制，还可根据预先设计好的音乐的速度、节奏来调节运动程序，以实现运动负荷曲线的科学性变化。①

（八）运动氛围的支持效应

人们兴致勃勃地参与体育运动，并能坚持下来，不仅取决于其个人观念、个人需求和个人条件，还取决与其所处环境的容纳程度及其所提供的支持条件。良好的运动氛围是培养运动兴趣的重要途径之一，运动中有一个普遍存在的现象，人们会因为相同的爱好而集结在一起坚持运动，与自己志同道合、兴趣相投的人经常聚会，交流运动体验，排忧解难，分享欢乐。当人们处在一种运动氛围浓厚、周围运动人群坚持性较好且有共同进行的运动项目的朋友圈中时，其运动兴趣就浓，正所谓："物以类聚，人以群分"，大众体育发展至今，健身队伍不断壮大，与健身群体数目的激增不无关系。

同伴支持指个体对另一个体参与这一运动项目的支持态度。激励鼓舞是培养和维持运动兴趣最富有营养的甘露，在个体参与运动的初期最希望得到的是不断的鼓励，如来自家庭成员、朋友、同学等的口头的或行为上的肯定都可以起到极大的激励作用。同伴之间的交互作用也能在很多方面影响人们的运动兴趣，在群体内队员之间的相互关爱、

① 张奇. 如何利用音乐来提高学生的运动兴趣［J］. 考试周刊，2008（19）.

相处融洽、相互尊重，都会激发个体对团队强烈的认同感和归属感，从而对所从事的运动项目产生兴趣。

在融洽的团体氛围里，队员之间也常常以玩笑、嬉戏等方式寻求运动时的乐趣。通过人际互动，学员间也会形成友谊关系，使得他们在运动过程中能够相互促进（比如朋友间相约一起去运动）。

随着时间的推移，运动项目的新鲜感激发学员乐趣的作用会逐渐减弱，加之技术进步的进程减缓，练习的乐趣一再折损，所以运动进行过程中给予参与者以及时的反馈与帮助也是提高运动兴趣的关键因素。敢于尝试、勇于体验，与同伴切磋琢磨、互相交流、相互观察、相互帮助、相互纠正，在合作学习的氛围中，提高发现错误和改正错误的能力，不断提高动作质量，逐渐由不会到会，由不熟练到熟练，从而在欢快的气氛中完成练习，人们愿意把心里的需要、疑惑告诉同伴，在接受来自同伴的帮助的同时，也愿意主动帮助同伴。在乐趣中掌握运动技能和运动的方法，逐渐达到培养兴趣、提高能力的目的，无形中提高了练习的兴趣，技术动作也较容易掌握。

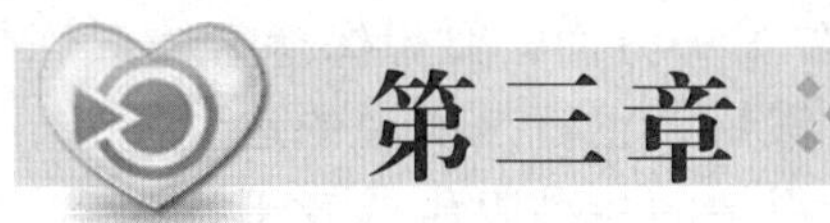

第三章

运动坚持与形成

“贵在坚持，永不言弃”，不退缩、不偷懒、不畏惧、不怕苦、不怕累，这是人成功的秘诀之一，也是运动与健康之道。体育运动与锻炼，贵在坚持，难也在坚持。体育运动与锻炼会给人们带来愉悦与健康，而身体酸痛、机体疲劳也随之而来，这就需要一定的意志和毅力去克服、去战胜。本章分析了运动坚持的概念、运动坚持的特点与规律、运动坚持的影响因素与机制等，重点论述促进运动坚持的有效措施与方法。

第一节 运动坚持

一、运动坚持概述

“坚持性”（adherence）是指为了达到或实现某种预期的目的或目标，从而坚持不懈、不畏困难挫折地持续进行某件事情，是指某种状态的保持或持续。从普遍意义上来讲，坚持性就是指将某种目的或目标贯彻执行到底，并克服由此而产生的困难或障碍的能力，它既是一种不怕挫折、困难和失败，坚持达到最终目的的一种意志品质，也是一种可以观察的个人行为。

运动坚持（exercise adherence）是指有规律地进行身体锻炼的锻炼者长时间持续参与身体锻炼的状态，是用来描述人们在体育锻炼时间方面的特征量，是衡量体育锻炼能否产生良好锻炼效果的一个重要中介变量。[①] 与运动坚持相反的词为“锻炼退出”（exercise dropout），是指有规律地进行身体锻炼的锻炼者停止其身体锻炼行为。[②] 根据以上的定义，我们可以这样理解“运动坚持”一词：一方面，运动坚持是指有规律地进行体育锻

① 张力为，任未多. 体育运动心理学研究进展［M］. 北京：高等教育出版社，2000：565－566.
② 陈善平，李树茁. 体育锻炼行为坚持机制［M］. 西安：西安交通大学出版社，2007：31.

炼的锻炼者长时间持续参与体育锻炼的一种状态，并且这种状态也可以看作是人们长时间、自觉、持续有规律地参加体育锻炼的一种个人行为。另一方面，要想保持身体锻炼带来的良好的身心效应，应该进行长期的、系统的体育锻炼，也就是所说的运动坚持，而要达到体育锻炼坚持性的境界，需要克服运动锻炼过程中的各种阻碍或者干扰因素，才能把体育锻炼贯彻始终。[①]

从维度方面来看，运动坚持主要包含三个方面的维度：每次锻炼的持续时间（以30分钟及以上为有效指标）、每周的锻炼频率（以3次/周及以上为有效指标）、已坚持锻炼的持续时间（以6个月及以上为有效指标）。对于体育锻炼坚持的衡量标准，不同研究者采用的标准也不尽相同。以时间为标准的，主要有小于3个月、大于3个月小于6个月、大于6个月三种情况；每周少于一次，大于1次小于3次的；每周锻炼频率大于等于3次，强度在30分钟以上，中等以上强度；还有以小于15分钟，25分钟至30分钟，大于30分钟的等。目前，较多采用的是以与体育人口相一致的时间、强度和频率的体育锻炼的坚持性标准。

二、体育人口

研究体育锻炼的坚持性，就必然涉及一个量化的概念，即体育人口。不同学者对于体育人口有着不同的看法或观点，较早开始研究这个概念的是日本。日本学者营原礼在1965年曾经指出：体育人口有广义和狭义之分，广义体育人口是指“以任何形式参与体育运动的人们的总称”，狭义体育人口是指“直接参与体育运动的人数”。[②] 20世纪90年代以来，我国学者对体育人口的研究取得了较大进展。黄俊伟认为“所谓体育人口是依与体育这一社会文化理解之间是否存有相亲关系为划分特征，从社会人口划分出来的具有统计学意义的社会人群”[③]。台湾《体育大辞典》解释为：“运动人口即某一地区或国家参与运动的人数。”我国著名学者卢元镇指出：“体育人口，是指在一定时期，一定地域，经常从事体育锻炼、健身娱乐，接受体育教育、参加运动训练和竞赛，以及其他与体育事业有密切关系的、具有统计意义的一种社会群体。”[④]

一般认为，体育人口是经济和社会发展到一定历史阶段的人口现象和体育现象，他是以体育为重要特征并具备人口规模、人口结构、人口空间分布三个基本要素的重要社会体育指标。体育人口可以分为实质性体育人口与非实质性体育人口、当然体育人口与或然体育人口、终身体育人口与间接体育人口、主动体育人口与被动体育人口等几类。他集中反映了人们对体育的参与程度及亲和程度，是经济和社会发展程度的一个重要标志，也是制定社会体育发展规划与进行体育发展战略研究的一个重要依据。体育人口的定义对体育锻炼的坚持性有着重要的意义，体育锻炼坚持性良好的锻炼者，可以承认其

---

① 樊富珉. 大学生心理健康与发展［M］. 北京：清华大学出版社，1997：63－65.

② 仇军. 体育人口概念研究［J］. 体育科学，1999（2）.

③ 黄俊伟. 关于我国体育人口的质及传统影响因素的讨论［J］. 武汉体育学院学报，1993（3）：20－22.

④ 卢元镇. 体育社会学［M］. 北京：高等教育出版社，2006：88－90.

为体育人口；评价体育运动的坚持性，可以部分参考体育人口的标准。

体育人口基本特征是直接参加各种身体活动，即具有亲身体育实践。通过采取某种特定的身体练习方法，达到体育的目的，即增强体质，促进身心健康，提高运动技能，改善生活方式，促进人的全面协调完善发展。这部分人口可称实质性体育人口。在本书中所界定的体育人口，即指实质性体育人口。

由于学校体育、武装力量体育和高水平竞技体育的参与行为具有一定的强制性和稳定性，这些体育人口的群体与相应的总群体区别不大，可视为当然体育人口。而社会体育中，体育人口与总群体之间的差异存在着管理学和社会学意义，即对社会体育管理水平和制约人们体育参与的社会因素的评价，也存在着对整个社会或社会群体体育价值观念的判断，因此，大多数国家在确定体育人口时主要在社会体育领域内进行。

国际上判定体育人口的标准差异较大。1997 年所进行的“中国群众体育现状调查与研究”，在确定我国体育人口的判定标准时，我们认为提出以下的体育人口判定标准是符合我国多数居民实际情况的，是可行的：一是每周身体活动频度 3 次（含 3 次）以上，二是每次身体活动时间 30 分钟以上，三是每次身体活动强度中等程度以上。[①]

随着社会的进步、经济的发展，体育人口的发展呈日益增加的趋势。体育人口中的主动体育人口、实质性体育人口和终身体育人口也呈增加的趋势。发展社会体育的重要任务就是增加体育人口、增加自觉参与、不间断参与和终身参与的高质量的体育人口。

近 20 年来，许多学者对体育人口问题进行了论证，有学者认为体育人口不应该从人口学理论寻求立论的根源，并提出体育人口是指通过体育手段提高或保持体能水平的社会成员。[②] 也有学者认为体育人口是一个范式性的概念。[③] 归根结底，体育人口是一个宽泛的概念，是一切参加体育活动，关注体育形式与政策，进行体育消费的人群总和。[④]

三、锻炼动机

锻炼动机是在人脑中所形成的激发或抑制运动的愿望和意向，是推动个体参与体育锻炼与身体活动的内驱力和心理动因，决定着个体参与锻炼的目的、强度、频率和效果等。它是在个体体育学习和身体锻炼活动需要与参与运动的环境诱因的相互影响下产生的一种现象。个体参与体育活动的需要主要有强身健体、提高技能、社会交往、情绪宣泄、追求成功与展示自我。锻炼动机主要有发动、选择、强化与维持的运动主体体育锻炼的功能。锻炼动机与体育锻炼坚持性有着密切的联系，动机强度越高，就能够在一定程度上强化和维持锻炼坚持性。研究表明，体育锻炼动机与个体的自尊、目标定向、自我效能感等密切相关，受人口统计学变量、家庭因素、个体认知同等因素影响，还具有年龄、性别、经济收入和社会文化差异。

锻炼动机主要有生物性动机和社会性动机、内部动机和外部动机、直接动机和间接

① 冯刚．社会学［M］．杭州：浙江大学出版社，2004.

② 张洪潭．体育人口新论［J］．体育与科学，1999，20（4）：1－5.

③ 刘雪冰．也谈体育人口概念［J］．山东体育学院学报，2002，18（3）：5－6.

④ 何建文．体育人口理论研究评述［J］．北京体育大学学报，2006，29（12）：1 617－1 619.

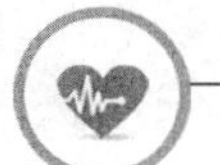

动机。其中，内部动机对体育锻炼的坚持性也有着不同的作用。外部动机能促使人参加体育锻炼，在社区，减轻体重是成人参加锻炼的一般动机之一。研究发现：86%的人因为在6个月内未达到减轻体重的目的而退出了体育锻炼，这是因为在许多情况下，减轻体重以至达到增进身体健康的目的需要较长时间，参加体育锻炼者不能在短时间内获得直接、理想的回报①，所以就退出了体育锻炼。外部动机的主要作用是让人开始活动，但不能保证活动的持续性，而内部动机是导致心理健康产生变化的根本因素，通过体育活动提高学生心理健康水平的主要途径是强化学生参与体育活动的内部动机。② 在发展自我决定理论中，强调个体行为的自主性、行为选择的自由性、行为方式的自控性，并将动机分为内部动机、外部动机和无动机。自我决定理论认为，行为调节越接近内部动机和认同调节，人们的锻炼意向就越高，参与锻炼的时间就越长，因为锻炼意向中包含着很强的自我投入和主动参与的情感成分。③

四、锻炼意志

意志按《现代汉语词典》解释为，为了达到既定目的而自觉努力的心理状态。④ 意志按《哲学大辞典》表述为，人自觉而有目的地对自己活动进行调节的心理现象。表现了人在活动中所特有的自觉目的性与选择性，表现了人的价值定向判断能力，体现了基于人对客观必然性的认识而产生的自觉性。⑤ 心理学中，将意志定义为："自觉地确定目的，根据目的支配、调节行为，从而实现预定目的的心理过程"⑥，人的意志是一个非智力和非常复杂的心理活动现象，在现实生活和工作中，人们很难把握和控制这种心理活动现象。

迄今为止，对体育意志研究有了初步的进展。首先，研究认为体育意志"三重根"⑦，认为体育意志存在多元化的表现，有三种意志行为答案；也就是说体育意志同人类一般意志行为一样，只是表现频率更多一些，有时候也表现得触目惊心，存在着三重根的答案。一是在体育运动中，当理性和意志达成共识后所产生的行动，我们称"统一根"；二是一些距实现目标较远，并驱使人们去努力奋进而获得成功，称"有理根"；三是另一些距实现目标较远，驱使人们去努力奋进而获得失败，称"无理根"。统一根是一种最理想的状态，较为常见，人们对其有更多的期待。由于意志力量的作用，当无理根占据主要位置时，有理根就少、就轻，人们容易犯错误、失败；反之，当有理根占据主要位置时，无理根就少、就轻，人们此刻获取巨大的成功。其次，研究认为体育锻炼

---

① 张路星. 大学生身体自我概念与体育锻炼参与的关系研究［D］. 武汉：武汉体育学院，2005.

② 蔡赓. 中小学生体育锻炼感觉和体育运动动机与心理健康关系的研究［J］. 心理科学，2004，27（4）：844－846.

③ 姒刚彦. 当代锻炼心理学研究［J］. 体育科学，2000，20（1）：62－64.

④ 赵秀文. 国际商事仲裁及其适用法律研究［M］. 北京：北京大学出版社，2002：3.

⑤ GILL W H. Law of arbifrafion［M］. London：Sweet & Maxwell，1975：1.

⑥ 叶奕乾，祝蓓里. 心理学［M］. 上海：华东师范大学出版社，1996.

⑦ 余良华. 体育意志"三重根"［J］. 体育学刊，2009（2）：12－16.

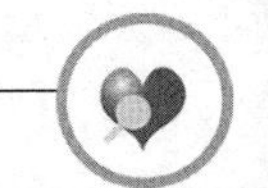

动力来源于理性和意志的碰撞[①]，从而产生行动动力。最后，研究认为理性和意志相互作用双重支配着体育运动[②]，人们的体育运动无一例外地在理性和意志双重支配下活动着。体育意志蕴含着冲动、执着、坚忍、奋进和渴望，这些执着和奋进动力来源于目标被制定后的庄严承诺，一些强烈的欲望和需求鼓舞人们去实现这些运动过程，表现在运动场上的坚忍和奋进的精神面貌，是实现远大目标的发动机、加速器。锻炼意志是锻炼者自觉地确定目的，根据锻炼的目的支配、调节行为，从而达到预定锻炼目的的心理过程。

意志行动包括动机斗争、确定行动的目的、选择行为的方式和方法、做出实现意志行为的计划，以及通过意志努力实现所做出的决定五个心理过程，各个心理过程相互影响，并最终影响到锻炼意志。在锻炼初期，必须要制定科学、合理的锻炼目的，进而在锻炼中采用有效、合适的方式和方法，最后进行有计划的意志努力。

锻炼意志的强弱与锻炼坚持性的好坏直接相关。意志常常与克服困难相联系是意志的特征之一[③]，锻炼意志也是如此，需要克服来自锻炼者主观、客观的各种困难，生理、心理的各种惰性。一旦当锻炼者确定了锻炼目标，锻炼者就必须克服种种影响坚持锻炼的障碍，保持锻炼意志，如此才能使锻炼的坚持性得到保证。

第二节 运动坚持的特点

一、条件反射性

条件反射是指在一定条件下，外界刺激与有机体反应之间建立起来的暂时神经联系。条件反射是在非条件反射的基础上，经过一定的过程，在大脑皮层参与下完成的，是一种高级的神经活动，是高级神经活动的基本方式。从运动生理学的角度分析，体育锻炼坚持性实质是稳固的运动条件反射（动力定型）的建立，是长期参与体育锻炼（相当于多次重复刺激）影响下所形成的一种锻炼习性。人作为生物有机体，具有生物学属性，例如生物钟或生物节律，长期的运动锻炼不断刺激有机体，使大脑皮质运动中枢内支配的部分肌肉活动的神经元在机能上进行排列组合，兴奋和抑制在运动中枢内有顺序、有规律、有严格时间间隔的交替发生，形成一个一定的运动动力定型，使运动条件反射系统化。

① 余良华，缑小燕，徐雄杰．理性和意志碰撞的体育动力论［J］．武汉体育学院学报，2008，42（11）：19－24.

② 余良华．受理性和意志双重支配的体育运动［J］．北京体育大学学报，2008，31（3）：422－424.

③ 叶奕乾，祝蓓里．心理学［M］．上海：华东师范大学出版社，1996.

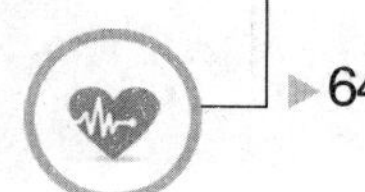

二、自觉性

自觉性是指个体自觉、自愿地执行或追求整体长远目标任务的程度，其外在表现为热情、兴趣等，内在表现为责任心、职责和意识等。个体的自觉性是个体对自己行为能力的评价（行动依据）与个体的利益心理相结合，并最终由责权意识所激发而产生的对立统一体，也就是通俗所说的能、责、权、利的统一。体育锻炼坚持自觉性的特点，就是运动主体对自己体育锻炼能力的评价。从运动心理学角度分析，运动坚持性一旦形成，运动主体在从事体育锻炼时由原先的应付了事变成一种具有自觉自愿、充满热情和兴趣的一种行为模式或心理状态。①

三、稳定性

体育锻炼坚持的形成，实质是形成了一种稳定的运动动力定型（运动条件反射），作为一种运动条件反射，体育锻炼运动主体形成稳定的运动坚持性以后即会成为一种不易改变的行为、倾向或社会风尚。即使人们的生活条件或者环境发生了某些变化，体育锻炼的坚持性仍会依据生活环境的特点和锻炼的需要，坚持或主动改变锻炼内容和运动负荷，持之以恒地进行体育锻炼。体育锻炼的坚持性这种稳定的动力定型不是绝对的稳定，而是一种相对的稳定性。作为条件反射，体育锻炼的坚持性是外界刺激与有机体反应之间建立起来的暂时神经联系，这种暂时神经联系如果在没有外界刺激情况下会逐渐衰退，甚至消失。运动坚持稳定性是一种相对的稳定。

四、有效性

有效就是硬道理，有效性是指完成策划的活动和达到策划结果的程度。有效性是人们从事任何活动所追逐的最终结果。对于体育锻炼坚持性而言，有效性就是指运动主体在运动过程中获取所要达到的健身结果的程度。从事体育锻炼的运动主体的出发点有很多，但归根结底是为了达到强身健体这一有效性结果。经常进行体育锻炼能增强锻炼者的体质水平，调节其身心状态，并获得良好的身心效应，对锻炼者的坚持性会起到很好的巩固和调节作用，从而保证体育锻炼得以有效地坚持下来。②

五、社会性

社会性是生物作为集体活动中的个体，或作为社会的一员而活动时所表现出的有利于集体和社会发展的特性，人的社会性是指人不能脱离社会而孤立生存的一种属性。人必须生活在环境之中，这环境既包括自然的环境，也包括社会的环境，人的一切活动都具有社会性，人的本质是具有社会性，人是社会的人，社会是人的社会。锻炼坚持性的主体是人，锻炼坚持性作为一种社会行为模式，不可避免地带有社会性特征。

---

① 齐春燕．高校体育教学改革与大学生参加阳光体育自觉性关系的探讨：基于自我决定理论视角［J］．当代体育科技，2014（21）．

② 王佳．城市居民体育锻炼坚持性影响因素的调查研究［D］．武汉：武汉体育学院，2007．

第三节 运动坚持的机制

一、心理学机制

体育锻炼坚持性的形成，是从运动主体产生运动需要或是运动欲望开始的，在运动欲望驱使下，运动主体意识到内心心理不安与紧张，从而成为运动主体发动和维持活动的心理倾向——活动动机。在运动主体做出满足运动需要和活动动机的活动，即目标活动后，使运动主体体验到了运动的兴趣，产生某种愉快的情绪体验。这种愉快情绪体验不断反复、不断强化，以上心理过程整合成为一种锻炼承诺，并长期作用于体育锻炼实践过程，使体育锻炼坚持性行为得以形成。

二、行为学机制

从行为学角度看，行为是生命的特征，人是具有生命的主体。人必须生活在环境之中，这环境包括自然的环境、社会的环境和自己身体的环境。可以将上述三种环境统称为人的生存空间。所以人的行为要受到生存空间（即环境因素）的制约。体育锻炼坚持性是在一定生存空间之内、在后天的健身实践过程中逐渐形成的比较稳定的身体锻炼行为，是在内在动因和外在环境交互作用下重复发生有利于躯体健康的身体运动，是在不断重复身体练习的基础上，能持之以恒进行的一种体育锻炼的行为。

三、社会学机制

人的本质是具有社会性，人是社会的人，社会是人的社会。从社会学的角度来看，体育锻炼坚持性的形成是伴随着人的社会化发展过程而逐步形成的。人的社会化程度越高，受社会上的教育、传媒、文化、环境因素的影响越大。无论在人的某个时期，体育锻炼的坚持性都是和人的社会化进程相伴而行。体育锻炼坚持性的社会学机制，主要是运动主体在一定社会发展过程中，为了满足人际交往、情感交流、改善人际关系以及形成良好的社会群体活动的需要，从而达到调节生活节奏、丰富生活情趣和提高生活生存质量目的而长期持续的一种体育锻炼行为。

四、美学机制

美学既是一门思辨的学科，又是一门感性学科。一切审美活动都是人的一种以意象世界为对象的人生体验过程，是人类一种精神文化活动。人作为审美活动的主体，在整个审美活动中，人既是鉴赏美的主体，同时也是作为被欣赏的审美对象。长期坚持体育锻炼，使人的体魄强壮、身材苗条、精力旺盛、气质高雅，为人类的创造活动注入了生生不息的活力，给崇高的生命奠定了美的根基。从美学角度出发，人们对美的不懈追求，是体育锻炼坚持性形成的源源不断的一种内在动力。

第四节 运动坚持的影响因素

一、个体因素

体育锻炼是运动主体所进行的一种有目的、有意识的行为过程，是人们为达到改善自身生活和促进社会交往目标的重要手段和方式，归根结底，体育锻炼是一种个人的行为。个人主客观因素对体育锻炼坚持性有着不同程度的影响。引起人们有目的、有意识参加体育锻炼且能够长期持续下去的原因有两个方面，即内在的主观因素和外在的客观因素。内在主观因素作为支配有机体的内部动力，是运动主体提高自己体育锻炼坚持性的内在潜力；外在客观因素也可以称其为外在诱因，作为与内在需要相联系的一种外在刺激，它也能够在一定程度上影响着体育锻炼坚持性，甚至对体育锻炼坚持性起着根本性作用。导致体育锻炼坚持性行为改变的诸多因素中，内在需要和动因是其基础，而外在因素是其必要条件，二者紧密相连且缺一不可。心理学研究告诉我们，人有目的、有意识的行为都受其心理因素所驱动，这种驱动力与人的个性倾向紧密联系。对于体育锻炼行为而言，体育参与需要、体育参与动机、体育认识、体育活动习惯等成分构成了体育锻炼参与的心理动力调节系统，是推动运动主体从事体育活动的相对稳定又可发展变化的驱动系统。① 体育锻炼坚持性的形成与以上这些驱动因素紧密相关。

正如任何行为的产生都是以需要和动机作为前提，人们的体育锻炼行为也是如此。正是由于人们有各自不同的体育锻炼需求，在各自不同的锻炼动机的驱动下，导致运动主体不断产生体育锻炼的行为。尽管参与体育锻炼的方式、目的不尽相同，人们开始从事体育锻炼都是因为有了体育活动和健身的需要。当在参加一段时间体育锻炼以后，由于亲身感受到了体育锻炼活动对身体的良好影响，在体育锻炼的过程中又逐步形成了熟悉的锻炼场地、固定的锻炼群体、浓厚的锻炼氛围，因而运动主体形成了“将体育锻炼坚持下去”的信念。由此可以看出，个人的体育需要及动机，运动主体的主客观因素等对体育锻炼的坚持性产生着巨大的推动作用。

（一）体育需要对体育锻炼坚持性的影响

需要是有机体在生存和发展的过程中，从生理和心理上所感受到的对客观事物的某种要求，往往以内部的缺乏或不平衡状态表现出其生存和发展对于客观条件的依赖性。需要是有机体生存和发展的重要条件，反映了有机体对内部环境或外部生活条件的稳定要求。对于人类而言，需要是人类一切活动的动力源泉，是人类长期坚持性行为产生的

---

① 姒刚彦. 当代锻炼心理学研究［J］. 体育科学，2000（1）.

基础。[①]

运动主体的体育锻炼习惯是其在体育参与需要的基础上发展起来的，是体育锻炼需要的长期性行为表现。体育需要是指人们在生活中渴望获得体育效用的心理活动状态，是运动主体开始从事体育锻炼的初始动因。在通常情况下，人有许多种不同的需要，而主导人们行为的那种需要往往是较为重大、比较迫切的需要。体育需要也是如此，如果当人们产生了某种体育需要，而这种体育需要又不能得到满足时，就会驱动人们去寻求满足对象，这就使运动主体内在需要变成一种外显的行为。

在全民健身国家战略视域下，随着人们健身及健康意识的逐渐增强，体育锻炼需要的内在驱动力极大推动着广大群众体育锻炼健身的热情。随着人们这种体育需要的逐步增强，体育锻炼也逐渐成为运动主体生活中的重要组成部分，形成了一种长期的锻炼习惯，成为体育锻炼的坚持者。

（二）体育参与动机对体育锻炼坚持性的影响

动机一词来源于拉丁语“mover”，其包含有“动”（to move）的意思。作为激励人们去行动的内在因素，动机这种动力具有一定方向性和持久性。动机是行动的激励力量，是行为的起因，生物体的社会属性越多，与动机的关系就越紧密。对于人类而言，动机是促进人类产生行为的原因，它能引起与维持人的某种行为，并使这种行为朝向一定的目标。从一定意义上说，人们从事任何活动都要受动机的支配和调节。动机主要分为两大类：生理性动机和社会性动机。生理性动机是以生物学需要为基础的一类动机，社会性动机是以社会文化需要为基础的另外一种动机。动机产生的原因有两个：一是“需要”，二是“刺激”。

所谓体育动机，是指推动、停止或终止人们参加体育学习和身体锻炼的内部动因。它对人们体育学习和身体锻炼行为起着定向、始动、调节、强化和维持的功能，从而对体育活动效果有着重要的影响。[②] 体育动机是在个体的身体活动需要的基础上产生的，并同时受到外部刺激或诱因的影响。[③] 对于任何个体而言，其内部微弱的体育动机难以从外部观察出来，一旦当这种动机在某一方向上的强度达到一定程度时（生理学上成为阈值），就会激发或驱动个体在生理、心理和行为上发生变化。现实生活中，人们在体育学习和身体锻炼行为上表现出来的努力程度和坚持性，就是他们体育动机的外在表现。

体育锻炼的坚持性是一种社会性动机，这种动机以人的体育文化需要为基础，又对推动体育锻炼行为起到重要的促进作用。体育锻炼坚持性的主观动机各种各样，比如，有的为了强身健体，有的为了减肥塑形，有的为了医疗康复，有的为了调整情绪、缓解压力，有的为了扩大自己的社会交往。

① 孙国晓，张力为．基本心理需要与运动员心理疲劳：自我决定理论的视角［J］．天津体育学院学报，2012（2）．

② 张连成，张力为，刘嘉蕙，等．运动员心理疲劳与运动动机之间的关系［J］．北京体育大学学报，2010（11）．

③ 韩文华，翟一飞，苏煜．体育与健康促进教学模式对大学生运动动机和健康的影响［J］．中国健康教育，2013（8）．

长期坚持体育锻炼，追求体育锻炼所带来的强身健体和健康的生活方式，反映了人们对体育本质功能的深层次认识，也是人们参与体育锻炼活动且长期坚持锻炼的原始动力所在。实际上，作为体育活动，其产生和发展的最初原始动力也就是为了强身健体，这也是判断体育活动和其他社会活动的主要标志之一，同时也是大多数人都以此作为坚持体育锻炼活动的首选动机原因所在。休闲娱乐作为一种积极的休息方式，在社会主义市场经济条件下，由于社会竞争的加剧，生活质量的提高，人们在生活、工作之余，往往把参加体育锻炼作为一种休闲娱乐的主要方式。Dishman 研究认为：参加身体锻炼的动机中身体健康是最重要的，坚持体育锻炼的原因则更多是与活动的愉悦感受和良好的身心状态有关。①

（三）体育价值观对体育锻炼坚持性的影响

价值观是指个人对客观事物（包括人、物、事）及对自己的行为结果的意义、作用、效果和重要性的总体评价，是对某些事情什么是好的、什么是应该的总体评价或看法，同时也是推动并指引一个人采取决定和行动的原则、标准，属于个性心理结构的核心因素之一。②

体育价值观是体育活动的价值在人们头脑中的反应，或者说是体育价值的基本观点、基本看法，是指导人们对体育活动问题做出价值判断和价值取向的基本原则。由于人们所处的政治、经济和文化等方面的社会地位的不同，对体育的理解、判断就会有不同程度的差异，从而造成人们的体育价值观念的差异性。受不同的体育价值观的影响，也会使人们对体育需求和动机产生差异，并最终影响到人们体育锻炼的坚持性。③

目前大多数人认为，自身的个人体育价值观对坚持体育锻炼有着重要的影响，这一方面反映出国民对大众体育的需求有比较正确的认识，另一方面也折射出自 1995 年来我国推行的“全民健身计划”的实施取得了初步成效，使得人们对体育锻炼的价值、功能有了深刻的本质认识，并产生了长期坚持体育锻炼的良好意愿或愿望。

（四）个人兴趣爱好对体育锻炼坚持性的影响

兴趣是指一个人经常趋向于认识、掌握某种事物，力求参与某项活动，并且有积极情绪色彩的一种心理倾向。体育兴趣是人们积极认识和优先从事体育活动的一种心理倾向，它是人们和参与体育活动的需要相联系的意向活动。一个人如果对体育活动兴趣浓厚，就会积极参加，全力投入，体育活动的结果将是需要的满足并由此得到积极的情绪体验。所以体育兴趣作为体育活动参与的基本动力之一，其影响着人们参与体育活动的具体活动方向和强度。④

---

① DISHMAN R K. Exercise adherence: it's impact on public health [M]. Champaign: Human Kinetics, 1988.

② 金盛华，李雪. 大学生职业价值观：手段与目的 [J]. 心理学报，2005 (5).

③ 袁旦. 时代呼唤人文体育价值观：工具理性体育价值观批判 (1) [J]. 天津体育学院学报，2011 (1).

④ 刘丽媛. 体育题材动漫对激发和培养初中生体育兴趣的初步探讨 [D]. 沈阳：辽宁师范大学，2010.

爱好是指一个人在兴趣的引导下，经常参与某项活动并有积极的活动倾向。如一个人对某项活动产生了兴趣，就会产生参与这项活动的动机，继而参与这项活动，在从事体育活动中感到非常有趣，于是就产生了对这项活动的爱好。

"兴趣是人积极探究某种事物或从事某种活动的意识倾向，是人们从事某种活动的精神力量"，"爱好则以兴趣作为基础"。[①] 个人对体育的兴趣和爱好，是推动体育锻炼得以进行并得以维持的重要环节。个人体育锻炼兴趣爱好对体育锻炼坚持性有着积极影响，这种兴趣爱好对于体育锻炼意识的强化发挥了积极作用，是体育锻炼坚持性形成的重要因素和有效促进因素。稳定的体育锻炼兴趣能够对锻炼产生深刻的情感和勇于克服锻炼中各种困难的决心。兴趣的形成是需要一段时间的，需要通过理性的认识和感性的体验阶段，从而促进人们自觉坚持参加体育锻炼。

二、社会因素

人是社会的人，社会是人的社会，人不可能脱离社会而孤立存在，人的一切活动都具有社会属性。体育锻炼坚持性作为"运动主体—人"的一种行为模式，也不可避免地带有社会属性的特征。对于全民健身而言，群众体育和体育锻炼的主要出发点都是围绕以"人"的全面发展为中心。作为"运动主体—人"的全面发展是社会发展的一个重要组成部分，体育锻炼的本质和根本目的在于通过提高人们的体质水平与健康水平，进一步改善人们的生活质量，更好地促进人的全面发展。在现阶段我国社会，体育工作自身发展过程中的主要矛盾是人们不断增长的健康需求与落后的社会体育环境条件之间的矛盾。[②] 这也是我国人口数量日益增长的物质文化需要与落后的社会生产之间的社会主要矛盾在社会体育领域内的具体体现。在影响体育锻炼坚持性的整个社会因素中，政治、经济、文化等因素都产生着不同程度、不同层次的影响。

（一）政治因素

1952 年 6 月 10 日，毛泽东同志在中华全国体育总会第二届代表大会上题词："发展体育运动，增强人民体质"。这一题词，对新中国体育事业的发展，促进全民体质的提高，发挥了重要的指导作用。毛泽东同志在 64 年前的号召和题词，如今正在中国广袤大地上焕发出前所未有的生机和力量。全民参与健身，运动健身收获健康的理念越来越深入人心，越来越多的人正在从一个体育事业的旁观者变身成为参与者，在参与强健身体的同时也用自己蓬勃的精神风貌和积极的生活态度构筑着健康中国的美丽风景线。政治稳定，生活安定，政策导向的引导作用对于居民的体育锻炼参与和坚持都产生着积极而重要的影响。政治作为国家和政党的重大活动，对体育事业有着重大影响。我们国家的社会主义国家性质在一定高度上决定了共产党对群众体育的绝对领导权；我国人民民主的国家制度在一定程度上决定了人们充分享有群众体育的权利；我国社会主义事业发展

① 邱梅婷，贾绍华，陈琼霞，等. 体育锻炼习惯的形成机制和影响因素研究［J］. 首都体育学院学报，2005，17（6）.

② 中国群众体育现状调查课题组. 中国群众体育现状调查与研究［M］. 北京：北京体育大学出版社，1997.

的根本宗旨在一定意义上决定了群众体育事业的基本性质和根本任务；党和国家的经济建设和社会发展的大政方针决定了群众体育事业发展的方针政策。①

党和国家大力倡导和积极支持全民健身，营造了发展群众体育的大环境，有力推动了群众体育事业的进一步发展。我国1995年正式颁布和实施的《全民健身计划纲要》是我国当前政治的集中体现。2011年2月15日，国务院印发了《全民健身计划（2011—2015年）》，使全民健身计划的实施与每5年的国民经济和社会发展规划保持同步，协同推进。这5年里，中国的全民健身事业经历了飞跃式发展，参与健身人群的年龄段、健身项目分布都出现了极大变化。2014年10月，国务院印发《关于加快发展体育产业促进体育消费的若干意见》，首次提出将全民健身上升为国家战略，把全民健身事业从体育工作的一个环节逐步上升为国家战略，将其推向了一个更高的发展平台。我国近年来普通居民体育锻炼坚持性的提高，与我国政治稳定、社会和谐、人民安居乐业有着密切的关系。

（二）经济因素

经济是社会发展的基础，同样也是全民健身体育锻炼坚持发展的根本。持续的经济发展和社会进步，在大大改善了人们的物质生活条件的同时，也对其精神世界产生了巨大的影响。全民坚持体育锻炼，经济发展水平是基础，人们体育锻炼坚持性的规模和水平，取决于经济发展基础上为广大人民体育锻炼提供的物质条件，取决于经济发展带来的城市居民个人经济状况以及由此引发的个人观念、生活态度、思维方式和行为方式的积极变化。

经济的巨大发展变化为群众体育的发展和体育锻炼的进行提供了强大的支持，也为人们的体育参与提供了较好的经济背景，并引发了日益增长的体育需求。人们一旦满足温饱需求之后，就会开始追求更高层次的生活目标和健康舒适的生活方式。在生活达到小康水平之后，物质和生存不再是人们的终极生活目标，而是转向追求生活的品位和质量。② 体育锻炼与健康、快乐、自我实现及自我价值联系在一起，成为人们实现高层次生活追求的主要手段之一。在此形式下，人们参与体育锻炼的意识和体育需求也日趋强烈。

在经济因素中，对于人们体育锻炼的坚持性方面也存在着不同程度的影响。其中，居民的收入水平是影响锻炼坚持性的最重要因素。人均消费水平、健全的体育消费市场、规范的体育服务体系、社会经济状况、国家经济政策以及国民生产总值等，也都对普通居民体育锻炼的坚持性产生着一定的影响。

（三）文化因素

文化作为与政治、经济相互关联的一种人类社会活动，是与自然现象不同的人类社会活动的全部成果，其包括人类社会所创造的一切物质与非物质的成果。生活在特定文化环境中的人们，其体育价值观、体育审美观和体育坚持性等不可避免地都带有这种文

① 中国群众体育现状调查课题组. 中国群众体育现状调查与研究［M］. 北京：北京体育大学出版社，1997.

② 王雅林，董鸿扬. 闲暇社会学［M］. 哈尔滨：黑龙江人民出版社，1992：27.

化环境的特点。一般认为，体育与科技、教育、卫生、文学艺术、新闻出版、广播影视等一样，都属于文化的范畴。体育（包括群众体育和体育锻炼）的发展，必然受到科技、教育、卫生、文艺、新闻出版、广播影视等方面的影响。

体育文化是人类在其发展过程中所创造的以及从外界吸收的与体育相关的思想、准则、文化等思想价值观念及其表现形式。体育文化以自己独具一格的特色，运用各种各样的表现形式丰富了文化体系的内涵，普及了全民参与体育活动的体育意识，构建了一个宣传全民健身知识的广阔平台。对全民健身的持续发展具有积极的促进作用，对人们的体育观念和体育行为具有一定的导向功能，促进了人们对体育锻炼的坚持性，所以说文化发展的定位也影响着全民体育锻炼的坚持性。

三、环境因素

从整体上来说，社区体育活动的氛围、社区体育活动的设施、社区体育指导员队伍、开放的体育场馆、大众传媒对全民健身活动和体育竞赛以及体育明星的宣传报道、健全的体育法规政策等，都属于环境因素的范畴，都从不同侧面对体育锻炼坚持性产生着不同程度的影响，另外家庭对体育锻炼坚持性的影响也不能忽视。

（一）体育锻炼环境因素

影响人们参与体育锻炼活动并能够长期坚持下去的因素，不仅仅取决于个人观念、个人需求、个人条件等个体因素，还取决于社会环境的容纳程度及其所能够提供的保障条件。当人们对体育锻炼想参与、能参与之后就必须解决参与什么、怎样参与、在何处参与等一系列问题。不解决这些问题，人们的体育需求和愿望就难以变为现实的体育行为，有时候即使一时参与了体育锻炼，也很难做到长期坚持下去。

Knapp 等研究认为，体育锻炼参与者最初因获得身心健康而参加体育锻炼，在锻炼初期，锻炼环境对体育锻炼的坚持性影响并不是很大。然而，当运动主体持续一段时间的体育锻炼后，把社会环境因素作为持续锻炼的重要原因之一将会成为一种必然。[①] Caja 等研究认为，当体育锻炼活动与环境相协调，并提供了满足人们需求和自我决定的需求时，必将会增强他们的内部动机，而有着强烈的内部动机的运动主体，将会以更大的努力和坚忍不拔的精神投入适宜的挑战性体育锻炼活动中去，并从中体验到乐趣、愉悦和自我成就感，从而进一步支持和强化其参与体育锻炼行为，并持续保持下去。[②] Andrew 也在研究中发现，在有监督的体育锻炼活动中，通过人们是否感觉到锻炼场所有利于自己进行体育锻炼，来辨别体育锻炼坚持者和退出者，退出者一般认为，锻炼场所不利于

---

① KNAPP D，GUTMANN M，SQUIRES R，et al. Exercise adherence among coronary artery bypass surgery（CABS）patients［J］. Medicine and Science in Sports and Exercise（Supplement），1983，15（2）：120.

② CAJA E，WEISS M R. Prediction of intrinsic motivation among adolescent students in physical education［J］. Research Quarterly for Exercise and Sport，2000，7（13）：267－279.

自己进行体育锻炼。[①] 这进一步说明体育锻炼环境在一定程度上影响着人们参加锻炼的坚持性。

（二）家庭体育环境因素

社区是城市的细胞，而家庭是社区的细胞，每一个社区都是由许多不同类型的家庭所组成的。一旦当人们把体育锻炼作为一种生活方式，成为家庭日常生活中不可或缺的内容从而持续进行下去时，家庭体育锻炼的内容和形式也更加多样化。家庭体育是以家庭亲情为纽带，在业余时间进行的以休闲、健身、康复、娱乐为主要目的的自发性的一种体育活动方式。把体育活动与旅游娱乐结合起来，重视通过体育调节人们心理，联络家庭成员之间感情是家庭体育活动的主要作用。家庭体育活动内容广泛，涉及活动的动机、频度、内容、空间、组织形式和消费等。从家庭体育社会学的角度来说，家庭体育涉及人们生存层次、享受层次和发展层次等的休闲生活方式和消费方式。一般情况下，若一个家庭中有人经常参加体育锻炼，久而久之必然能够带动全部家庭成员的参与，而且这种参与具有很强的一致性与持久性。家庭体育的发展与成熟在维系家庭成员之间和睦的关系、愉悦身心以及广交朋友、调节邻里关系等方面具有很强的社会效益，对于促进家庭成员参加体育锻炼，并长期维持这种锻炼的积极性有着不可取代的作用。

除了锻炼的环境及人际关系因素外，家庭支持也影响着锻炼者体育锻炼的坚持性。Gettman 对参加锻炼的 143 名男性进行了调查，坚持锻炼者中有 80% 的人的妻子对锻炼持积极性态度；在退出锻炼或坚持性较差的人当中，只有 20% 的人的妻子对锻炼持积极性态度，这表明配偶的支持比家庭其他成员的支持更为重要。另外，Gettman 研究认为：家庭因素也影响到孩子的体育锻炼坚持性，尽管不论孩子的母亲是否正在参加锻炼，孩子都很有可能坚持锻炼或运动，然而孩子参加锻炼的意图与母亲的锻炼目的和父亲当前的体育活动习惯有关。[②] 良好的家庭体育发展状况都成为人们坚持体育锻炼的积极影响因素。

良好的体育环境会给人一种无形的力量，激发人们坚持体育锻炼的欲望。活动的场地设施、锻炼的氛围、正确的引导与宣传、家庭的促进作用都是体育锻炼环境中的重要因素。当人们置身于其中，就会与它发生感应关系，从而不自觉地获得特殊的认识、熏染和感受。当这种特殊的认识、熏染和感受内化为信念时，加之体育育人、环境育人所产生的直接和间接的效应，就会激发人们对体育活动的兴趣，培养他们坚持体育锻炼的良好习惯。

① ANDREW G M，OLDRIDGE N B，PARKER J O，et al. Reason for dropout from exercise programs in post-coronary patients [J]. Medicine and Science in Sports and Exercise，1981，13（3）：164－168.

② GETTMAN L R. Adherence to unsupervised exercise [J]. The Physician and Sportsmedicine，1983，11（10）：56－66.

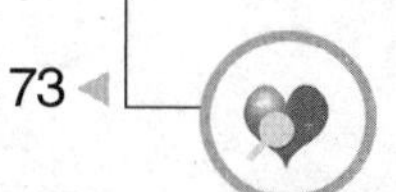

第五节 促进体育锻炼坚持性的措施

一、增强主体意识，强化参与动机

主体意识是指作为认识和实践活动的主体的人，对自己主体地位、主体能力和主体价值的自觉意识，也是对人的主体性的高扬和主体性的意识外化。主体性作为人的基本属性主要包括自主性、主动性、理智性和创造性等几个方面。体育锻炼参与者的主体意识是影响其参与体育锻炼坚持性程度的关键因素。首先，人们要对体育锻炼有一种自我认识和意识，要深入了解和理解体育锻炼，了解在体育锻炼过程中是否能够满足自己的某种需要或欲望，自己选择体育锻炼运动又是出于何种动机，能否将这种需要和动机转化为内在的需求和动机，真正成为体育锻炼运动的爱好者并坚持下去。其次，要注重培养人们在体育锻炼运动过程中的主体性。体育锻炼参与者要充分发挥自己的主观能动性，一方面不仅表现为积极主动地参加体育锻炼运动，另一方面还要深入去了解具体的体育锻炼项目，用自己以往的知识去判断自己是否适合该运动项目。最后，体育锻炼参与者对待体育锻炼的态度也直接影响着其运动参与度和坚持性。在体育锻炼运动坚持过程中，要树立人们在体育锻炼运动中的主体意识，发挥他们的主观能动性，使其充分体验到体育锻炼运动的乐趣，从而形成良好的参与动机和兴趣，成为体育锻炼运动的爱好者、参与者和坚持者。

参与动机是人们进行体育锻炼活动的主要动力之一，没有强烈的参与动机，就不会激发个体的体育锻炼行为。人们参与体育锻炼坚持的动机很复杂，有各种各样的动机，例如健康动机、乐趣动机、交友动机、外貌动机以及能力动机等。[①] 研究表明，健康动机是体育锻炼坚持性的首要因素，对体育锻炼的坚持性具有重要影响。健康动机是最初吸引人们参与体育锻炼运动的首要影响因素，运动中所获得的愉悦感受和良好的身心状态则是影响人们坚持体育锻炼的另一个重要因素。当人们参与体育锻炼运动后，能够通过较为系统、专业的指导与锻炼，使其最初参加体育锻炼运动的需求（强身健体，塑造形体等）得到满足的基础上，能进一步引起其对体育锻炼运动的兴趣，增加其在体育锻炼运动过程的愉悦感和成就感，从而形成能够持久坚持体育锻炼运动的参与动机。

二、提高兴趣认知，改善自我效能

运动主体对体育锻炼的兴趣爱好、对体育锻炼的价值和作用的认知情况属于体育心理素质范畴。体育心理素质的内涵包括对自身价值的正确评价、对意志力的培养、竞争

---

① 肖林霞. 锻炼动机、自我概念与大学生体育锻炼坚持性的相关研究［D］. 武汉：华中师范大学，2014.

创新意识的增强、团结进取精神的重塑、自我控制、自我调节能力培育几个方面。[①] 首先体育锻炼兴趣是指人们参与体育锻炼并且具有情绪色彩的一种心理倾向，是推动人们积极主动地进行体育锻炼的内在原动力，是体育锻炼动机中最现实、最基本、最活跃的成分。[②] 个人兴趣一旦被激发，参与者就会积极主动参与体育锻炼并能较好地保持持续进行体育锻炼的习惯。体育兴趣是影响人们坚持体育锻炼的重要因素。认知因素在此主要指人们的体育意识以及对体育的价值取向。人们的主观因素对他们行为的影响是最为直接的，通过提高人们对体育锻炼功能和价值的认识水平，可以更好地促使人们坚持体育锻炼。人们对体育锻炼的兴趣和对体育锻炼的认知是紧密联系的。首先人们要对体育锻炼功能和价值等有良好的认识，然后才能权衡体育锻炼功能和价值是否符合他们的需求或满足他们的欲望。如果符合条件，他们就会对体育锻炼产生兴趣，从而坚持体育锻炼。

自我效能理论是社会心理学和动机心理学中的一个重要内容，[③] 班杜拉在总结前人的有关行为研究成果时发现：在个体动机作用过程中起重要作用的不是其能力，而是个体对其能力的判断；人的行为受到行为的结果期望和效能期望双重的影响，结果期望是个体对自己的某种行为可能会导致什么样结果的推测，对结果的推测能够促使个体激活和选择行为；而效能期望是指个体对自己实施某种行为能力的信念、判断或主体的自我感受，如果个体感到自己有能力进行某一活动时，他就会产生高度的自我效能感，并积极尝试去完成那一活动。[④] 关于锻炼行为与自我效能的研究表明，自我效能理论是解释锻炼行为领域一个比较成功的理论。[⑤] 班杜拉认为个体、行为、环境三个因素是相互作用和影响，环境不但影响行为，而且行为也能够影响环境。个体的认知、思维和情感等因素对其行为的影响是非常重要的，有能力成功地完成某种行为的信念（自我效能感）是最为关键的因素。[⑥]Sallis 等的研究也证实自我效能是与锻炼行为联系最为密切的一个变量，在解释锻炼行为时，与结果期望相比，自我效能感有更大的推动作用与意义。[⑦]自我效能感的不同年龄和跨文化的研究也支持了自我效能感对个体锻炼行为的巨大推动作用，增强自我效能调节成分的锻炼干预对锻炼行为的调控具有积极的作用。[⑧]

---

① 朱虹．论体育心理素质的内涵及意义［J］．重庆科技学院学报（社会科学版），2010（20）．

② 刘玉海，于建志．浅谈体育教学中对学生兴趣的培养［J］．西安体育学院学报，2000，17（2）：78．

③ BANDURA A．Self－efficacy：toward a unifying theory of behavioral change［J］．Psychological Review，1977，84（2）：191－215．

④⑥ BANDURA A．Self－efficacy：the exercise of control［M］．New York：W. H. Freeman and Company，1997：477－524．

⑤ 毛荣建，晏宁，毛志雄．国外锻炼行为理论研究综述［J］．北京体育大学学报，2000（6）：752－755．

⑦ SALLIS J F，HOVEL M F．Determinants of exercise behavior［J］．Exercise and Sport Science Reviews，1990，18（1）：307－330．

⑧ MACCUS B H，OWEN N．Motivational readiness，self－efficacy and decision－making for exercise［J］．Journal of Applied Social Psychology，1992，22（1）：3－16．

三、根据个人条件，制订合理计划

身体条件包括身高、体型、体重、身体运动能力等，在这里主要是指个人身体健康状况（个人生理状况）和个人的运动能力。身体健康状况较差或身患某种疾病是造成长期中断体育锻炼的主要因素，由于身体健康或疾病因素的影响，往往使人易产生负面情绪，可能会使一直坚持较好的、有规律的体育锻炼被迫中断。但有时也会有这种情况出现，有些身体健康状况不好的人想通过参与和坚持体育锻炼来提高自己的健康水平。也就是说，个人的生理状况是影响体育锻炼坚持性的一个重要因素。[①] 一般情况下，当人们在认为自己存在身体健康问题时，或希望自己维持健康或变得更健康时，更倾向于参与持续运动锻炼。[②] 相反，那些不相信自己有身体健康问题或者认为自己生理状况问题是由于体育锻炼而引发的个体，更容易退出体育锻炼。[③] 还有一种情况是当人们在对体育锻炼产生浓厚兴趣后，内心想继续坚持体育锻炼，但由于自身体育运动能力比较低，在进行体育锻炼的过程中逐渐缺乏自信心或者不能合理地安排运动的量和强度，久而久之就会形成一种沮丧感或失落感，影响其参与体育锻炼的坚持性，造成了部分人坚持体育锻炼的中断。

对于运动主体而言，一定要根据个人条件，制订适合自己的运动健身计划。同时选择自己较为喜欢和适宜的运动项目去参加。只有这样，人们才能在体育运动中找到乐趣，体验到成功。加上这一体育运动对人们的身体康复效果明显，必然会引导人们继续坚持运动。

四、落实相关政策，改善健身环境

1995 年《全民健身计划纲要》正式颁布实施，这是我国有目标、有任务、有措施的体育健身计划。“十二五”时期是我国体育史上极为重要且不平凡的五年，习近平总书记对我国体育事业寄予厚望，强调从全面建成小康社会、实现中华民族伟大复兴的战略到高度重视发展体育事业。2014 年 10 月，《国务院关于加快发展体育产业促进体育消费的若干意见》发布，首次将全民健身上升为国家战略。[④] 2015 年党的十八届五中全会审议通过《中共中央关于制定国民经济和社会发展第十三个五年规划的建议》，将建设“健康中国”正式上升为国家战略，特别提出要“发展体育事业，推广全民健身，增强人民体质”。“十三五”期间，全民健身的基本思路就是落实全民健身国家战略和健康中国战略，即促进全国城乡各地的全体人民，人人参与，人人健身，人人快乐，人人健康，

---

① WILCOX S，KING A C. The Effects of life events and interpersonal loss on exercise adherence in older adults [J]. Journal of Aging and Physical Activity，2004，12（2）：117 – 130.

② BECKER R K，MAIMAN B A. Siciobehavioral determinants of compliance with health and medical care recommendations [J]. Medical Care，1975，13（1）：10 – 24.

③ DION W，ROGOWSKI B，OLDRIDGE N B. Age and attendance in patients referred to cardiac rehabilitation [J]. Medicine and Science in Sports and Exercise（Supplement），1988：545.

④ 国务院. 国务院关于加快发展体育产业促进体育消费的若干意见（国发〔2014〕46 号）[Z].

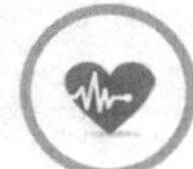

人人幸福的重要战略。

社区作为人们体育锻炼的场所和载体，除了全面贯彻关于全民健身和体育锻炼的相关政策之外，还要积极深入贯彻党的群众路线，以网络服务和居民议事会为载体，广泛听取民意，逐步在辖区内增添新的健身器材，确保居民不出辖区就能进行体育锻炼。从各渠道改善健身环境，加强对坚持体育锻炼能使身心获益等方面的宣传教育工作，全方位开放社区的各种锻炼场所，积极组织各项体育竞赛活动，积极为人们提供体育锻炼的各种平台。

健身指导人员作为大众体育锻炼的指导者，在体育锻炼健身过程中要起积极的主导作用，一方面要去引导、指导和教导人们对体育锻炼目标、内容、方法、效果的选择和制定，另一方面应注重体育锻炼的健身性和趣味性，及时对人们体育锻炼情况提供反馈信息，并对其每一进步及时强化，不断培养与提高运动主体对体育锻炼的兴趣，坚定其体育锻炼坚持性的信心。

五、加强行政宣传，营造体育锻炼氛围

所谓行政宣传因子，在这里主要指的是媒体对体育锻炼意义、健身文化的宣传和对参与体育锻炼的引导及相关重视程度，也指政府有关部门利用相关渠道进行的健身宣传、引导和教育。体育有关媒体主要作用就是进行与体育有关信息的传播和教育，媒体对体育文化的宣传一方面可以提升体育的影响力和普及程度，另一方面可以让人们更好地了解体育的功能和健身的价值，从而更好地促进人们进行体育锻炼。体育有关媒体的传播和教育对人们体育锻炼的坚持性的影响是积极的，人们越是更多接触这些媒体，就越有利于其形成锻炼承诺和坚持体育锻炼。对于社区而言，其重视并引导居民参与体育锻炼可以直接提高居民参与体育锻炼的积极性，社区可以根据居民的实际情况，通过行政宣传手段或措施来提高其体育锻炼的坚持性。如果对体育锻炼的行政宣传引导不够，对体育锻炼的健身知识普及程度不够，往往会使居民体育锻炼坚持性下降或中断。

体育锻炼氛围在这里主要指的是运动主体周围的同学或朋友参与体育锻炼所形成的氛围。体育锻炼氛围对人们参与体育锻炼的行为和情感有一定程度的影响，可以起到榜样、带动、激励和教育等积极作用。根据美国心理学家沙赫特所提出的“情绪三因素说”认为，情绪的产生是由外界刺激因素、机体的生理变化和认知过程三者相互作用的结果。因此，如果自己周围体育锻炼的氛围越浓，致使个体自身对体育锻炼的认知程度就越深，就越有利于参与体育锻炼积极情绪的产生，使体育锻炼参与者更好地坚持体育锻炼，因此人们体育锻炼的氛围是影响其坚持体育锻炼的重要因素之一。不同锻炼群体的场所不同，决定了锻炼氛围的不同，学生体育锻炼场所主要是学校，这一群体主要受周围同学、老师的锻炼氛围的影响，因此在全校内营造体育锻炼的浓厚氛围，对促使学生积极参加体育锻炼，提高学生坚持体育锻炼的积极性具有重要作用。对于社区居民而言，其进行健身的环境有较多的选择性，可以是家庭内部，也可以是户外或者健身房。无论怎样，他们进行体育锻炼的坚持性也受到锻炼氛围的影响。所以要不断营造体育锻炼氛围，以强化居民体育锻炼坚持性。

六、加强政府引导，争取社会支持

体育锻炼健身是一个国家政府提供基本公共服务的重要内容。目前，在我国全民健身事业的发展过程中，各级政府肩负着义不容辞的责任和义务，这是法律的刚性要求。体育锻炼健身需要个人的积极主动参与，同时也离不开政府的积极引导和社会的大力支持。现阶段我国体育健身锻炼呈现出“意识强、行动弱、需求层次低”的几个特点，政府在下一阶段的工作重点应放在鼓励坚持、引导需求、扶助健身产业发展，推进社会体育指导服务区别化，提高健身群体积极性和坚持性，落实终身体育。从现阶段来看，我国体育锻炼全民健身事业中，社会和市场的作用和力量正在逐渐壮大，在相当时期内仍需要政府的主导。目前，唯有政府才拥有巨大的权力与丰厚资源优势，可以通过强有力的行政手段这一途径逐步构建和完善全民健身服务体系。全民健身涉及全体社会成员的切身利益，全民健身服务具有社会公共产品特性，全民健身的公益性也决定政府是推动全民健身发展的决定力量，是全民健身服务的供给主体。从世界范围看，各国政府对大众体育的发展都起到了重要的引导扶持作用，并将其作为增强国力、拉动经济、赢得民心的重要手段。全球已有50多个国家制定了“大众体育发展规划”。时代发展到今天，人们更清晰地认识到，体育健身同义务教育、公共卫生、公共文化一样，是一个国家百姓最基本、最普遍的生活需求，也是公民依法享有的基本权利，理应成为政府提供基本公共服务的重要内容。[①] 各市区体育主管部门应进行统一指导、监督，形成体育锻炼坚持小组，逐步提高国民运动健身积极性。

当前，由于政府的资金投入有限且投资渠道比较单一，仅靠政府有限的资金投入在短时期内解决我国体育锻炼健身工作薄弱的局面是非常困难的。有必要开展体育健身的社会支持研究，使社会与政府形成合力，最大限度地支持全民健身工作，保障全民健身有序顺利、持续发展。众所周知，任何一项关于全民健身体育活动必须依靠社会各组织的互动才能有效地进行，如果只靠政府的投入，势必造成组织模式单一、投入经费狭窄的局面。社会介入全民体育健身显得有非凡的意义和重要的作用，从企业支持、社区支持再到个体支持，有效利用各种资源以构成支持全民健身强大的财力和人力保障。既为全民健身发展减轻了经费的阻力和负担，也在一定程度上解除了全民健身设施短缺落后的现状，促进了全民健身事业的发展。[②] 在我国全面构建和谐社会的今天，全民健身是构建和谐社会的一项重要内容。全社会都应该关注和支持全民健身工作，使得全民健身工作在政府引导和社会支持之下持之以恒地进行下去。

七、升级健身科技，服务运动坚持

在全面建成小康社会目标下，体育锻炼健身理念发生了根本性变化，健身方式出现了新的趋势，主要表现在网络健身、科技健身模式等。随着最近“网络健身”这个词的

---

① 刘文艺．全面提升全民健身服务体系建设［N］．中国体育报，2015－04－24.

② 黎文普，秦小平，胡庆山．新时期我国弱势群体体育权利保障研究［J］．北京体育大学学报，2014（3）．

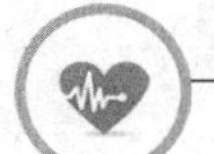

日益普及，越来越多的人通过在报纸、杂志、电视、广播、商场、展会以及健身场馆都能看到网络健身器材及网络健身方法的存在。[①] 社区健身网络、家庭健身网络、职场办公室健身网络、健身房网络以及健身俱乐部网络已越来越被人们所接受。一方面，网络健身体现了科学健身方式。数字技术应用于体育健身活动是当今社会发展的新趋势，是体育现代化、科技化的重要成果之一。网络健身运用IT、通信、互联网技术手段实现科学健身的华丽转型。发展数字运动健身及数字体育产业，将会进一步推动数字化科学健身效应的发展，以满足社会和大众对新兴体育健身运动形式的需求。另一方面，网络健身方式便捷了个性化健身手段。网络健身通过传统健身器材和数字技术的广泛结合，从健身器材本身的强大功能，到统计有效的准确健身数据，再到网络的便利的健身个体互动，使其更具有人性化、科学性。网络健身的广泛性不言而喻，承载于互联网，其实效性和全面性是不容低估的。网络健身更是铸造了一个优良的体育健身运动环境，在思想情操和个人生活习惯上有了更加良好的发展。

智慧城市是新一代信息技术支撑、知识社会创新环境下的城市形态，智慧城市通过互联网、云计算等新一代信息技术以及维基、社交网络、Fab Lab、Living Lab、综合集成法等工具和方法的应用，实现全面透彻的感知、宽带泛在的互联、智能融合的应用以及以用户创新、开放创新、大众创新、协同创新为特征的可持续创新。[②]

体育科技健身作为当今信息化时代面向旅游、休闲和体育健身行业，实现全部健身信息在线开放式的互动平台，主要致力于打造体育健身生活化的全新理念，以智能手机等无线终端为平台，一方面实现从“以体育健身为核心的资源整合”到“降低用户的体育健身成本”的转变，另一方面实现从“构建不受限制的体育健身社交”到“可定制化的体育健身信息”的转变，通过以上两种方式的转变，不但使体育锻炼参与者在所在城市进行体育健身，同样也可以使健身参与者在出差中、旅游中、度假中随时随地进行体育健身，让休闲健身可以像找酒店或餐馆一样简单、方便、快捷。

科技健身是一种积极改善人们体育健身环境的生活方式。在我国公民的健身意识增强、需求发展滞后的形势下，全民健身即将进入一个新的发展时代，以家庭、社区为单位的群众健身活动必将催生巨大的家庭健身设备需求，随着电子商务的迅猛发展，健身器材也将全面进入互联网营销甚至是移动互联网营销的阶段，各健身器材企业应把握市场规律，早做准备，多渠道多方式进行家用健身器材的推广。旨在通过科技健身的升级，更好地促进运动健身的持续进行。

---

① 陆大江. 基于云健康的生活方式远程监控［J］. 中国医疗器械信息，2012，18（11）：8－17.

② 陆大江. 健康生活方式的网络健身方法与实践应用［J］. 世界医疗器械，2011，17（8）：46－52.

第四章

运动习惯与健康

良好的运动习惯不仅关乎个人的生活方式、身心健康，更重要的是关乎国民健康水平，甚至关乎一个国家的生命表及平均预期寿命，关乎下一代、民族的未来。对个体而言，运动习惯是个体众多习惯中的一种。什么是习惯？习惯有哪些特点和分类？习惯是怎样形成的？怎样才算良好的运动习惯？良好运动习惯的形成受哪些因素影响？特别关键的问题是，运动习惯的形成机制有哪些规律？寻求这些问题的答案，对于养成合宜的运动习惯，大有益处。

第一节 习惯的定义、特点与分类

常言道，习惯成自然。若对习惯下一个定义，并不是一件容易的事。习惯在个人成长中起着重要的作用，习惯一经形成，不易改变。习惯也与社会有密切联系，在一定意义上，个体的习惯同时深刻地影响着民族文化传统和社会进步。

一、什么是习惯

手机已经成为大众生活习惯之一。人们习惯于“内事不决问百度”，煮饭做菜、头痛脑热、不认识的字词都习惯打开手机、上网查查，自驾、公交、步行出行，习惯使用电子地图和导航，在线订票、订餐、购物等更是习以为常。据说中国有1.5亿人在网上订餐。这在20世纪80年代是不可想象的。电视不够普及的情况下，更多人习惯于在闲暇时间阅读图书杂志报纸、收听广播电台；网络不够普及的时代，更多人习惯于看电视；在电脑普及、网络化生活的21世纪，看电视读报纸的人少了，越来越多的人习惯使用笔记本电脑、手机等移动设备，以至于电视、报纸产销量大幅收缩。我们处于大数据信息年代，生活数据化，网络移动化，商务电子化，手机智能化，每走一步都可以记录，跑步路线也可以清楚地图像化。不仅是年轻人习惯这种全新的生活方式，中老年人也成了网民，人们习惯于新的沟通联络方式，“加我微信”“扫一扫”几乎成了日常惯用语，随时随地可见二维码。近年来，QQ、微信、微博等社交媒体，不仅成为个人互动，也成了家校联络媒体，称为自主发布的自媒体，支付宝、微信支付、网银等在线电子收付功能，已经成为足不出户的金融新模式。这些发生在生活中的各种变化，已经极大地改变了我们的生活方式和习惯。结果，“低头族”、“手机控”、网瘾、肩颈劳损、腰椎毛病、久坐习惯、运动不足等问题，随着“屏幕时间”越来越多，问题也越来越多了。网络时代“拇指运动”、屏幕交往，不能自拔，人与人之间何以相处？如何适应网络环境下的交往？体育运动的研究能否跟上时代变化的节奏，提出与生活方式相适宜的对策？能否主动地引领积极的健康生活方式？这是我们迫切需要解决的理论和现实的课题。

（一）习惯的语义

《现代汉语词典》对“习惯”的释义如下：常常接触某种新的情况而逐渐适应，如习惯成自然；在长时期里逐渐养成的、一时不容易改变的行为、倾向或社会风尚。①《辞海》解释，习惯一是指由于重复或练习而巩固下来的并变成需要的行动方式；二是指经过不断实践，已能适应新情况。惯，亦作贯。《汉书·贾谊传》：“少成若天性，习贯如自然”。《孔子家语·七十二弟子解》：“少成则若性也，习惯成自然也。”意指习久成性。②《韦氏新国际字典》对于 habit 一字的解释：（1）服装、衣服；（2）心境、体质；（3）因不断复习或重复，习久成自然，渐失抵抗之习性；（4）因复习而成一定的定势。《英国牛津大辞典》对 habit 列举了如下语意：（1）癖好；（2）气质、素质；（3）体质；（4）习性；（5）衣服、服装（尤指神职人员）；（6）可当作动词用，意为穿上……衣服。由上可知，牛津字典和韦伯字典所列的解释极为相似，都用 habit 来代表人类行为中较具体化、固定化、常出现的行为。③

（二）习惯的心理学定义

心理学认为，习惯是“不需要特殊的练习，由于多次重复而形成的对于实现某种自动化动作的需要”。“习惯是人在后天一定情境下自动化地进行某种动作的特殊倾向。”④

台湾师范大学张春兴教授认为，“习惯”一词有三种解释：（1）一种习得性反应；此种反应较为简单，在类似情境下，以近于自动的形式出现。有的习惯反应不以动作为限，在语言和思想方面也有习惯性反应。（2）指经由长期练习所形成的自动化的行为；技能学习到纯熟阶段，动作已成习惯性。（3）指习得性动机；如抽烟、喝酒以至药物使用，到了成瘾地步，均成习惯，或称不良习惯。⑤

美国心理学家阿瑟·S. 雷伯将习惯的含义概括为：（1）一般指一种习得的动作。本义是指运动模式、身体反应，现在已不限于此，人们常说知觉的、认知的、情感的习

---

① 中国社会科学院语言研究所词典编辑室. 现代汉语词典［M］. 北京：商务印书馆，1997：1 348.

② 舒新城. 辞海［M］. 上海：上海辞书出版社，1980：96.

③ 徐玲，白文飞. 习惯形成机制的理论综述［J］. 北京体育大学学报，2005，28（5）.

④ 朱智贤. 心理学大词典［M］. 北京：北京师范大学出版社，1989：728.

⑤ 张春兴. 张氏心理学辞典［M］. 上海：上海辞书出版社，1991.

惯。(2) 通过重复而自动化了的、固定下来的且无须努力就轻而易举地实现的活动模式。这跟人格研究中使用的特质的含义比较接近。(3) 对药物的癖嗜，常用术语是药物依赖。(4) 指特定动物物种的特征性行为模式，如“狒狒的习性”。

美国心理学家詹姆斯在《心理学原理》专章讨论了习惯这个概念。他提出习惯是属于物理学领域的问题，即各种较简单的物质彼此互相应对时所遵守的不随意更改的自然定律。自然现象依据自然定律运作，心理现象则依据习惯进行，二者有相同之处。行为主义心理学家华生给习惯做了清楚的界定：“任何相当定型的行动方式，不管他是外显的或内隐的反应，而且又非属于遗传性反应，应该都可视为习惯，习惯是学来的，不是与生俱来的，他是由刺激与反应之间所形成的稳定关系所构成的。”①

综上所述，习惯是人在一定情境中习得的反应方式，经过不断重复或练习形成相对稳定的、自动化的一种行为方式，包括思维的方式、行为的方式，也包括情感表达的方式。

二、习惯的特点

根据心理学对习惯的解释，习惯是相对稳定的自动化的行为方式。具体地说，习惯具有以下特点：

(一) 习惯是反应性的

习惯首先是一种反应方式。习惯的反应方式主要表现为可观察的外显的行为，例如早起锻炼身体、喜欢蹲着吃饭、左手接电话、步行时下意识往左边转弯、田径场上习惯于逆时针方向跑步、休息日通常睡到自然醒、饭后散步的习惯等。相关的反应方式也表现为内隐的心理活动方式，特别是语言和思维的方式。例如凡事问个为什么的习惯、独立思考的习惯、每逢佳节倍思亲的情绪体验方式、过年回家团聚的观念等。

(二) 习惯是自动化的

习惯一旦形成，成为一种自动化的动作、行为方式和反应倾向，就会成为这个人的个性特点之一。好像第二天性，习以为常，无须意识去控制，“惯了”“习惯了”“习惯成自然”。自动化了的习惯，对一个人的影响是长久的。

(三) 习惯是获得性的

习惯并不是自然天成、生来如此，而是在后天习得的。例如读书的习惯、省钱的习惯、逛街的习惯、独处的习惯、运动的习惯，在成长过程中形成并改变。有人偏爱旅游、有人偏爱久坐、有人习惯于整个晚上看电视、有人习惯于打麻将、下棋。习惯的形成是一种逐渐养成的过程，离不开重复或练习、甚至需要专门的训练。简单说，习惯是一种反复出现的活动模式或行为方式，不断重复、反复练习就会稳固下来。

(四) 习惯是可变化的

习惯了，很难改变，但并不是一成不变。习惯的改变表现出教育和训练的影响力。

① 徐玲，白文飞. 习惯形成机制的理论综述［J］. 北京体育大学学报，2005，28（5）.

教育致力于发掘人的潜质潜能，也致力于引导人的成长方向、思考方式，塑造教育目的所期望的行为。一般意义上，习惯的改变类似于新旧替代，即新的习惯形成之后，旧的习惯得以改变。例如网瘾、赌博成性、吸毒等成瘾性行为的治疗中，其中一种策略就是养成新的好习惯来替代。习惯的可变性，具有时代生活的烙印。从前，见面时的习惯性问候语是“吃了吗?”待客以糖茶烟酒为敬，现在常听到的问候语是“身体还好吧”“今天走了多少步?”糖烟似乎不再受宠，取而代之的是绿色果蔬，显示人们更关注健康，对于不利于健康的食品已经不大习惯了。这些生活中的惯用语、日常细节的变化，大多反映了社会生活中人们的习惯在改变。

（五）习惯是有好坏之分的

习惯的具有好坏之分。一些习惯是好的善的美的，例如早睡早起、睡前阅读、勤劳节俭、乐于助人、坚持锻炼等都是好习惯。一些习惯是坏的恶的丑的，社会上常见的嗜烟酗酒、又赌又嫖、好逸恶劳、偷鸡摸狗、顺手牵羊等都是一些坏习惯，“恶习不改”“积习难改”，很大程度上损坏一个人的人品。还有一些常见的坏习惯，比如习惯在昏暗的光线下看书、一边走路一边低头看手机、在公共场合大声打电话、熬夜、不吃早餐，都称为“习惯不好”。很多习惯其实是中性的，例如喜欢快走还是慢慢走、开车时习惯听交响乐还是民歌、习惯晨跑晨练还是晚饭后散步、习惯使用刀叉还是筷子、惯用左手还是右手，都无所谓好坏。

（六）习惯是有社会性的

习惯具有社会属性，深受社会文化心理的影响。个体的习惯和群体的习惯之间，相互影响、相互制约、相互促进。不难发现，早晚刷牙、见面脱帽致意、低头鞠躬问安、握手、拥抱、贴脸、餐前茶点或喝汤、餐后甜点或抽烟、睡前祷告或饮酒、晨跑或傍晚锻炼、晨读或夜读、静坐或灵修、假日带孩子观看比赛或外出旅游等，不同文化、社会背景下，都有不同的习惯表现。中华民族与世界上其他种族和民族之间，显而易见的不同习惯非常多。以拿筷子吃饭为例。我们从小学会熟练使用筷子，到老都不会改变。另外，同一个人在不同的文化背景表现出不同的生活习惯，在美国读书生活的几年，习惯参与户外活动，如远足、打篮球、划船、游泳，回到国内的家乡，入乡随俗，渐渐少了些户外运动，常在闲暇时间与亲友打麻将、逛商场、唱卡拉 OK，当然花最多时间的生活方式是外出吃饭。据说日本家庭和职场都备有防震急救箱包，大家都习以为常。日本学生也被训练养成了习惯，入住旅馆第一件事就是查看消防设备和逃生通道。

（七）习惯是有主体性的

个体是具有自由意志的人，个人的主观能动性、行为动机的个别性，赋予习惯的主体性特点，这一特点表现在不同的层面。首先，习惯具有个别差异性。每个人的成长环境不同、个性特点不同，生活学习和工作的习惯也会有自己的个别性，体现为个体的自觉性和选择性，用时下的流行用语，叫“我乐意”“我就喜欢”。例如有的人无论居家生活还是出差在外，都保持卫生整洁、坚持不熬夜、晨练、写日记等个人习惯；而有的人坐在家里、走在路上、甚至饭桌上，都是低头看手机的“手机控”。又如拖延的习惯很多人都有，类似一种社会病。但凡出现拖延的习惯，必有背后的原因。也可以说，在表面上同样是拖延习惯，内在的成因却是各有不同。一旦此人内在的问题解决，拖延的习惯可能就改掉了。其次，习惯体现了一个人的价值取向。大多数人参与运动是出于身体健康的考虑，体现了保持运动习惯可增强体质的价值观。例如一个人嗜好烟酒，几十年的习惯不能改变。医生的劝告却起了作用，此人戒了烟酒，多做运动。为什么呢？因为个人进行了重要性的衡量，意识到生命与健康的价值，远比烟酒习惯重要。再次，习惯的主体性可以体现在终极关怀上。人的意识里有一种倾向称为终极关怀，即习惯于寻求人从哪里来、要到哪里去的问题及其答案。虽然许多人终其一生也不关心这个问题，更没有主动去寻求这个问题的答案。可是一旦关心，在生活方式和行为习惯上会有许多改变。观察有宗教信仰的个体及其行为习惯，就会发现习惯在很大程度上与本人的意识形态、生命形态是一致的。因此习惯有一个特点就是具有主观性、主体性，或者叫能动性、个别性。

三、习惯的分类

总体上说，对习惯进行分类是不容易的。从不同角度、不同标准划分，可以将习惯分类如下：

（1）根据日常生活、行为内容划分，通常将习惯分成生活习惯、学习习惯、工作习惯、交往习惯、锻炼习惯、消费习惯等。日常生活习惯又可分为起居习惯、饮食习惯、卫生习惯等。学习习惯也可以分为阅读习惯、思考习惯、写作习惯等。消费习惯上的不同，例如习惯于奢侈品、名牌、高档消费，或者习惯于偏爱质地、工艺的品质，或者偏爱选择低价、简朴物品的消费习惯，大多反映出一个人的生活态度、生活品位和生活方式，在分类上与自我的延伸相类似，意思是消费习惯体现了个人风格。

（2）根据习惯对于人的影响的积极与消极、行为结果的好与坏，可将习惯分为良好习惯和不良习惯，也称为积极的习惯与消极的习惯。凡是满足正当需要，对学习、工作和生活等起积极影响、正面作用的习惯，就是良好的习惯、积极的习惯；我们极力奋斗的目标例如早睡早起、坚持运动、控制饮食、保持阅读、控制上网，① 大多是好的习惯。凡是对于人的学习、工作和生活等起消极影响、负面作用的习惯，都是不良的习惯、消极的习惯。吸烟、大量饮酒、高盐高脂饮食、生活无规律、网络成瘾等大多是不良生活习惯。

（3）根据习惯的行为主体划分，可将习惯分为个体习惯和群体习惯。

一般意义上讲的习惯，都是指向个体的习惯，个体习惯是经过一定时间形成的个人的惯常行为，是个体在长时间里重复、训练、学习或者受环境的影响而形成的一种稳定的、自动化了的动作、行为方式和反应倾向。群体习惯是指与传统、民俗相联系、有区别的稳定的生活方式和文化特征，是人们在长期的生活中形成的共同的、稳定的行为方式和心理反应倾向。民俗学研究②认为，“风俗”“民俗”，古已有之。《礼记·缁衣》有

① 罗盘，王利刚，陶婷，等．不良生活习惯改变过程中时间观念和意志努力的关系［J］．中华行为医学与脑科学杂志，2016，25（5）．

② 乌丙安．中国民俗学［M］．沈阳：辽宁大学出版社，1985．

"故君民者，章好以示民俗"；《汉书·董仲舒传》有"变民风，化民俗"；《管子》《韩非子》都提到"民俗"。民俗大多指人们世代相传的行为上、口头上、心理上的事象，这些事象中相当重要的内容是民众生活中不断重复、相对稳定的习俗，例如生产与消费习俗、家庭和社会生活习俗、信仰和民间游艺文娱习俗。

四、习惯的形成机制

习惯既然是后天习得的，一旦形成很难改变。这就需要解释习惯为什么具有稳固的特点，其形成过程具有哪些规律性。

（一）习惯是动力定型的形成

巴甫洛夫认为，学习是大脑皮层暂时神经联系的形成、巩固与恢复的过程。巴甫洛夫强调，"所有的学习都是联系的形成，而联系的形成就是思想、思维、知识"。"显然，我们的一切培育、学习和训练，一切可能的习惯都是很长系列的条件的反射。"具体分析如下：

第一，条件作用的习得是指条件反应首次被诱发出来并随着试验的重复而不断增强其频率的过程。例如经典实验中声音信号刺激的加入，所产生的唾液分泌反应，是经典条件反射的"获得"特征。有的家长给孩子喂苦药的时候，附上一粒糖或者孩子心爱的玩具。有些游泳教练为了让孩子学会憋气，故意将小石子扔到池底，孩子顿时获得了勇气，比赛似的沉入水底找回石子交给教练，多次重复练习，孩子不知不觉获得水里憋气或换气的游泳技能，并克服了恐惧心理。与游泳无关的小石子，在这个过程中起到了信号刺激的作用，帮助孩子"获得"了正确的反应方式，也就是掌握了必要的游泳技能。以后没有小石子的游泳，也可以这样形成稳固的动作技能。家长和老师需要培养孩子好的习惯，就应该积极寻找良性的刺激反应模式，奖励好的行为。

第二，对条件刺激反应不再重复呈现无条件刺激，即不予强化，反复多次后，已习惯的反应就会逐渐消失。如学会对铃声产生唾液分泌的狗，在一段时间听到铃声而不喂食之后，可能对铃声不再产生唾液分泌反应。这是经典条件作用的"消退"特征。例如海边的老人，用逐渐减少奖金额的方法，赶走了周围吵闹的孩子，实际上是降低刺激量、减少反应的机制，就是利用条件反射的"消退"一例。在家庭教育中，对于不良的行为习惯，也可以采取不理睬的方式，淡化处理，使反应减少、习惯"消退"。

第三，消退了的条件反应，即使不再给予强化训练，也可能重新被激发，再次出现，这被称为自然恢复作用。这是经典条件作用的"恢复"特征。一个多年不跑步的人，遇见旧时跑友，可能恢复跑步的习惯。甚至没有相应刺激的情况下，小学生为了获得老师的赞扬而做好事，后来中学老师不再这样表扬，学生却养成了助人为乐的习惯，遇到需要帮助的情境，依然会主动做好事。

第四，某种特定条件刺激反应形成后，与之类似的刺激也能激发相同的条件反应，如狗对铃声产生唾液分泌反应后，对近似铃声的声音也会产生反应。这是经典条件作用的"泛化"特征。俗话说，"一朝被蛇咬，十年怕井绳"，就是一种刺激反应的获得与泛化。一个人曾经有在运动中受伤的经历，多年后虽然伤已痊愈，看到电视转播中的运动

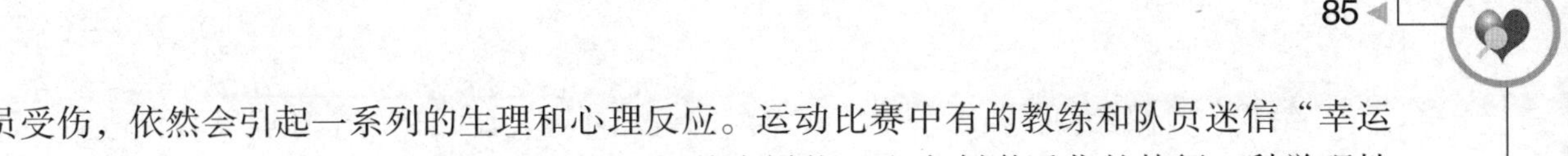

员受伤，依然会引起一系列的生理和心理反应。运动比赛中有的教练和队员迷信“幸运衫”“吉祥物”，每逢大赛小赛必穿此衫、佩戴吉祥物，也有刺激泛化的特征。科学理性地看待，幸运衫与比赛成绩还真没有必然联系。

概括地说，经典条件理论认为，习惯的生理机制是暂时神经联系的形成，也就是动力定型的形成。

（二）习惯是刺激与反应（S－R）之间固定联结的建立

行为主义认为，学习是其对刺激情境所做出的反应，习惯是某种刺激情境下多次重复反应的结果。当个体进入某种情境，接触到某些刺激，激发起某种状态下一连串的机体反应活动，多次重复之后形成了某种特定的连锁反应模式。

首先，习惯一旦形成，就会有自动化的倾向，只要原来或类似的刺激情境出现，习惯性反应就会自动的出现。严格的行为主义心理学家华生制造了一个恐惧反应的实验，一个月后再度测试，小阿尔伯特依然会对老鼠、兔子、猴子、狗、棉絮和没有头发的面具之类的东西产生恐惧。在实验开始之前，他并不害怕。但对铁锤敲打的巨大声响产生恐惧。这个实验证明了条件作用的存在。华生认为，“条件反射是形成习惯的基本单位。”

其次，人类行为的独特之处在于三人习惯系统的发展。

在华生看来，人的一切行为都是习惯形成的结果，是习惯的产物。华生认为，心理学作为一门行为的科学，必须研究那些能够用刺激和反应的术语客观地加以描述的动作、习惯的形成、习惯的集合等。人类和动物的行为分为两种基本类型，包括先天的和后天习得的行为。但是人类的力量所在，在于人类在后天习得的行为上具有独特之处，主要是三大习惯系统。

（1）情感习惯系统，即内脏或情绪习惯的数目、灵敏性与准确性。

（2）言语或思维习惯系统，即喉部或言语习惯的数目、复杂性和完美性。

（3）动作习惯系统，即动作习惯的数目和完美性。

人类三大习惯系统的发展，使人具有不同的适应环境的各种能力。环境的变化导致人类习惯的构成，习惯的形成使人具有了适应环境的各种能力，一旦环境发生变化，人就可以根据需要，通过习得的习惯系统做出相应的行为反应。学习过程及其复杂行为的建立，在于习惯的形成，这些习惯是通过大量的简单条件反射综合在一起，形成刺激和反应的有规律的结合。

（三）人格是习惯的派生物

华生认为，人格就是“通过对能够获得可靠信息的长时行为的实际观察而发现的活动之总和。换言之，人格是我们习惯系统的最终产物。我们研究人格的过程是制作和描绘活动流的一个横截面”。人格由占支配地位的习惯所构成。占支配地位的习惯系统是由一些各自独立的习惯所构成的。所有这些独立的习惯，从婴儿期开始，经历幼年期、青年期，才能完成。在成长过程中，不断习得人类经验，参与交往活动，形成习惯。例如孩子需要得到某样东西的时候便哭喊，孩子一哭喊就得到满足，以此成为习惯。一些人类品质例如爱、同情、热情、希望、嫉妒、贪婪、仇恨，在成长过程中，通过个体与环境的互动，逐渐形成行为习惯，甚至成为社会习俗。

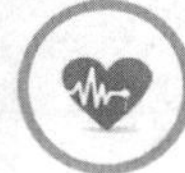

"给我一打健全的婴儿，一个由我支配的特殊环境，让我在这个环境里教育他们，那么，不论他的天资、爱好、脾气以及他祖先的才能和种族如何，我可以保证把他们中的任何一个训练成为任何一种人——医生、律师、艺术家、商人甚至乞丐和强盗。"这就是华生的著名论断。这样极端的行为主义立场，也有人称华生的心理学为S－R心理学，有人称华生的教育观是环境决定论的、人就是习惯的产物。有人观察日本小学生运动会，竟然没有一项个人项目，基本上是团体操一类的比赛，小学生也有30人31足的比赛，叠人墙的团体操，年级升高，难度加大。这是要训练什么样的人格呢？按照华生的理论当如何解释？不外乎要培养团队精神、集体利益为主的人品，以及协作配合的习惯。

（四）习惯形成的桥梁是重复和练习

桑代克的学习理论也叫S－R桥梁理论，学习是刺激与反应之间的桥梁联系的建立，习惯的形成需要以重复和练习为桥梁。学习是练习律强调与效果律的综合考虑，并不是简单重复就能取得完善的技术，而是要根据清晰的动作概念、明确的练习目标、适宜的难度来安排练习，重复练习可以减少能量消耗，使动作熟练准确、自动化，熟能生巧。练习可使刺激与反应之间的通路更为牢固。学习的准备律提示，一个人越是接近良好准备状态，越能取得良好的学习效果。例如小学生不适宜开展校际竞技比赛，也不适宜太多小肌肉群的活动，而应以大肌肉群的活动为主，因为小学生的身体和心理尚未具备相应的足够的准备。

刺激与反应的联结是否可以在一次尝试中形成并永久保持呢？埃德温·R. 古斯里认为可以。但是刺激并不是总是以相同的方式呈现，往往以不同的组合方式出现，因而必须建立对每一种情况的精确反应，也就是建立许多刺激与反应之间的联系，因而在引起正确反应的刺激的学习过程中，重复和练习是必要的。例如跳高可以一次性建立过杆的联结，但是安静的环境或是观众喧闹的刺激，可能需要多次重复练习才能建立一系列刺激反应，以便适应环境的复杂变化。

（五）习惯是强化和行为塑造的结果

斯金纳的操作性条件反射又称工具性条件反射。有机体是通过获得关于自身行为所导致结果的信息反馈来改变或修正自己的操作活动，而最终实现自身需求的满足。个体重复受到强化的行为受到鼓励，行为将会再次发生。未受强化的行为很少再会被重复。理解操作性条件反射及其强化的观点，一个典型的例子就是ATM自动取款机，如果在正常情况下，操作好比自动售货机一样。但是在自动取款机出现故障的情况下，自动出钞超出取款人的期望，取款人会不断重复操作，再次取款。因为他被机器吐出的钞票强化。他的行为会不会停止呢？当机器不再吐钞，行为不再受到强化时，取款人的操作行为便会消退。又如，坚持健身快走一段时间后，锻炼者体检发现脂肪肝的情况好转，这是对健身快走行为的强化，实际上具有鼓励的作用，这样的行为反应会持续进行，久而久之养成了健身的习惯。在教学中，教师及时强化学生的正确反应，对于学生的每一个正确反应进行表扬和奖励，属于正面强化良性行为，学生就可以认定正确的行为并持续正确的反应。当学生偏离正确的反应，教师可以不予强化，也不进行惩罚，行为会消退。这与训练鸽子走"8"字、训练猴子当保姆、训练自闭症的孩子使用眼镜是一样的道理。这样的过程重复多次，实际上能够帮助教师和学生都养成好的行为习惯。

（六）习惯是模仿榜样、替代强化的结果

按照班杜拉的观察学习理论，习惯不是简单的刺激与反应的联结，习惯的形成是个体与环境相互作用中，间接观察榜样、模仿榜样并加以具体化的复杂过程。习惯是习得的，即习惯是个体后天在自己的生活环境中通过观察学习而获得的。习惯的获得经历注意、保持、复现、动机等阶段，最后达到自动化。改变环境条件、重新学习，可以改变原有习惯。

第二节 运动习惯定义、特点与分类

一位大学老师是马拉松爱好者，自称从小跑步，跑了几十年，人到中年，每天跑十多公里。另一位退休公务员，自称坚持晨跑三十多年，退休后继续坚持晨跑。这两位跑步爱好者自称“根本停不下来”，不仅爱好跑步，而且懂得持久坚持跑步的各种益处，乐此不疲。是什么因素吸引他们几十年如一日坚持跑步呢？跑步究竟有哪些乐趣呢？其他人也许认为跑步是一项枯燥乏味的运动。而跑者自有跑者的答案——“习惯了”，乐在其中。

不难发现，更多的人曾经参与运动，后来由于种种原因放弃了。这其中的规律有哪些，值得研究。一个坚持运动几十年的老人可能更健康，有人发现，只有从长期的运动习惯受益的人才真正能够坚持运动，但这样的人始终是少数。既有客观原因，例如没有场地设施、膝盖不允许远足或跑步、疾病或意外受伤不能再坚持锻炼，估计我国七成老年人患有各种慢性病，其中失能、跌倒造成卧床的老年人，再也不能运动，是极其常见的老年生活情景。也有主观原因，例如没有时间、懒惰或意志薄弱，导致放弃了运动习惯。据报道，美国只有8% ~20%的人参加有规律的体育锻炼，30% ~59%的美国人习惯久坐的生活方式，50%的人参加一段时间的锻炼，而6个月后退出锻炼。[①] 也有一些人退休之后才发现，虽然有很多闲暇时间可以参与运动，但是除了会走路、散步，什么也不会，缺乏相应的运动技能。Schmidt 和 Lee 指出，狭义的运动学习是指通过练习和经验而使个体的运动技能产生相对持久变化的内在过程。广义的运动学习包括体育运动、锻炼行为的身心变化，包括运动技能的获得、运动能力的发展，也包括与运动学习、身体锻炼相关的认知、态度、情感、价值观的变化，很多研究关注运动参与的动机与行为。

锻炼行为的背后存在哪些动机力量？锻炼行为如何转化为稳定的运动习惯？运动习惯并非一个可有可无的社会问题，也不是个人想当然的私事，不可简单化看待。运动习惯对于一个国家、社会、家庭以及子孙后代的影响究竟有多大？

---

① 考克斯．运动心理学［M］．王树明，译．上海：上海人民出版社，2015：402.

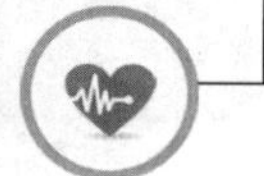

一、运动习惯的概念

运动习惯在教育心理学、锻炼心理学领域已经取得大量的研究成果。如何理解运动习惯的定义，国内专家学者和业界领导对运动习惯的界定，虽然说法不尽相同，但概念的内涵上具有高度的一致性，特别强调运动习惯是在长期锻炼活动过程中长期形成的条件反射、稳定的行为方式。为了帮助我们理解运动习惯的形成机制，不妨将这些定义列举如下：

运动习惯是"稳固的条件反射，是多次重复刺激逐渐形成的。""经过反复练习逐步养成的不需要意志努力和监督的自动化行为模式。""不断重复练习而形成的固定化的行为方式。""通过重复或练习而巩固下来能促进身体发展并达到愉悦情感的行为方式。""是在长期锻炼活动过程中形成的、自觉主动地、情感愉悦的、经常重复的行为，是自身生活中不可缺少的稳定的行为方式。""是后天通过体育实践形成的，自觉主动地、生活化的、稳定的行为倾向（定势）。""是人在后天的长期的体育实践中形成的参加体育锻炼的行为定势（趋势）和行为模式（样式）。""是一个人生活中，体育方面的、经常的、稳定的一种行为模式。" "人们在后天的健身实践中逐渐形成的比较稳定的身体锻炼行为""有一定的特殊性，不同于一般的习惯，他是社会化程度更高，有明显的身体行为，更为理性的行为模式。""是逐渐养成的、一时不易更改的高度自觉和生活化了的行为取向或社会风尚。""人在后天长期参加体育锻炼过程中逐渐形成的、具有内在需要的、比较稳固的、自觉参与、坚持身体锻炼的行为方式。"①

综上所述，运动习惯是个体后天习得的有规律地参与体育运动的行为方式。运动习惯是个体重复地参与体育锻炼的身体活动，以及与此相关的稳定的生活方式。运动习惯实质上是一种有规律的身体活动，是个体在长期的生长环境和社会生活中逐渐形成的稳定的身体锻炼行为模式，是完整自我的组成部分。

二、运动习惯的特点

运动习惯的养成不是一日之功，我们首先要认识运动习惯本身具有哪些特点。下面以日本作家、跑者村上春树在《当我谈跑步时，我谈些什么》一书中，记录了他 25 年跑步与人生的历程，令无数读者爱上跑步，从此改变生活方式为例，分析理解运动习惯的特点。

（一）实践性、习得性

身体锻炼必须身体亲历、参与体力活动，本身是一种实践活动。与此相关，运动习惯的养成是在后天实践活动的基础上不断重复模仿学习而形成的，因而具有后天习得性特点。这一特点也意味着运动习惯不是天生的遗传的，而是后天养成的，因而是可以改变的。跑者不是说说而已，村上春树从 1982 年秋开始跑步，一直跑遍世界各地，几十年如一日。他每天坚持写作，每天坚持跑步，每周跑 6 天或 7 天，寒冷季节跑马拉松，夏

① 乔玉成. 青少年锻炼习惯的养成机制及影响因素［J］. 体育学刊，2011，18（3）：87－94.

季参加铁人三项赛。

（二）情境性

身体锻炼行为以具体情境为条件的，运动习惯的形成、诱发，依赖于一定的情境刺激。首先，可以理解为广义的环境因素，包括自然环境及其相关的社会文化环境。例如西藏人热爱登山、东北人习惯于滑雪、海边的人从小热衷并擅长游泳、山里长大的孩子在步行和跑步方面有着天然的优势。其次，运动习惯是由某种情境的不断重复出现和反复刺激所引发的。当情境重现或受某种特有的刺激时，运动习惯会自然而然地表现出来。例如学生在校园氛围里，参加“两操一课”外，休闲时间还会主动打球、跑步、跳操跳绳、游戏活动，这其中既有个人因素，也不能否认校园运动设施和体育环境的作用，就像幼儿园的滑梯时刻吸引着孩子去运动。又如广场舞，在公园、小区、街头广场经常举行，形成了居民参与运动的刺激。最后，运动习惯的情境性也表现在特殊的场合、特殊的经历，例如一个人偶然参加了一次远足，一发不可收拾，坚持了许多年，认识了许多朋友，远足成为生活中的重要内容，也因为远足安排在周末，不得不放弃了以前周末打羽毛球的生活。村上春树曾经尝试苦战一百公里的超级马拉松，从清晨一直跑到傍晚。这样高强度的跑步，在一定情境中可以为之。对于运动习惯而言，这样的经历是可以拿来“谈”的谈资，也包含着酸甜苦辣的情绪体验在其中，更重要的是，可能因此更加热爱跑步。

（三）趣味性

运动本身具有愉悦感，运动可以带来短期和长期的积极情绪效应，有大量研究已经证实这一观点。而且运动之中这种积极的情绪体验具有直接的心理健康的效益。[①] 更进一步说，运动的积极情绪体验可增加运动参与者的主观幸福感。据一项 5 城市的 2 187 名 18～69 岁的居民调查[②]发现，63.74% 的居民体验到了运动愉快感，这部分居民大多是 2 人或 2 人以上结伴或集体进行体育锻炼，而且他们的运动量显著大于无运动愉快感的居民。有运动愉快感的居民的心境状态显著好于无运动愉快感的居民，并且他们的总体健康状况包括身体健康、心理健康、社会健康着状况，也显著好于无运动愉快感的居民，这说明运动愉快感是一种积极的情绪体验，是达到身心健康的一个重要的中间变量。

运动习惯包括认识身体锻炼的作用和特点，深切体会运动参与中的情绪体验，在完成习惯动作时，大脑皮层运动中枢非常兴奋、激动，体验到积极的运动情绪，甚至出现全身心的忘我状态、流畅体验，表现出愉悦性。这样的体验反过来会增强运动习惯的稳固。因此说，运动习惯所具有的体验性、愉悦性，可以极大地满足个人消遣、娱乐的需

---

① 王银春．论体育锻炼对心理健康的影响［J］．淮南职业技术学院学报，2009（1）：22－23.

② 徐波，孙延林，季浏，等．我国 18～69 岁城市居民运动愉快感的调查研究［J］．天津体育学院学报，2005（2）：14－16.

要，激发个人的运动兴趣。另有研究表明①，在不同水平和种类的体育游戏中流畅体验的产生是实现个体内在心理力量，满足不同游戏者愉悦体验获得的需要。体育游戏作为一种既能强身健体，又能增加积极心理体验的活动，游戏者之间有广泛的身心接触，可实现游戏中流畅体验的持续获得，反过来增加了体育游戏活动的趣味性和参与的积极性。村上春树在《当我谈跑步时，我谈些什么》中也分享了他在跑步中的快乐体验："跑步是我日常生活的支柱。只要跑步，我便感到快乐。积极地选择磨难，就是将人生的主动权握在自己手中。"②

（四）效用性

习惯的形成在人生历程的各个阶段都有不同的特点，大学生、中小学生、职工和老年人的运动习惯各有不同，主要是受到生理心理、生活实际诸多因素的影响造成的。个体自身的身体特点、心理需要不同，对身体锻炼的原理和方法的掌握不同，对自身的体质情况评价和期望不同，因而对于身体锻炼所带来的效用价值也不一样。例如老年人看重预防和治疗身体疾病的锻炼，有益于增强体质，延年益寿，获得乐趣等；大学生看重自身形象的塑造、自信的确认以及交往的需要；中年人参与运动更多地出于放松心情、释放工作压力、缓解紧张情绪的需要。研究表明，在一定程度上，运动对于个体认知功能特别是儿童和老人的认知功能，具有积极的激励作用。作家和艺术家在慢跑中获得灵感，也是常有的。例如村上春树长跑时，脑海里就反复出现这句话："痛楚难以避免，而磨难可以选择。"积极地选择磨难，就是将人生的主动权握在自己手中。他将这些年来在路上一面奔跑，一面思索的东西集结成书，诚实地书写跑步，诚实地书写人生，在诺贝尔文学奖的角逐中多次被提名。

（五）自觉性、主动性

毛泽东在《体育之研究》中提出，"身体坚实在于锻炼。锻炼在于自觉。""欲图体育之有效，非动其主观，促其对于体育之自觉不可。"③ 个体懂得身体锻炼的一般规律，也懂得自身的兴趣点，体验到身体锻炼的各种益处，从而经由选择性注意和选择性知觉，主动选择、自觉决策，改变还是重复，坚持还是放弃，进而在锻炼行为的选择性、坚持性方面有所体现，这些都表现出身体锻炼的主动性和自觉性特点。还是以村上春树为例，看看作家参加并成为运动习惯的跑步是怎样炼成的。村上春树在《当我谈跑步时，我谈些什么》中这样记载：

途中遇到几位慢跑健身者，男女人数大致相当。这些脚踏大地、气宇轩昂、疾速奔跑的跑步者，望去仿佛有一群夜盗在身后追赶他们似的。也有双眼半睁半闭、边跑边呼哧呼哧喘气、两肩无力地下垂、一看便知苦痛不堪的肥胖跑步者，也许是一周前刚刚检

---

① 张鸿，杜艳伟．体育游戏活动心理调适效应的内在机制研究［J］．绵阳师范学院学报，2012，31（11）：123－127.

② 村上春树．当我谈跑步时，我谈些什么［M］．施小炜，译．海口：南海出版公司，2015：7－10.

③ 王道俊，郭文安．教育学［M］．7版．北京：人民教育出版社，2016：351－352.

查出了糖尿病，主治医师竭力劝告他们每天坚持体育锻炼。而我大概居于两者之间。①

（六）重复性、省力性

首先，从生理机制来说，习惯是一种后天获得的趋于稳定的条件反射。习惯形成的原因，主要是由于一定的情景刺激与个体的某些动作，在大脑形成了暂时性神经联系。运动习惯是一种关于运动锻炼的固定的条件反射。在同样情境刺激的作用下，个体自然而然地进行同样的动作反应。其次，个体根据自身能力、运动条件和周围环境，自主地进行体育锻炼，一旦形成了体育锻炼的习惯之后，就“具有无意识性，甚至比技能更具有自动化的倾向”。再次，在锻炼的内容、方式、时间、地点的选择上，都具有不假思索的重复性特点。运动习惯定型后，无须更多的意志力来控制就能够自主地进行体育锻炼，表现为心理能量的节省性特点。村上春树在《当我谈跑步时，我谈些什么》中谈“跑得认真”的标准，其实运动习惯就是一个不断重复的过程：

自从今年五月末开始在马萨诸塞州的剑桥生活以来，跑步便再度成为我日常生活的一个支柱。我跑得相当认真。非要举出具体的数字加以说明，便意味着每星期跑六十公里，亦即说每周跑六天，每天跑十公里。本来每周七天、每天跑十公里最好，可是有的日子会下雨，有的日子因为工作太忙抽不出时间，还有觉得身子疲惫实在不想动步的时候，所以预先设定了一天“休息日”。于是乎，每周六十公里，一个月大约二百六十公里，于我而言，这个数字便大致成为“跑得认真”的标准。

六月一如这个计算标准，正好跑了二百六十公里。七月距离开始增长，跑了三百一十公里，每天不多不少十公里，连每周一次的“休息日”也不曾休息。当然，并不是说每天都一点不差地跑十公里，有时昨天跑了十五公里，那今天就只跑五公里得啦，平均起来是每天十公里罢了。而且依照慢跑速度，每跑一小时大致相当于十公里。在我来说，这个水平就是十分“认真”地跑了。来到夏威夷之后，也保持了这个一天十公里的节奏。接连不断地跑这么长的距离，是许久不曾有过的事情。②

（七）坚持性、稳定性

对身体锻炼的认识、情感、技能等，都比较明确、稳定，产生相对稳定的态度定势，渗透到生活领域，不自觉地演变成为个人内在的东西。因此，体育习惯与一个人对体育活动的需要有关，具有明确的指向性。关于持之以恒，村上春树在《当我谈跑步时，我谈些什么》中有这样的分享：

想跑快点就适当地加速，不过就算加速也为时甚短，只想将身体感受到的愉悦尽量维持到第二天。其要领与写长篇小说一般无二。在似乎可以写下去的地方，果断地停下笔来，这样第二天重新着手时便易于进入状态。欧内斯特·海明威好像也说过类似的话：持之以恒，不乱节奏。这对长期作业实在至为重要。一旦节奏得以设定，其余的问题便可以迎刃而解。然而要让惯性的轮子以一定的速度准确无误地旋转起来，对待持之以恒，

①② 村上春树. 当我谈跑步时，我谈些什么［M］. 施小炜，译. 海口：南海出版公司，2015：7－10.

何等小心翼翼也不为过。[①]

(八) 两极性

两极性指的是习惯的顽固和不能坚持的矛盾。一方面，习惯具有稳固性。当习惯定型后，要想改变他就十分困难。特别是坏习惯，例如烟酒、拖延、写错别字、错误的运动技能，很难改变。许多人意识到这样的习惯不好，会在这些不好的旧习惯中抱怨自己，同时重复着旧习惯。另一方面，习惯也具有波动性。所谓童言无忌，孩子大多有讲真话的习惯。但是在成长过程中，不知不觉地开始说谎言。说谎的习惯在工业、商业、网络、日常生活和交往中太多，大家习以为常了。运动习惯的形成过程中的稳固性和波动性也是一样，表现为两极的特点。在运动习惯形成的初期，习惯不稳定，易变化，当有其他新异刺激出现时，习惯易发生改变，表现为运动习惯的可塑性。例如部分中小学生的运动习惯是由于好奇、求新、好动、模仿、从众甚至逆反心理形成的，也可能是受到体育老师或家长的赞赏、默许，不知不觉地逐步形成的。后来更换了体育老师，周围新奇的事物也发生了改变，学生的运动项目和运动习惯也可能跟着改变，不像成年人那样稳定，这也给体育教育提出了挑战，要把良好运动习惯的养成作为体育教学的重要目标。对于成年人来说，好习惯与坏习惯不断斗争，不是好习惯代替坏习惯，就是坏习惯替代好习惯，而且会彼此相应，产生连锁反应。例如早睡的习惯有益于早起，早起的习惯有利于晨练。习惯熬夜的人很难早起，因而也很难有时间在晨间运动。常言道，生命在于运动。动静之间，一静不如一动。好的运动习惯意味着一种正确的价值观，表现在行为上是一种积极健康生活的常态。当你阅读村上春树的《当我谈跑步时，我谈些什么》时，你会认同这样的观念：当我们谈论跑步时，其实谈论的是一种生活方式和一种观念，他可以让人更好地应对生活，更好地去思考自己想要、需要和追逐的究竟是什么。

(九) 综合性

运动习惯是健康领域里一个跨学科的研究范畴，涉及公共卫生管理、行为科学、管理学的理论和方法；个体运动的动机、兴趣、习惯、交往、情绪体验、意志、人格特质、幸福感、认知风格等，属于心理学的范畴；健康教育和习惯养成有需要教育学、心理学的研究成果；体质监测、体育人口的动态监控、各年龄人群的健康管理、运动技能与运动方式指导、运动处方、运动康复技术，需要大量体育学、全民健身指导、运动医学的理论、技术和方法；影响健康的高风险环境和社会因素，需要社会学、人口学、休闲学等方面的理论和方法等。从政府管理的角度看，健康管理和健康教育是刻不容缓的民生工程，需要各级政府、各部门之间的通力配合。

三、运动习惯的分类

一般意义上的体育锻炼是身体充分活动的运动形式，实际上静坐灵修、安静默想、呼吸吐纳也是一种东方文化底蕴的锻炼，甚至不少人认为，书法练习也具有身体锻炼的

---

① 村上春树. 当我谈跑步时，我谈些什么［M］. 施小炜，译. 海口：南海出版公司，2015：7－10.

作用。

运动习惯按照不同的标准可以分为很多种。如何对运动习惯进行更为科学、更加简明实用的分类，以便更好地指导参与运动的人，是一个值得深入探索的问题。根据现有的研究成果和思考，归纳如下。

（一）按照代谢当量划分

体力活动泛指任何由骨骼肌收缩引起的，导致能量消耗增加的一切身体运动。体力活动包括工作相关的体力活动、家庭中的体力活动（做家务、照看小孩、园艺等）、交通中的体力活动（步行、骑自行车等）、闲暇时间的体力活动（包括参与各种体育运动，即为提高体质与健康水平而进行的体育锻炼等）。根据肌肉活动的代谢特点分为静力性（static）活动和动力性（dynamic）活动；根据肌肉活动的代谢特点分为有氧性（aerobic）活动和无氧性（anaerobic）活动等。健康锻炼（exercise）：特指那些有计划、有结构、重复性的旨在保持与改善人体健康水平的体力活动。规律性体力活动（regular physical activity）：特指每周从事中等强度和持续30分钟以上的体力活动，至少5次以上；或者大强度和持续20分钟以上的体力活动，至少3次以上，且以上体力活动状态持续3个月以上的体力活动状态。不活动（inactivity）：每周人强度累计活动时间不足20分钟或者中等强度累计活动时间不足30分钟的体力活动状态。缺乏活动（insufficient physical activity）：活动水平低于规律活动和大于无活动之间的体力活动状态。体适能（physical fitness）：特指人体从事体力活动的身体素质，依据其构成要素分为健康体适能和运动体适能。

按照代谢当量划分，一般认为2 MET以下属于低强度的运动（参照表4－1与表4－2）。

表4－1　常见身体活动的强度（MET）和千步当量数

活动项目	MET	千步当量数*	千步当量时间/分钟
家务活动			
整理床，站立	2.0	3.0	20
洗碗，熨烫衣物	2.3	3.9	15
收拾餐桌（走动），做饭或准备食物	2.5	4.5	13
擦窗户	2.8	5.4	11
手洗衣服	3.3	6.9	9
扫地、扫院子、拖地板、吸尘	3.5	7.5	8
步行			
3 km/h，慢速	2.5	4.5	13
4 km/h，下山	3.0	6.0	10
5 km/h，中速	3.5	7.5	8

续上表

活动项目	MET	千步当量数*	千步当量时间/分钟
5.5～6 km/h，快速	4.0	9.0	7
7 km/h，很快	4.5	10.5	6
5.5 km/h，上山	6.0	15.0	4
下楼	3.0	6.0	10
上楼	8.0	21.0	3
上下楼	4.5	10.5	6
单杠	5.0	12.0	5
俯卧撑	4.5	10.5	6
健身操（轻或中等强度）	4.5	10.5	6
轮滑旱冰	7.0	18.0	3
跑步			
走跑结合（慢跑成分不超过10分钟）	6.0	15.0	4
慢跑，一般	7.0	18.0	3
8 km/h，原地	8.0	21	3
9.6 km/h	10.0	27	2
跑，上楼	15.0	42.0	1
球类			
保龄球	3.0	6.0	10
高尔夫球	4.5	10.5	6
篮球，一般	6.0	15.0	4
篮球，比赛	7.0	18.0	3
排球，一般	3.0	6.0	10
排球，比赛	4.0	9.0	7
乒乓球	4.0	9.0	7
台球	2.5	4.5	13
网球，一般	5.0	12.0	5
网球，双打	6.0	15.0	4
网球，单打	8.0	21.0	3

续上表

活动项目	MET	千步当量数*	千步当量时间/分钟
羽毛球，一般	4.5	10.5	6
羽毛球，比赛	7.0	18.0	3
足球，一般	7.0	18.0	3
足球，比赛	10.0	27.0	2
太极拳	3.5	7.5	8
跳绳			
慢速	8.0	21	3
中速，一般	10.0	27	2
快速	12.0	33	2
舞蹈			
慢速	3.0	6.0	10
中速	4.5	10.5	6
快速	5.5	13.5	4
瑜伽	4.0	9.0	7
游泳			
踩水，中等用力，一般	4.0	9.0	7
爬泳（慢），自由泳，仰泳	8.0	21	3
蛙泳，一般速度	10.0	27.0	2
爬泳（快），蝶泳	11.0	30.0	2
自行车			
12～16km/h	4.0	9.0	7
16～19km/h	6.0	15.0	4

*千步当量数 MET：进行相应活动项目一小时相当的千步数．1 MET = 1 kcal/kg.

表 4－2　运动强度的判断

运动强度	相当于最大心率百分数/%	自觉疲劳程度（RPE）	代谢当量（MET）	相当于最大吸氧量（VO_2 max，%）
低强度	40～60	较轻	<3	<40
中强度	60～70	稍累	3～6	40～60

续上表

运动强度	相当于最大心率百分数/%	自觉疲劳程度(RPE)	代谢当量(MET)	相当于最大吸氧量(VO_2 max,%)
高强度	71~85	累	7~9	60~75
极高强度	>85	很累	10~11	>75

注：最大心率=220－年龄。MET：代谢当量。1 MET=1 kcal/kg. 引自《运动营养学》。

（二）按照运动时间划分

有人习惯于固定时间固定程序进行身体锻炼。例如坚持固定时间起床和固定方式的晨运，是稳定性很高的运动习惯。也有资深女性老中医的运动习惯是，晚饭后，固定在看新闻联播时，围绕茶几快步走半个小时，日复一日，获得良好的锻炼养生效果。

（三）按照运动动机划分

因为运动锻炼的动机不同，运动习惯的类别也会不一样。有人追求快乐体验，有人追求战胜困难的成就感，有人喜欢运动本身的乐趣，有人喜欢与人同乐的趣味，有人热衷于冒险挑战、新鲜刺激的户外运动。这些运动动机不同，也是出于不同需要的满足。例如登山运动是一种极限运动，同样参加登山运动，个人的动机也各有不同。参照下面一篇短文，可以看到运动习惯与动机的差异。

登山的动机

一个真实的故事。进入空气稀薄地带。5月10日星期五登顶。出发前，在珠峰大本营里，大家围坐着讨论，为什么登山？

为什么登山？山就在那里！Because it's there. 这是最有力的理由，不容反驳。不止一个人这么想、这么说、这么做。

康子说，她已经成功登上六座6 000米以上的山。这是第七座。顺理成章，应该登上第七座。康子成功登顶，激动不已，跪下祈祷。她从怀里拿出太阳旗，插在珠峰。并用日语对罗伯说“阿里阿多”。返回途中，冻死在一片宽阔之地。侧躺在地上的身影，蒙上白雪，高低起伏，好似一蹲石头，脸部犹似雕刻。

贝克说，“当我在家的时候，我感到一股沉重的阴郁，可一旦到了山上就感到无比轻松。”登山也许可以让妻子儿女对他刮目相看吧？也许在内心寻找一种非凡的体验，例如伴随着生死考验的心灵轻松感。他目睹了登山者的遗体，心怀不安。他在踏过两山之间的桥上，被雪崩惊吓，险些丧命，罗伯前去搭救了他。上山途中，眼疾复发，视力朦胧，他遵守与罗伯的约定等在路旁，后来随队员下山，与康子一起冻倒在半路的宽阔之处。第二天太阳出来的时候，他感到自己临近死亡，此时妻子儿女却出现在他的生命中。也许是亲人的呼唤，他醒来了，他发现康子死了。他摸索着站起来，缓缓走回营地，跟上了队友。在队友的帮助下，顺利回到大本营。他的妻子联系尼泊尔领事馆，当地军方用直升机接他回家。他活下来，他进入了自己的内心，尽管他在登山中失去了双手和鼻子。

道格说，为了那些孩子们。如果他们看到一个普通的人能够做到不可能的事情，可以激励他们勇敢追求心中的梦想。道格最后一个登顶，返回时间已经过了。但珠峰就在眼前，十几步的地方，怎能放弃？为了孩子们！队长罗伯理解他的心情心志，同意并陪他登顶。道格把学校的小旗子放在胸前照相、挂在珠峰的铁杆上。返回时发现道格的氧气用尽，无力行走，天色已晚，又有风暴。大本营让罗伯自己下山，他说不能把道格一个人扔在这里。这是一条人命啊。为了不拖累罗伯，道格在罗伯的背后，自己解开腰扣，随风下去了。"道格没了"，罗伯也没有氧气了，困在南侧凹处，过了一夜，冻坏了手脚，不能动。第二天，救援罗伯的队员遇风暴，不得不返回，放弃了救援。在妻子的爱与鼓励下，罗伯努力爬行了一段。电话里，传来越来越微弱的声音，"我对不起你。我爱你。"他给未出生的女儿起名萨拉。罗伯的遗体也留在珠峰。

这就是电影《绝命海拔》。再现了发生在1996年尼泊尔境内的珠峰山难，72小时，15人罹难。原著In to Thin Air（Jon Krakauer），获得普利策奖和美国国家书评奖。作者乔恩·克拉考尔是此次山难的幸存者之一，他是《户外》杂志特派记者。所以才有了大本营中关于为什么登山的讨论。

登山的人能够从内心深处领会登山的含义和意义。触摸极限之极限的意味，与自己殊死相连的精神世界。连死都不怕的热爱，算是真心热爱了。

据尼泊尔政府公布的数据，1953年人类首次登顶以来，共有4 400多人登顶，大约250人在攀登珠峰时遇难。

电影语言非常好，巨大坚固的山，世界之巅，白雪覆盖，庞然停靠在那里。山上行走的人，渺小无力，举步维艰，与自己的心争斗，在自己内在的高山攀登，直到付出生命代价，与夺命高山长相厮守。诗云：青山处处埋忠骨。

注：原型人物介绍，参考阅读《绝命海拔》里遇难者与生还者全介绍，格瓦拉生活网微信公众号。

（四）根据活动性质划分

由肌肉活动引起的、导致能量消耗增加的任何形式的身体运动，根据活动性质的不同，通常将其分为休闲性、职业性、交通性和家务活动四个主要类型。相应的运动习惯也可以划分为四种：娱乐、闲暇、放松的运动习惯，可以是户外运动，也可以是场地运动或室内运动；课间、工间操、职业运动训练；上下班步行、跑步、骑车的运动习惯；家务清洁卫生也是一种身体活动，天长日久维持下来，有运动习惯的锻炼效果。

（五）根据运动方式划分

有人喜欢单独运动，跑步、步行、徒步时不要团队，方便运动的时候独立思考与内心进行沟通。有人喜欢团队运动，为了交往和更多快乐。哪一种方式更有利于坚持，主要取决于个人因素。

四、运动习惯的社会意义

运动习惯不单是个人喜好和生活方式，也是一种社会文化心理的体现，更重要的是，从不同国家、不同民族、不同年龄人群的视角不难发现，运动习惯极大地影响着一个国家的人口数量和质量。缺乏运动是一项影响到世界所有地区人民的主要公共健康问题。[①]世界许多国家都制定了相应公共政策来促进国民健身运动，利国利民，功在当代，利在千秋。我国于1995年颁布实施《全民健身计划纲要》。[②] 与运动参与相比，运动坚持更难。2001年，中国群众体育现状调查报告指出，我国大多数人口，进入青年时期就中断体育活动的现象依然存在，并出现逐渐加剧的趋势。[③] 研究指出，由于学校体育没有形成学生自觉锻炼的习惯和终身体育意识，在体育课结束后，大多数学生退出了体育锻炼，身体素质急速下滑，[④] 体育课程期间的效果没有得到可持续发展。[⑤] 由于锻炼参与者退出锻炼的现象日益突出，锻炼行为的坚持和退出在西方发达国家已经成为锻炼行为研究领域的前沿。

（一）缺乏身体活动已成为全球性的公共卫生问题

身体活动系指由骨骼肌肉产生的需要消耗能量的任何身体动作。有规律地从事诸如步行、骑自行车或跳舞等身体活动对健康大有裨益。可降低心血管疾病、糖尿病和骨质疏松的风险，有助于控制体重，并促进心理健康。人们应每天从事至少30分钟中等强度的身体活动。如果需要控制体重，可能需要加大活动量。[⑥]

20世纪60—70年代，芬兰冠心病、心血管疾病死亡率非常高，特别是男性，调查发现风险因素在于抽烟、酗酒、运动不足和膳食偏好。[⑦] 1972年，北卡累利阿省干预项目开始实施。芬兰政府采取了一系列的调研和干预措施，1972—1997年该省25~64岁男性心血管疾病、冠心病、肺癌死亡率分别下降了68%、73%、71%，男性和女性的期望寿命分别增长了约7年和6年。2015年芬兰人均期望寿命男女分别为78岁、84岁。1997年北卡健康管理项目在芬兰全国推广。芬兰北卡项目取得了显著的效果，世界卫生组织对芬兰的经验与启示加以推广。1969—2001年，芬兰心血管疾病死亡率下降了66%。[⑧]芬兰健康管理模式的重要特点是发挥社区卫生服务的作用，通过改变人群生活习惯、发挥基层社区卫生服务组织的预防功能，成立了包括大量社区代表在内的各个工作小组（如健康教育，吸烟、营养）。2010—2011年芬兰在面对癌症防治项目中，同样看到生活

---

① 葛萌. 2002年世界健康日信息通报［J］. 体育科研，2003，24（4）：7.

② 国务院. 全民健身计划纲要［EB/OL］.（2004-03-19）. http://www.sport.org.cn/ziliaochaxun/zhongyao/2004-03-19/122160.html.

③ 国家体育总局. 2001年中国群众体育现状调查结果报告［EB/OL］.（2003-12-28）. http://www.sport.org.cn/ziliaochaxun/qunti/2003-12-28/122183.html.

④ 严春辉，陈善平. 体育课成绩与大学生身体素质变化的相关分析［J］. 首都体育学院学报，2005，17（3）：118-120.

⑤ 王成，孙蔚，陈善平. 大学生身体素质的发展趋势［J］. 北京体育大学学报，2005，28（10）：1 378-1 379.

⑥ 世界卫生组织. 身体活动［EB/OL］. http：//www.who.int/topics/physical_activity/zh/.

⑦ 郇建立. 慢性病的社区干预：芬兰北卡项目的经验与启示［J］. 中国卫生政策研究，2016（7）. 蔡晓露，梁栋. 芬兰慢性病社区防治模式对我国的借鉴和启示［J］. 福建医科大学学报（社会科学版），2014（3）.

⑧ 金彩红. 芬兰健康管理模式的经验［J］. 中国卫生资源，2007，10（6）：312-313.

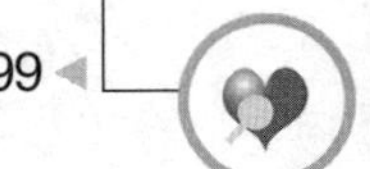

方式的重要，特别是身体活动缺乏的问题。由于饮食习惯不健康、获得的健康食品有限及缺乏充足锻炼导致芬兰儿童期肥胖症流行，国家决定利用学校来改善学生的健康状态。如表4－3所示，芬兰成人中健康的危险因素在于吸烟率23.7%、缺乏身体活动26.2%、肥胖症22.8%。而三者之间是互相影响的，身体运动有利于控烟、改善肥胖。

表4－3　成人危险因素[①]

	男性	女性	平均
现在吸烟率（2011）	27.3%	20.4%	23.7%
人均酒精消费量折合为纯酒精总升数（2010）	17.5%	7.3%	12.3%
缺乏身体活动（2010）	24.2%	28.1%	26.2%
肥胖症（2014）	23.4%	22.2%	22.8%
家庭使用固体燃料（2012）	—	—	0.0%

世界卫生组织认为，缺乏身体活动已成为全球性的公共卫生问题。“加强身体活动不只是个人的问题，而且是个社会性的问题。”

（二）缺乏身体活动是慢性病高发的独立高危因素

世界卫生组织特别强调以下事实：世界上有三分之二的死亡缘于非传染性疾病，三分之一以上的成年男性吸烟，四分之一的男性存在血压升高情况，全世界15%的妇女存在肥胖情况，《2016年世界卫生统计》提到，有1 000多万人在70岁之前死于心血管病和癌症，有11亿人吸烟。可见吸烟、不良饮食习惯、缺乏体育锻炼等“影响健康的危险因素和行为”[②]，是导致人口平均寿命降低的不可忽视的因素，也是导致各种慢性病、老年痴呆症的原因之一。《2015年世界卫生统计报告》显示194个国家和地区的平均寿命，从最长83.4岁到最短42岁，相差一个倍数。这其中有经济、政治、医疗条件方面的差异，例如疾病导致的疾患和死亡、卫生服务和治疗、卫生方面的资金投资，更重要的是，事实上缺乏身体活动是慢性病的一种独立高危因素，被认为是全球第四大死亡风险因素，占全球死亡人数的6%。据统计，身体不活动是造成21%～25%的乳腺癌和结肠癌、27%的糖尿病和30%的缺血性心脏病负担的主要原因。世界可持续发展目标包括“确保健康生活，促进全人类福祉”这一项广泛卫生目标，并呼吁实现全民健康覆盖。[③]

第四章　运动习惯与健康

① 世界卫生组织. 世界卫生组织2014年癌症国家概况芬兰［EB/OL］. http：//www. who. int/cancer/country－profiles/fin_zh. pdf?ua＝1.

② 世界卫生组织. 《世界卫生统计》报告194个国家的全球卫生目标［EB/OL］ http：//who. int/mediacentre/news/releases/2015/world－health－statistics－2015/zh/.

③ 世界卫生组织. 自2000年以来期望寿命已延长5岁，但健康不平等状况依旧［EB/OL］. http：//www. who. int/mediacentre/news/releases/2016/health－inequalities－persist/zh/.

（三）缺乏身体运动是我国国民体质问题凸显的重要原因

（1）我国慢性病高发、蔓延、年轻化趋势。

我国主要慢性病流行情况令人担忧。以高血压、脑卒中、冠心病、癌症、糖尿病、慢性阻塞性肺疾病、痛风、精神性疾病、意外伤害为最。

世界卫生组织统计，1980 年糖尿病患者人数为 1.08 亿人，占人口的 4.7%。2014 年，全球有 4.22 亿人口患有糖尿病，占人口的 8.5%。比 1980 年增加了三倍。大多数生活在发展中国家。导致这一疾病患病率激增的因素包括超重和肥胖症。2014 年，18 岁以上成年人，每三人即有一人以上超重，每十人即有一人以上肥胖。男性糖尿病患病率稳步上升，2014 年已达到 10.5%，其中体重超重占 37.2%，肥胖症占 6.2%，缺乏身体活动占 22.2%。在国家干预措施中，已经制定旨在提高身体活动的全民健身计划等战略计划，但缺乏旨在减少体重超重和肥胖的战略行动计划。如图 4－1 和表 4－4、表 4－5 所示。

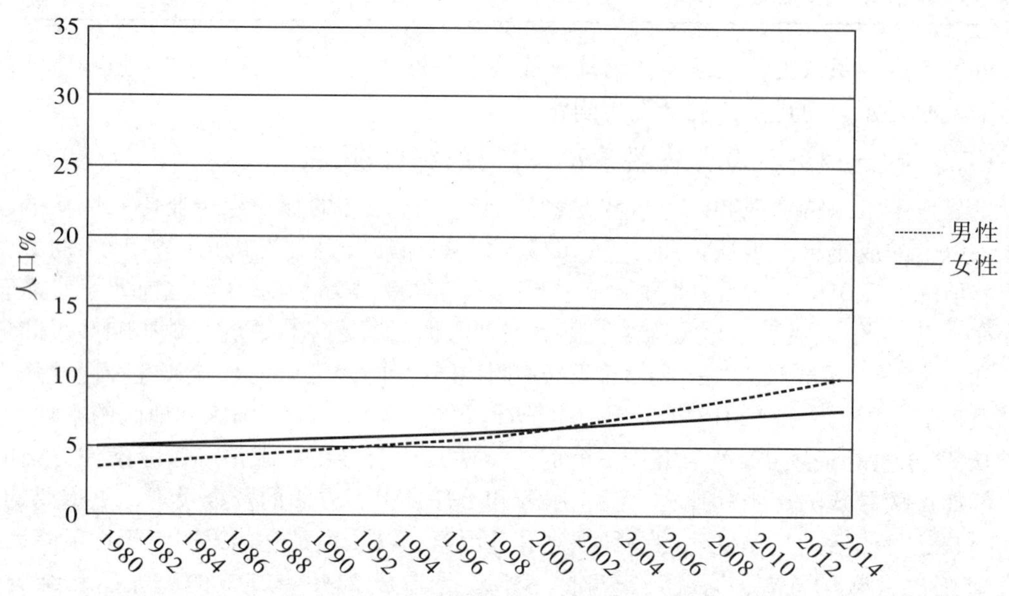

图 4－1　中国糖尿病年龄标化流行趋势

表 4－4　中国糖尿病流行率以及相关风险因素的流行情况

项目	男性	女性	平均
糖尿病	10.5%	8.3%	9.4%
超重	37.2%	33.6%	35.4%
肥胖症	6.2%	8.5%	7.3%
缺乏身体活动	22.2%	25.4%	23.8%

表4－5　国家应对糖尿病的政策、指南和监测①

已实施糖尿病防治政策、战略或行动计划	是
已实施减少超重/肥胖的政策、战略或行动计划	否
已实施旨在减少身体活动不足的政策、战略或行动计划	是
国家糖尿病循证准则、规程或标准	有，已充分实施
将病人从初级保健机构向更高级保健机构转诊的标准	有，仅部分实施
糖尿病登记	是
国家最近开展的包括检测血糖水平的风险因素调查	是

糖尿病是一组以慢性血糖水平升高为特征的代谢性疾病。人口老龄化、城镇化进程加速、运动不足、肥胖症攀升，构成了糖尿病患者持续加速增长的风险因素。研究人员还发现，中国人饮食习惯的改变和身体活动减少，导致与肥胖相关疾病提前出现。预计有40%的18～29岁的青年人为糖尿病潜在人群，这些人罹患中风、心脏病和肾功能衰竭的风险增加。据全球糖尿病流行病学调查报告称，糖尿病患者人数将由2000年的1.71亿增加到3.66亿。

从公共卫生管理的角度看，不能坚持规律运动的人数越多，社会公共医疗卫生不达标的问题也就越多。无论是发达国家还是发展中国家的统计发现，老龄化比例、人均期望寿命、体质指数超重与肥胖、人口发病率和病死率，各项指标的风险因素不再是传染病为主，而是指向慢性病高发的趋势蔓延。慢性病的疗程长，费用大，失能多，不仅减低个体生活质量和幸福感，也给家庭经济、看护、护理带来难题，同时极大地增加了社会医疗卫生的成本和管理压力，甚至给国家带来灾难。总体上说，制约了人口质量。运动习惯真的能解决关乎全社会的健康难题吗？

（2）我国成年男性体质超重和肥胖偏高，力量、耐力素质偏低。

（3）我国青少年体质力量素质、肥胖、近视问题突出。

（4）我国老年人健康状况不容乐观。反应慢、摔倒、失能，较为普遍。慢性病患病率七成以上。

（5）缺乏身体运动是我国职工过劳死的重要原因。

（四）运动习惯的养成是健康管理的策略之一

健康管理是一个庞大的系统工程。在生物社会心理模式下，关于健康管理的四大策略是合理膳食、戒烟限酒、适量运动、心理平衡。②

成人有规律和适当水平的身体活动，可减少高血压、冠心病、中风、糖尿病、乳腺癌和结肠癌、抑郁症以及跌倒的风险；可改善骨骼和功能性健康；是能量消耗的一个关

① 世界卫生组织. 2016年糖尿病国家概况：中国［EB/OL］. http://www.who.int/diabetes/country-profiles/chn_zh.pdf.

② 田惠光，张建宁. 健康管理与慢病防控［M］. 北京：人民卫生出版社，2015.

键决定因素，因此对能量平衡和体重控制具有根本性的作用。① 从个人、家庭和社会的角度看，良好的运动习惯有益于增强体质，延长寿命，增强生命活力、生育能力和生活质量，同时提高心理健康水平和主观幸福感。从国家观念和长远利益看，良好的运动习惯有利于国民健康水平的提高，一方面有利于公共医疗费用的节约，极大地减少慢性病的发病率和死亡率，可以说是最经济的健康投入；另一方面有利于提高人口素质，促进良好社会风气和体育文化的形成，对于社会进步和青少年教育都具有不可低估的作用。

第三节 运动习惯的形成

运动习惯的形成过程与机制是锻炼心理学、体育心理学研究的一个重大理论问题，涉及运动行为的理论模型、运动参与的动机、运动坚持的原因及其影响因素，也涉及个体的自我意识和人格特点。特别需要回答的问题是：关于运动习惯形成的过程与阶段具有哪些规律，运动习惯形成受哪些因素的影响，运动习惯形成的神经生理机制和心理机制如何。对于锻炼行为以及锻炼坚持性的研究，很大程度上解答了运动习惯形成的一些规律。根据相关学科已经取得的研究成果，理清其内在的逻辑顺序，结合新近研究，归纳如下。

一、运动习惯的形成阶段及其特点

有研究表明，锻炼习惯是否形成，关键在于锻炼行为、思维模式、锻炼效应三个方面。如图 4－2 所示。②

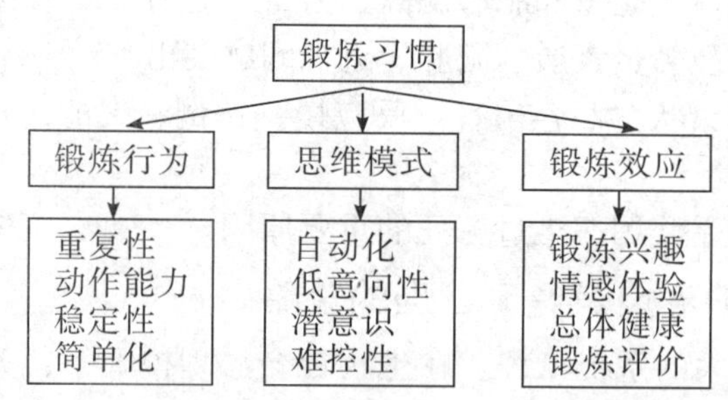

图 4－2　体育锻炼概念模型

从运动习惯形成的规律来看，是一个不间断的运动技能熟练化、习惯自动化的形成过程，有研究认为具有以下五个共同特点。③ 第一，由外到内，由表及里。形成习惯的初

① 世界卫生组织．身体活动［EB/OL］．http：//www.who.int/dietphysicalactivity/pa/zh/.

② 王坤，季浏．青少年体育锻炼习惯的概念模型建构［J］．体育学刊，2013（5）：93－96.

③ 解毅飞，房宜军，王洪妮．体育锻炼习惯研究概况及展望［J］．山东体育科技，2004，26（1）.

期，以视觉、听觉等外部感觉反馈为主。随着动作的自动化程度提高，以肌肉或关节提供的动觉反馈为主。概括为运动习惯的形成是由外部支配到内部控制的过程。第二，由简到繁，由易到难。从具体的、简单易行的习惯开始，涉及自身抽象认识、运动水平以及与自身能力相关的习惯，需要提供相应条件后才渐渐形成。运动习惯的形成是由简单到繁杂、由容易到困难的过程。第三，由大到小，由强到弱。就体能消耗和意识对习惯的控制作用而言，习惯形成的初期，由于动作紧张、吃力、能量动员多，多余动作和错误动作较多，到习惯成自然，动作方式和运动方式都达到自动化时，体能消耗和意识的调控作用会逐渐变弱，有时意识的调控作用消失。第四，由模糊到清晰，由片面到全面。运动习惯的形成是由初期的模糊、片面认识到后期的清晰、全面认知的动态发展过程。在习惯形成的最初时期，对运动参与的认知可能是模糊的，动机可能都是外部的，例如别人邀请或提醒参与活动等，只有坚持一定时期，才会真正养成习惯，对运动参与的动机和行为有全面、明朗、清晰的确认和热爱，并在行为中表现为运动坚持。第五，由波动到稳定，由摇摆到镇定。只有习惯养成后，才会以相对稳定的方式表现出来，运动项目的选择、动作技能的准确性以及运动参与的时间地点人员相对固定下来，成为稳定的行为模式。

从锻炼心理学角度看，运动习惯的形成不是一蹴而就的，经历形成的过程，可以划分为不同的阶段，每个阶段具有不同的特点，相应地具有不同的成因。国内外学者从不同的角度研究认为，运动习惯的形成由四至五个阶段组成。

（一）从心理活动过程划分，运动习惯的形成分为五个阶段

这五个阶段分别是吸引—活动意向的形成—锻炼欲求的产生—动机的确定—锻炼习惯的形成。运动习惯的形成，源于良好动机的建立，动机源于对身体活动的需要，需要源于对身体活动和体育锻炼的认识。

（1）吸引阶段。“吸引”是指对体育不仅不排斥，反而具有一定的积极取向，倾向于参与运动。这样的倾向性促使人产生愿意接触、了解的动机，例如愿意观看体育比赛、欣赏体育节目的动机。

（2）活动意向的形成阶段。“活动意向”是指在“吸引”的基础上，对体育所产生的跃跃欲试的一种心理状态，但往往“羞于”行动而成为停留在脑中的意向。

（3）锻炼欲求的产生阶段。“锻炼欲求”则具有强烈的活动意向，并在某些具体需要推动下，能够主动从事身体锻炼，但锻炼不够正常化。

（4）动机的确定阶段。“动机的确定”是在需要和兴趣基础上产生的身体锻炼动机，把身体锻炼同个人健康、事业联系在一起，并成为一种信念，具有深厚的基础和动力，推动人积极从事身体锻炼。这一阶段，个体经过了认真思考，并理解身体锻炼的价值及其所具有的效果，明确了个人通过锻炼期望达到的目标，懂得了身体锻炼的一般规律，掌握了身体锻炼的原则和方法，能准确地评价和判断自我体质情况，且具备了良好、比较稳定的身体锻炼自觉性。

（5）运动习惯的形成阶段。在动机确定的基础上，依靠内驱力的力量来调节自己的行为，

定时、定量、科学地进行身体锻炼，且经过多次重复，成为日常生活中的重要内容。[①]

（二）从锻炼行为变化的角度，将运动习惯的形成阶段划分为四个阶段

这四个阶段经历了动机变化—行为变化—习惯变化的过程。如图 4－3 所示[②]。

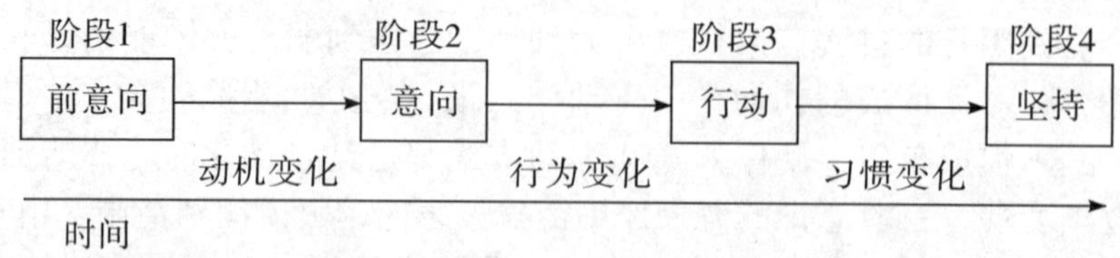

图 4－3　锻炼行为变化角度下运动习惯形成的四个阶段

（1）前意向阶段是指人们尚未意识到自己行为的问题，在可预见的未来还没有想要采取行动的阶段。

（2）意向阶段是指人们在未来 6 个月想要有所改变的阶段。

（3）行动阶段是指人们在过去的 6 个月内在生活方式上已经有了显著的改变，但是行为改变仍然是新的、尚未稳定的变化。

（4）坚持阶段是指人们的行为改变至少持续了 6 个月以上的时间，行为变化已经变成一种习惯。

根据跨理论模型的划分，锻炼行为经历了五个阶段，即：前思考期—思考期—准备期—行动期—维持期。后文详述。

（三）根据国外对锻炼行为的研究，运动习惯的形成阶段可以划分为四个阶段

这四个阶段是久坐不动阶段—运动参与阶段—保持运动阶段/退出运动阶段—重新运动阶段，[③] 称之为锻炼的自然史结构模型，如图 4－4 所示。

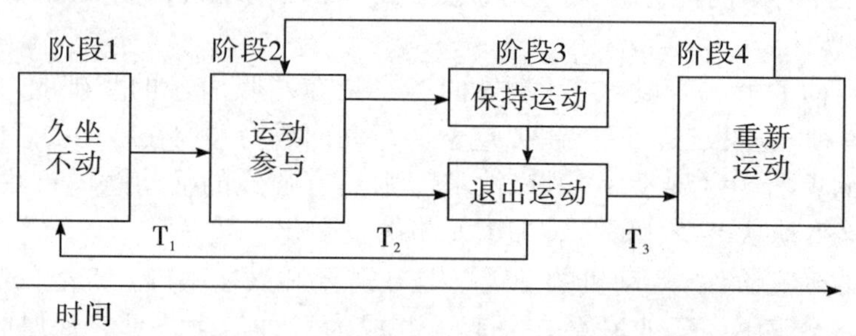

图 4－4　体育锻炼中的四个主要阶段，T1、T2、T3 表示过渡阶段[④]

---

① 颜军．体育锻炼习惯形成的心理学思考［J］．上海体育学院学报，1995，19（2）．

② 胡泯，陈善平，张中江，等．不同锻炼行为阶段锻炼效果认知的比较［J］．首都体育学院学报，2010，22（2）．

③④ 考克斯．运动心理学［M］．7 版．王树明，译．上海：上海人民出版社，2015．

1. 久坐不动阶段

久坐行为的定义是“大部分时间都坐着或躺着的行为，如看电视、用电脑、社交（坐着谈话）、乘坐轿车或公共交通工具、阅读、在学校坐着上课。”[①] 这样的定义有利于帮助我们理解，减少久坐行为与增多体育运动是不同的。实际上，哪怕是低轻度的身体活动也是值得鼓励的，中等强度的体育运动或高强度的体育运动，更加要提倡，他们都可以减少久坐时间。

锻炼带来的好处如此之多，但仍然有很多人拒绝有规律的体育锻炼。据1992—2001年研究报道，美国只有8%～20%的人参加有规律的体育锻炼；30%～59%的人习惯久坐的生活方式。[②] 不从事体育锻炼的理由有哪些呢？他们通常所提出的理由是：“没时间”“没精力”“没动力”。[③]

美国一项对“不从事体育锻炼的理由”调查（$N=2\ 200$，18～78岁）结果显示：不运动的原因与年龄和性别有关。老年人（60～78岁）不运动的原因多与健康相关，例如健康状况差，受伤或残疾，也有比年轻人更多的内部原因，例如不喜欢运动。女性比男性更多内在原因是缺乏自律。青少年不参与运动的原因还包括父母不支持、以前不怎么运动、兄弟姐妹不运动等。

根据47项调查研究的分析显示，美国人不运动的主要原因在于：[④]

（1）健康问题：身体局限、受伤、健康状况差、疼痛、悲伤、心理问题。

（2）不方便：缺少运动场所、运动场所太拥挤、缺少交通工具、主要做其他事。

（3）缺乏动力和精力：懒惰、动机不明、认为运动消耗太多体力。

（4）缺乏社会支持：没有运动伙伴、配偶不支持。

（5）没有时间。

（6）资金不足。

所谓不参与体育运动的困难很多，其中最大的困难是个人原因，特别是个人可控制的因素，阻碍了个体的运动参与。具体调查结果和数据材料如下：[⑤]

主要的困难在于个人因素：69%没有时间、59%没有精力、52%没有动机。可以发现，在所有阻碍体育锻炼的因素中，很多都是个人可控制的因素，与个体的态度和价值取向有关。很多人以没有时间、精力为借口，不参与对身心有益的体育锻炼，却花费相同的或者更多的时间来做与健康无益的事情。锻炼需要花很多时间吗？每周总共才3～4小时的锻炼时间，比花在看电视上的时间要少得多。依照三分时间的方法，一个人全部清醒时间约三分之二，每周3～4小时的锻炼时间不足清醒时间的4%。但有人可能认为：“我的健康状况很好，没有必要锻炼。”真是如此吗？

次要困难在于：37%费用太高、36%生病/受伤、30%没有邻近的设施、29%觉得不舒服、29%缺乏技术、26%害怕受伤。其中只有“邻近的设施”属于环境因素，其他几项都属于个人因素。专家提示，花费太大也许是借口。事实上，很多形式的体育锻炼几

①③④⑤ WEINBERG R S，COOLD D. 体育与训练心理学［M］. 6版. 谢军，梁自明，译. 北京：中国轻工业出版社，2016.

② 考克斯. 运动心理学［M］. 7版. 王树明，译. 上海：上海人民出版社，2015.

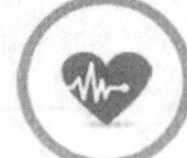

乎不需要任何物质条件，只要有适当的身体条件就行。

再次要的困难在于：24%没有安全的运动场所、23%没有人照顾小孩、21%缺少同伴、20%锻炼安排不足、18%缺乏支持、17%交通不便。这些情况基本上都是环境因素。有人会觉得运动场太远不方便。有经验的锻炼者会如何反驳呢？难道都是借口吗？事实上，锻炼可以在许多不同的地方、不同的时间进行，大可因地制宜、因人而异。

2. 运动参与阶段（T_1）

关于锻炼参与的前因研究比较多。开始参与运动的原因有哪些呢？美国运动心理学专家认为：①

（1）控制体重。

美国社会重视健康，很多美国人希望保持良好的体型，但是美国人口整体肥胖，青少年肥胖备受关注。1991 年美国成年人的肥胖率在 12%，2000 年为 19.8%，2005 年 66%的美国人体重超标或肥胖，其中 18～29 岁体重超标者有 44%，46～64 岁体重超标者有 77%。2000—2005 年美国肥胖人群增加了 24%，超级肥胖人群增加了 75%。2013 年三分之二的美国人体重超标，三分之一的美国成人肥胖。② 运动与节食都有减肥、控制体重的功用，所不同的是，节食并不是一件令人愉快的事情，而运动能给人带来改善体型体貌、增强肌肉紧实度等功效的同时，也带给人快乐。

（2）降低心血管疾病发作的风险。

许多研究证实，有规律的运动可以预防或缓解高血压、减低心血管疾病的死亡风险，是运动最显著的益处。

（3）缓解压力和抑郁。

经常运动和心理幸福感、心理健康的改善密切相关。运动可以缓解当今社会急剧增加的焦虑和抑郁。对 49 项研究的综述证实，运动缓解焦虑的效果比其他方式更为显著。

（4）乐趣。

人们开始参与运动计划是出于控制体重、增进健康的考虑，一旦体验到运动本身的乐趣、满足感、幸福感，人们通常能坚持运动。一开始没能体验到运动乐趣的人，必须有特定的内在动机，才能长久地坚持运动。

（5）改善自尊。

在运动中取得前所未有的成就，会有满足感。老年人期望在运动中实现健康、独立的自我，会增加运动行为。经常运动的人对自己的相貌更有信心。自我价值感是一个人长期坚持运动的重要指征。

（6）社交机会。

开始运动的原因之一是与他人在一起、社交。90%的运动者希望与一个伙伴或群体一起运动，而非独自运动。研究证实，经常散步的群体，来自群体的亲近感和友情的运动动力，大于使用计步器带来的运动动力。

美国运动心理学家考克斯总结，什么因素使个体从习惯久坐的生活方式转变为有规

---

①② WEINBERG R S，COOLD D. 体育与训练心理学［M］. 6 版. 谢军，梁自明，译. 北京：中国轻工业出版社，2016.

律地参加体育锻炼？包括五个方面：[①]

（1）相信自己能从锻炼项目中取得成功，锻炼自我效能。

（2）知道构成健康生活方式的要素，知道有规律锻炼的重要性和价值。

（3）认为通过参与体育锻炼是自己有高度自制力。

（4）有正确的态度对待有规律的体育锻炼的意义和价值。对孩子而言，父母的态度、信念和对体育锻炼的支持，既可能成为他们接受积极生活方式的有利决定因素，也可能成为重要障碍。父母让孩子看电视、玩电动游戏和其他的久坐活动，以及与兄弟姐妹朋友玩乐，会削弱孩子原本积极参与体育锻炼的意愿。

（5）参加锻炼之前自己没有超重或过度肥胖。

3. 运动坚持或运动退出阶段（T_2）

研究显示，当久坐人群克服惰性开始运动的时候，很多人发现开始运动比坚持运动容易。大约50%的参与者在6个月内退出运动计划，也就是从参与运动的6个月内运动参与率急剧下降，从100%下降到50%以下。6个月后，运动参与率基本保持平稳，6～18个月的运动参与率稳定在接近50%。究竟是什么原因呢？美国专家给出的答案如下：[②]

（1）运动方案通常完全根据身体数据制订，未考虑人们目前的运动心理准备程度。

（2）大部分运动方案限制性过强，不利于增强长期运动的动机。

（3）对很多人（尤其是初学者）来说，根据强度、时长和频率制定的严格运动方案挑战性太强。

（4）传统运动方案未能提升个人责任感或者促使参与者长期改变个人行为。

从参与运动到保持运动阶段，涉及锻炼坚持的许多条件。考克斯归纳影响锻炼坚持的因素包括：[③]

（1）有可用的时间。

（2）掌握一定的运动技能。

（3）有锻炼场所和设备，包括社区有运动设施、家里有跑步机等运动装备。研究显示，将跑步机放在肥胖女性的家里，设施可获得增加坚持锻炼的可能性。

（4）锻炼自我效能在开始参与运动和坚持运动的阶段都是一个极其重要的因素。那些相信自己能在有规律的锻炼中获得成功的人最后获得了成功。

（5）团体凝聚力，在团体锻炼项目中，参与团队的锻炼更能持久，团体凝聚力的增强有助于坚持锻炼。

（6）患心脏病的风险高，大多数研究支持患心脏疾病的危险性等因素与体育锻炼呈负相关。不适宜继续坚持运动，或者因运动强度必须降低、效应降低、乐趣也降低，最终导致放弃运动习惯或改变习惯；也有研究发现，那些不相信自己有健康问题或者认为自己心血管问题是由身体运动而引发的个体，更容易退出运动；相反，相信自己有健康

①③ 考克斯. 运动心理学［M］. 7版. 王树明，译. 上海：上海人民出版社，2015.

② WEINBERG R S, COOLD D. 体育与训练心理学［M］. 6版. 谢军，梁自明，译. 北京：中国轻工业出版社，2016.

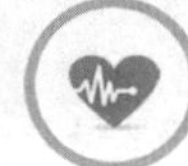

问题的个体则更倾向于坚持运动。

（7）内部动机，例如内心喜爱、感兴趣、擅长的体育活动，会自觉坚持。许多研究证实，没有比内在动机更能吸引个体坚持锻炼。以知觉能力、自动化和相关性表现的心理需求满意度，对于运动坚持的内部动机相当重要，而目的在于减肥、改善外形、塑身的锻炼计划，则难以保持长时间。

（8）社会支持，父母、兄弟姐妹和朋友等一些重要他人是强大的影响力量。父母的态度、信念和对体育锻炼的支持，可能成为孩子接受积极生活方式的有力决定因素。

（9）个人对于健康的看法体现一个人的健康价值观，例如相信生命在于运动、运动有助于抵御疾病、运动有助于提高生命质量、运动有助于延年益寿、运动可以增加愉悦体验以及愉悦的体验带来身心健康等。

（10）锻炼的多样性、频率和强度有助于继续锻炼。改变锻炼方式使之不枯燥，增加一周锻炼的频率，维持在中等锻炼强度，可以提高原来久坐不动者的锻炼坚持水平。研究证实，锻炼史也是一个重要的条件。过去锻炼强度较高的锻炼者比从事中等强度的锻炼者更具有锻炼坚持性。

（11）自我效能感、愉悦流畅体验、身体形象以及自我调节，都会在参与运动的前因和长期坚持运动之间起调节作用。关于身体形象，涉及社会体格焦虑。

有的人坚持锻炼，有的人新加入锻炼团队，也有人不断地退出锻炼。有统计显示，约有半数的运动参与者选择在半年后退出。锻炼参与者退出锻炼的现象日益突出，锻炼行为的坚持和退出在西方发达国家已经成为锻炼行为研究领域的前沿。究竟是什么因素促使人们放弃体育锻炼呢？人们退出体育锻炼的原因是多方面的。

考克斯认为，锻炼退出的决定因素包括：[①] 以体力劳动为主的蓝领工人；超重或肥胖；体育锻炼导致情绪障碍；体育锻炼导致身体不适；抽烟者；社会体格焦虑（较年轻的肥胖女性更容易退出锻炼计划）等。

一项调查研究表明，许多人认为锻炼时间过长，影响了工作和家务、家庭成员需要照顾、锻炼缺乏乐趣、去健身中心太费时间和金钱等原因是自己退出体育锻炼的原因。许多退出者认为按时参加锻炼，并坚持到锻炼计划结束是很困难的。退出锻炼者表示，班级授课的锻炼形式很不方便，需要花费太多的时间，而且锻炼方案干扰他们的工作。在这些人中，有些人可能反映的是真实情况，但另一些人则可能是借口。此外，研究发现，大多数退出体育锻炼的人在锻炼初期都有 2 ~4 个基本目标，他们希望通过锻炼达到预期的结果。一旦锻炼者发现锻炼没有帮助他们达到预期的目标，他们就有可能退出锻炼。因此，专家认为，为每个人正确设置目标，并帮助他们实现这些目标对于减少锻炼退出率来说具有十分重要的意义。

青少年退出运动的原因有哪些呢？很多人以为青少年兴趣改变、不再感到有趣、不能提高技能或者不能学到新的技能、缺少身体活力、缺少刺激与兴奋、无法交到朋友、有其他的事情要做等外部原因。研究表明，青少年退出体育运动除了这些外在的原因，

① 考克斯．运动心理学［M］．7 版．王树明，译．上海：上海人民出版社，2015.

也有深层的心理原因，例如过分强调比赛、胜负而忧心忡忡。[①] 还有一个重要原因可能是由于年龄和社会文化的影响。当处于儿童早期时，他们有很多机会被组织起来进行体育锻炼，例如上体育课。随着年龄的增长，学业压力、兴趣转移、体育课成为选修课等原因都可能导致体育锻炼坚持性的降低。而对于女生来说，随着年龄的增长，她们会接受一些社会习俗的常规教育，认为激烈的体育活动与女性的特点不相符合，因此，这种观念可能会导致女生参与体育活动的概率减少。

4. 重新参与运动阶段 T_3

根据锻炼的自然史结构模型[②]（见图4－4），从久坐不动—运动参与—保持运动或退出运动—重新开始运动的转变，有几个重要的问题值得关注：是什么原因激发个体参与体育运动？又是什么动力支持个体的运动坚持？一些中途放弃、退出运动的个体，又是什么力量推动他们在失败一次又一次之后，还能再次努力重新参与呢？实际上这一部分的研究比较少，还缺乏具体的统计数据。坚持锻炼的决定因素是否与恢复锻炼的决定因素一致？曾经推出锻炼的人重新参与运动，是否比首次参与运动更困难？重新投入运动的人是否更具有持之以恒坚持性呢？这些问题尚没有确定的答案。但是重新参与运动的动机如何是值得探究的。

在研究行为动机的理论中，瓦利兰德等提出的动机整合理论，或许可以解释重新参与运动的内在心理原因。瓦利兰德等采用德西的自我决定理论加以整合，运用到运动情境中，强调社会因素、心理需要满足、动机和结果之间，存在一个变量调节另外两个变量之间的关系。[③] 如图4－5所示。

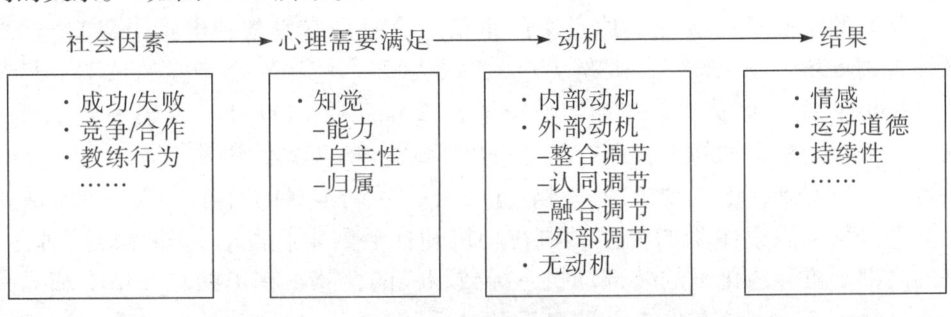

图4－5 运动中内外部动机的整合理论

其中，自我决策成为这个理论的核心概念，自我决策是统一的心理结构。社会因素包括成功与失败、竞争与合作、教练行为的经历以及获得的反馈。这些因素决定着人类与生俱来的三种基本心理需要的满足，也就是能力、自主性、归属的需要。当社会因素不能满足这三种基本心理需要时，就会出现动机降低、心理发展受损、被疏远或引起不良表现。其中自主性对于培养内部动机极其关键，能力知觉影响自信心、自我效能感，归属感直接带来关系的建立以及交往的乐趣。社会因素和心理中介是动机的决定性因素，从无动机、外部动机到内部动机的转变，体现出自主性决策的连续。外部动机通常指奖励、奖品、金钱、表扬、社会认可和惧怕惩罚。内部动机是体现最高水平的能力知觉、

①②③ 考克斯. 运动心理学［M］. 7版. 王树明，译. 上海：上海人民出版社，2015.

自主性和归属感，在结果上表现为积极的情绪、感兴趣、自主参与、饱满的意志和个人控制感，甚至在内化的过程中，通过融合、认同和整合，个体将外部动机作为自主性的一部分，外部动机就被同化了。例如参与运动不再是为了奖品奖赏，也不仅仅是出于健康压力或者取悦于权威人物。出于热爱、兴趣、乐趣这些内部动机，自主决定，就算没有奖金也去参加比赛，就算没有实际利益，还是坚持每天一万步的行走。

外部动机怎样影响人的行为？阿伦森的实验分四组，对某一人给予不同的评价，借以观察某人对哪一组最具好感。第一组始终对之褒扬，第二组始终对之贬损，第三组先褒后贬，第四组先贬后褒。数十人进行实验后发现，绝大部分人对第四组最具好感，喜欢褒奖不断增加，批评不断减少。而对第三组最为反感。随着奖励减少而导致态度逐渐消极，随着奖励增加而导致态度逐渐积极的心理现象，在社会心理学中被称之为“阿伦森效应”。一位喜欢安静的老人家，采用类似先褒后贬的外部动机策略，成功地达到目的：老人给了每个孩子25美分，对孩子的热闹表示谢意。孩子们很高兴，第二天仍然来嬉闹。老人再出来，给了每个孩子15美分。第三天，老人只给了每个孩子5美分。孩子们非常不满，他们再也不会在他面前玩了。

内部动机如何有效地影响一个人的运动行为及其结果？社会因素如何有效地影响一个人的内部动机？美国电影《新手》讲述一个真实的故事：原本颇有前途的投手吉姆·莫里斯，梦想参加美国职业大联盟棒球赛。但是他在初级联赛中打过短期比赛，并未投出时速88英里（1英里≈1.61千米）的快球，他提早结束了自己的棒球生涯，放弃了梦想。因为热爱这项运动，他成为一名棒球教练，经常激励队员追求自己的梦想。他所在的高中棒球队的小伙子们听说了他过去的事情，反过来激励他，继续追求自己的梦想，希望教练吉姆重新上场比赛，并要努力进入职业联盟。他和三个年轻的孩子一起参加了选拔赛，投出了时速98英里的球而震惊全场。12年后的1999年，吉姆·莫里斯成为大联盟三十年来年龄最大的新手，那一年他投出了时速96英里的快球。①

从这个故事看到，内在动机的关键在于三点：活动本身的有趣、参与者对活动的热爱、对活动过程中愉悦体验的关注。内在动机和社会因素相配合，如良好的师生关系、高水平的内部动机和内化了的外部动机，导致积极的情感、积极的行为结果和提高的认知水平。这是否正是个体在放弃、退出运动之后，重新参与运动的内在动力，值得深入探究。引用一篇小文，参考阅读。

究竟怎样才能重新开始体育锻炼？②

一旦养成习惯，体育锻炼就成为一件自然而然的事情。自然而然的去往体育馆，没有什么外力能够阻挡。但是，在放弃这习惯一个月，两个月，也许甚至一年以后，再要重新开始就让我们显得力不从心了。这里有一些小贴士，它们能帮助你在跌到的地方爬起，重新养成体育锻炼的习惯。

第一，不要停止已经养成的习惯。让事情继续下去的最简单方法就是不要停止。避

① 考克斯. 运动心理学［M］. 7版. 王树明，译. 上海：上海人民出版社，2015.

② 如何重新培养和坚持体育锻炼的好习惯［EB/OL］. http：//jingyan. baidu. com/article/fec7a1e5335e771190b4e70e. html.

免长时间的不锻炼，因为重新养成习惯确实更费力些。这条建议对某些朋友来说或许已经有点晚了，但如果你已经养成了体育锻炼的习惯，就千万不要在遇到一点点困难时就放弃。

第二，一旦开始运动就奖励自己。伍迪艾伦（电影导演）曾说："生命的一半时间在于自我表现。"我要说，在想要养成某个习惯时，90%的精力都是用于如何实现他的。你应该多想想自己的体重，自己能够跑多少圈，自己能够仰卧举重多大的杠铃。

第三，对自己承诺坚持30天。对自己许下这个月天天运动的承诺（哪怕每天只运动20分钟），有了这个承诺，你的习惯就会得到巩固。同时，你也不必在头几个星期天天劳心，犹豫着到底要不要去运动。

第四，找点乐趣。要是在体育锻炼里得不到乐趣，坚持体育锻炼就会有点困难。这个世上有成千上万种锻炼身体的方式，所以，如果你觉得举重或者仰卧起坐并不适合你，那你就试试其他的吧。许多大型健身中心都提供各式各样的运动项目，总有一种是你喜欢的。

第五，把运动安排在自由时间。不要把运动安排在那些可能会因为其他重要事情而被占用的时间里。工作结束后或是早晨一起床都是不错的运动时间。要是安排在午饭休息时间，则很可能因为工作尚未完成而被占用掉。

第六，和朋友一起运动。找几位朋友加入你的运动计划。有了交际因素，你会更愿意遵守自己的体育锻炼承诺。

第七，在日历上打"×"。我认识的一位朋友有在要运动的日子在日历上打"×"的习惯。这么做的好处是对于已经进行多长时间体育锻炼了，你可以一目了然。坚持在日历上打"×"是个激励自己的好方法。

第八，在付出努力之时得到乐趣。进行体育锻炼后，问问自己哪些部分你喜欢，哪些部分你不喜欢。一般来说，你要继续坚持你喜欢的那部分，避免你不喜欢的那部分。若是多想想如何在体育锻炼中得到乐趣，你会更愿意去体育馆的。

第九，把运动当作一种仪式。体育锻炼的习惯要根深蒂固到成为一种仪式。也就是说，一到体育锻炼的时间、地点就会让你自觉地抓起背包去健身中心。要是你的运动时间总是不确定，那你就很难从这一点得到益处了。

第十，减轻压力。有压力时你很可能在工作上什么都做不好。不过，体育锻炼可是一种减轻压力的好方法，它会让你心情变好。所以，下次感到充满压力或疲劳的时候，就试试去参与你喜欢的运动吧。一旦体育锻炼和减轻压力之间建立了联系，你会更容易重新养成体育锻炼的习惯，即使在此之前你是刚刚度过一段悠长的假期。

第十一，测量健康值。我们不应该过度关心体重的数值。即使你的身体发生了变化，体重却不一定会变化，因为增加的肌肉重量会抵消减少的脂肪重量。不过，变化的健康值仍是激励体育锻炼的好依据。记录俯卧撑、仰卧起坐或是跑步速度等简单的数值，都会让你发现体育锻炼是如何使你变得更强、更快的。

第十二，先养成习惯，再购买器械。光鲜的运动器械不能促成体育锻炼的习惯培养。尽管如此，还是有很多人相信花几千美元买器械就可以弥补自己不爱运动的毛病。可这不能弥补！所以，还是先养成体育运动的习惯，再来购买体育器械。

第十三，清除失误。要是你老是不能坚持体育锻炼，就找找原因。你不喜欢运动？你没时间？待在体育馆里使你感觉不自在？不懂得健身技巧？只要你能找到自己的失误之处，你就改正，向胜利开始迈进。

第十四，从小的目标开始。从一开始就打算跑15英里，可不是养成运动习惯的好方法。为了养成习惯，头几周里定个在你能力之内的目标。否则，你会被残酷的运动量吓跑的。

第十五，是为了自己而运动。去体育馆只为了使自己的身体看起来更漂亮，就好像做生意只为了赚钱一样。这样，付出的努力就不足以达到你的目标。但如果去体育馆还为了别的原因，如激励自己、增强身体的力量、享用愉快的时光，那么即使运动成果不怎么显著，你也可能继续坚持体育锻炼的。

二、影响运动习惯形成的因素及其作用

一般来说参与运动难，坚持有规律的运动更难。影响人们坚持体育运动的因素有哪些？据 Dishman 和 Sallis（1994）、Dishman 和 Buckworth（2001）的研究[①]，影响锻炼坚持性的因素很多，影响运动行为的具体因素分为两大类：个人因素和环境因素。无论是运动坚持还是放弃，并非某个因素单独起作用，而是各种因素相互作用的结果。例如夏练三伏、冬练三九，对于一些人适用，而对另一些人不适用。同样，喜欢并坚持冬泳的人并不会局限于生活在北方还是南方，而在于冬泳者本人。可见运动习惯其中存在着个体与环境交互作用的情形。

国内体育心理学关于影响运动坚持性的因素，从参与体育锻炼的理由、不从事体育锻炼的理由、退出体育锻炼的理由、影响坚持锻炼的因素等纵向过程加以分析。

据2011年的研究发现，青少年和成年人在运动坚持性、运动习惯的影响因素相同。以下归纳的是影响运动习惯的重要因素及其作用。影响作用分为积极作用、消极作用和中性作用。[②]

（一）社会人口统计因素

（1）具有积极作用的因素包括：性别（男性）、教育条件、收入和社会经济地位。

（2）具有消极作用的因素包括：年龄、职业（体力劳动者，蓝领职业）、心脏病风险高、体重超标和肥胖。

国外研究证实[③]，在影响运动习惯的社会人口统计因素中，年龄和性别是影响运动习惯最为有力和持久的因素。年龄也是社会体格焦虑和运动习惯之间的中间变量，较年轻的肥胖女性比年长的肥胖女性更容易中途退出运动。男性运动参与度高于女性，运动强度差别不显著。运动行为通常随年龄增长而减少。12～19岁的青少年，运动行为减少较为明显。教育程度在高中以下的人群中，72%的人习惯久坐不动，而在大学以上教育程度的人群中，50%的人久坐不动。年收入低于1.5万美元的人群有65%不运动，高于5

①②③ WEINBERG R S，COOLD D. 体育与训练心理学［M］. 6版. 谢军，梁自明，译. 北京：中国轻工业出版社，2016.

万美元的人群有48%不运动。

(二)认知与人格因素

(1)具有积极作用的因素包括:运动愉悦感、对健康及其他益处的期望、运动意向、健康感或健美感、运动的自我效能感、自我激励。

(2)具有消极作用的因素包括:运动障碍、缺少时间、心境干扰。

(3)具有中性作用的因素包括:态度、健康与运动知识。

在认知与人格因素中,自我效能感和内在动机最具有可靠的积极影响力指标。多项研究发现,自我效能感是预测运动行为习惯的最有效指标,这种有效性并不受性别、种族和体质指标的限制或干扰。自我效能感可以准确地预测运动坚持情况。对于高中生而言,自我效能感如能应对运动障碍,有助于将运动习惯保持到大学。对于老年人而言,自我效能感特别能对进行阻抗锻炼的老年人产生重要的促进作用。Dishman和Lckes(1981)研究显示,自我激励水平低的人群中,运动坚持者仅占40.6%,而自我激励水平高的人群体,运动坚持者的比例为78%。独立性强、自我激励得分高的个体更能坚持锻炼。

锻炼效果认知是国内关于锻炼坚持机制的研究中提出的一个关于锻炼行为心理决策的构想概念。锻炼效果认知是指个体体验到或认识到的通过体育锻炼获得的积极效果和作用,他是对锻炼承诺和锻炼坚持决定作用最大的一个心理因素。在锻炼行为坚持阶段,提高锻炼的效果,改善个体对锻炼的评价,才是保持锻炼行为持续的最重要的途径。[①] 也有研究表明,认识到的体育锻炼的价值与作用和坚持体育锻炼的长期性呈现高度相关,对体育自身价值与作用的认识是影响个体坚持体育锻炼的重要因素。[②]

内在动机对于运动坚持具有自我管理方面的影响力,例如内在动机可能影响个体目标设置的有效性、运动过程的自我监管、坚持运动的自我强化。如果内在动机与其他指标相结合,例如将内在动机与体脂百分比相结合,能够更准确地预测运动坚持性。

(三)行为因素

(1)具有积极作用的因素包括:节制饮食、成人时期参加过未经组织的体育活动、参加过运动计划。

(2)具有消极作用的因素包括:吸烟、A型行为模式。

(3)具有中性作用的因素包括:儿童时期参加过未经组织的体育活动、学校运动。

行为本身就是个性与环境交互作用的结果。心理学的不同派别对交互作用的因素及其影响具有不同的解释。但是针对运动习惯而言,吸烟和A型行为模式的影响确是一种消极因素。A型行为模式具有时间紧迫感、高度焦虑感、高度竞争性、好胜心甚至攻击性,A型人格的人有从运动计划中退出的倾向。

---

① 陈善平,李树茁,闫振龙.基于运动承诺视角的大学生锻炼坚持机制研究[J].体育科学,2006,26(12):48-55.

② 毛永革.影响大学生坚持体育锻炼若干因素的调查分析[J].青海大学学报(自然科学版),1998.16(3):68-70.

以前参与体育活动或运动计划的人，假如持续了6个月，那么预计未来1～2年持续坚持运动的可能性比较大。儿童时期或成年早期的运动模式也会预计此人以后的运动模式。根据Wold和Andersen（1992）一项关于欧洲10个国家4万名学生的调查发现，这些学生的父母、好友、兄弟姐妹积极参与体育运动，那么这些学生积极参与运动的可能性极高，并且将参加运动的习惯保持到成年。其中，坚持运动表现最好的10%的学生，在12～18岁期间运动坚持没有退步。[①] 家庭教养方式特别是父母本身的体育行为与习惯，是预测运动坚持性的一个指标。获得父母、社会支持的儿童，比没有获得父母、社会支持的儿童运动坚持性高。在日常的家庭体育活动中，家庭成员对孩子最初的体育意识、锻炼观念和行为将起着潜移默化的影响，加上父亲有意识地运动示范、教育和引导，将有助于孩子运动习惯的养成。[②]

节制饮食的行为具有控制体重的作用，但节食并不能像运动那样带来愉悦感。

（四）社会环境因素

（1）具有积极作用的因素包括：团体凝聚力、医师影响、家人以往的影响、来自朋友和同事的社交支持、来自配偶和家人的社交支持、来自工作人员和导师的社交支持。

（2）具有消极作用的因素包括：家人和重要他人对运动持消极态度。

（3）具有中性作用的因素包括：班级规模。

（五）物质环境因素

（1）具有积极作用的因素包括：实际上离运动场所很近、感觉上离运动场所很近、家中装备。

（2）具有消极作用的因素包括：气候和季节。

（3）具有中性作用的因素包括：花费、日常事务干扰。

社会环境和物质环境都是一些运动习惯的环境因素。

研究证实，社会支持是一个关键的社会环境因素。来自家人、配偶的社会支持是极大的力量，社交支持能够帮助他们确认运动参与和运动坚持的积极态度是影响运动习惯的最有效指标，对于受伤康复的人来说，家人的支持可以帮助他们缓解受伤的压力和无法参与运动的压力。据调查，有配偶或家庭支持的成年人，比那些没有家人支持的个体更能坚持运动。这表明配偶的支持比家庭其他成员的支持更为重要。

参与者所处的社区是极其重要的环境影响因素。包括场地设施的方便、齐全会让参与者坚持运动感到便捷。退出运动的一个原因是缺乏运动设施和场所。需要分辨的是，他们是主观感觉到的运动场所不便，还是运动场所确实不便。运动场所越近，参与运动和坚持运动的可能性越大。大多数女性表示，与前往健身中心相比，她们中间的三分之

① WEINBERG R S，COOLD D. 体育与训练心理学［M］. 6版. 谢军，梁自明，译. 北京：中国轻工业出版社，2016.

② 解毅飞，房宜军，王洪妮. 体育锻炼习惯研究概况及展望［J］. 山东体育科技，2004，26（1）.

二更愿意在社区里进行体育运动。还有研究发现，乡村运动者更容易坚持运动，因为在城市的绿化区、公园、操场散步的乐趣和自尊程度，远远不如在乡村散步。另外，家庭运动装备并未解决不运动的问题。1986—1996 年间，美国的家庭运动装备投入增长 3 倍，但同时期内中等强度和高强度运动行为仅增长 2%。

气候和季节不适宜运动、感觉时间不足都是不参与运动或退出运动的理由。实际上的问题还是对运动的兴趣不足、投入不足，或许是时间管理存在问题。时间是恒定的，不是在活动中就处在静态中。有人发现，外出工作的女性运动坚持性更高；单亲父亲或母亲运动坚持性更高。

（六）运动因素

（1）具有积极作用的因素包括：团体计划、领导者能力、社区干预。

（2）具有消极作用的因素包括：强度、努力程度感知。

（3）具有中性作用的因素包括：独自运动。

早期研究表明，参加团体运动的运动坚持性强于个人运动的坚持性。大多数个体不喜欢单独运动，但小群体中的个体比大群体中的个体表现出较更高的坚持性趋势。最近研究发现，团体计划会增强参与者的愉悦度、社交支持效果、运动坚持的使命感，同时提供了与他人比较进步情况和健美程度的机会。例如微信运动每日排行榜，激励参与者坚持每天 6 000 ~ 10 000 步，而且努力争取获得好的排名，具有虚拟团体运动的效果。实际生活中，每周 2 次的固定运动计划、亲友同事之间的相约运动方案，都会激发更多的运动坚持行为。教练或运动计划指导者作为领导者，也是一个不可忽视的社会环境因素。他们提供个性化的运动方案，带领互动型、鼓舞型、诱惑力的团队，带给运动参与者的快乐最多，有利于促进参与者坚持执行运动计划。

一个人能否坚持运动，取决于多种因素。除了上述团体参与外，特别重要的是运动强度、频次、时长。一次运动的持续时间对坚持性有显著影响，持续时间越长，退出率越大。当他们开始参与运动时，往往倾向于长时间高强度，这容易引起并发症，导致运动损伤，从而增加退出率。大量研究认为，刚开始运动的 4 ~ 6 周内，每次的运动持续时间相对要短，运动强度相对要小，有利于长久坚持。关于运动的强度、频次、时长，可参考《中国成人身体活动指南》，后文详述。

（七）社会体格焦虑

社会体格焦虑是指个体过分担心他人对自己体格的评价。Lantz（1991）研究发现，锻炼行为与社会体格焦虑之间存在负相关，这种关系在带有抑郁倾向的老年妇女身上表现得尤为突出。此外，季浏（1997）提出，社会体格焦虑也会影响人们参加锻炼的方式和乐趣，如肥胖者可能只从事个体性的活动项目（如跑步等）。

三、运动习惯的形成机制

运动习惯的研究动向，有研究认为[①]，主要体现在以下几个方面：从注重学龄期的研究，渐渐转向从终身体育的角度进行整体、综合的全面研究；从一般性的问卷调查分析研究，转向教学实验、社会实践的应用研究；从运动习惯的养成转向运动习惯的保持和恢复的研究；从学龄期普通学生的研究转向特殊人群的研究；从一般性的实施操作研究转向运动习惯理论的开发研究。探讨运动习惯的内在动力系统，也就是运动习惯形成机制的理论研究，不仅涉及运动习惯的形成特点、形成类型，而且事关运动习惯的坚持性以及中途退出运动后恢复运动，直到成为终身体育行为，成为个体惯常的生活方式。

关于运动习惯形成机制的理论，包括生理机制和心理机制两大方面：运动习惯的生理机制是刺激与反应之间建立起的动力定型，即暂时神经联系的建立，意味着反应方式自动化，习惯成自然。参考阅读前文关于习惯形成的机制。最新研究涉及认知心理学、信息加工、运动领域的认知神经心理学的研究[②]，特别是今年采用脑成像技术、脑电生理研究，解释和预测了运动参与、运动坚持或运动习惯的生理机制。[③]

人们参与运动的先后不一、坚持的时间长短不同、运动的方式和项目也各有特点。根据锻炼的自然史结构模型涉及的 T_1、T_2、T_3 各个变化阶段是一个动态的过程。需要回答的基本问题是：人们为什么参与运动？怎样可以长时间坚持运动？为什么中途有人退出？退出之后，是什么理由促使有人重新参与运动？这些动态的变化阶段中，有哪些变化规律？运动习惯形成的内在心理机制是什么？根据锻炼行为理论、动机理论、决策理论等成果，加以整合，提出运动习惯形成的三个心理动力系统的观点。

（一）运动习惯形成的认知决策与价值观系统

国家提倡全民健身运动、学校开设体育课程、社会上举办各级运动会、家庭花费大量的时间和金钱投入在休闲体育上，试问体育运动的基本目的是什么。如何对身体活动、体育运动、运动习惯做出合理的心理学解释？如何看待体育运动的作用，特别是体育的教育目的、体育的本质、体育的健康功能，是运动参与者需要回答的一个问题，也是研究者需要回答的一个问题，而且是一个关系到运动态度和行为的问题。正确的认识与决策，是运动习惯形成的认识起点，也是心理动力的原点。

研究运动习惯的形成机制，首先确认体育运动和运动习惯的身心效益。日常用语表达为，懂得运动的好处，特别需要懂得有规律的参与并坚持体育运动的好处。换言之，有些运动的益处只有在有规律的坚持性的运动中才能体现出来，这就是运动习惯的重要性和必要性了。

---

① 解毅飞，房宜军，王洪妮．体育锻炼习惯研究概况及展望［J］，山东体育科技，2004，26（1）．

② 周成林，赵洪朋，张怡．运动领域中的认知神经心理学研究进展［J］．天津体育学院学报，2012，27（3）．

③ 蓝永生．二十四式太极拳锻炼对事件相关电位影响的研究［D］．济南：山东师范大学，2009．

1. 认识体育的根本目的是促进人的发展

对体育目的的认知是运动习惯形成的心理起点。美国查理斯·A. 布切尔在《体育运动基础》中提到，运动是人们的身体、知识、情感和社会发展的一种媒介。1934 年，美国体育联合会列举了体育的目的包括：体质、智力健康和效率、社会道德品质、情感表达和控制、欣赏。1947 年，斯坦福大学的一篇博士论文提到体育的目的：健康、身体、器官发育，智力情感的发展，神经肌肉的发展，社会发展，知识发展。1950 年，全美健康、体育、娱乐联合会提出了体育的目的：发展和保持身体的最大效能，发展实用技巧，引导人们走上有用的社会道路，喜爱某种娱乐。查理斯·A. 布切尔研究认为，大学生认为体育对智力、身体、心理和社会发展都是有意义的。909 名佛罗里达州大学学生的调查显示，他们把以下 23 项列为体育目的的重点：发展日常活动所需的充沛的精力、技能和放松；有趣味；结交新朋友；进行正规锻炼；了解他人；改进自我意识；防止、检测和矫正身体缺陷；发展在有趣的身体活动中度过部分时间的习惯；保持良好的健康和身体状况；获得成功；有自由活动和控制的能力；提供就业准备；了解运动的机械原理和身体练习的效果；发展智力质量；发展各种竞技运动的技能；学习在校外能继续进行的活动；发展社交能力和社会合作；发展情感的稳定性；发展自我意识；发展体育道德；发展和保持稳定、适当的身体功能；发展领导能力；保持最高水平的生理功能。①

我国教育学认为②，教育目的在于培养体、智、德、美、行全面发展的人，体育是全面发展教育的重要组成部分。体，主要指受教育者身体的生长、发育、技能的成熟，体力、体能、体魄、体质的增强。体力和体质的发展非常重要，是人的个性全面发展的生理基础。人们进行生产劳动、社会生活、军事活动和幸福地生活都需要强健的体魄作为基础。学校体育应从培养合格人才、促进人的全面发展这一价值导向出发，充分利用体育课，向学生传授体育基础知识，引导他们掌握体育基本技能技巧，养成积极主动锻炼的情趣和习性，并在实际锻炼中纠正学生错误的体育认识，形成正确的体育观念。学校体育如果仅仅是简单的身体活动，就达不到培养人的教育目标，也就弘扬不了体育的独特价值。所以我们的学校体育不仅应引导学生掌握体育的基础知识技能技巧，增强体质，更应重视陶冶情操、培养意志、发展人格、服务社会和国家。学校体育的目标和任务之一，是培养学生的运动习惯，“培养他们锻炼身体和讲究卫生的良好习惯”。③。

对 30 个省（区、市）参加 2010 年全国学生体质健康调研的汉族四年级以上中小学生进行体育锻炼与生活方式问卷调查（$N=166\ 812$）。④ 结果：9 ~ 13 岁、13 ~ 16 岁和 16 ~ 19 岁年龄段体育锻炼 1 小时以上报告率分别为 32.7%、20.7% 和 12.5%（P0.01）；全国仅有 22.7% 的汉族中小学生平均每天体育锻炼 1 小时以上。可见我国学生体育锻炼 1 小时的报告率较低，需要进一步保证学生体育锻炼的时间和强度、加强体育锻炼意识

① 布切尔. 体育运动基础［M］. 北京：北京体育学院教务处，1985.

②③ 王道俊，郭文安. 教育学［M］. 7 版. 北京：人民教育出版社，2016.

④ 宋逸，张芯，杨土保，等，2010 年全国中小学生体育锻炼行为现状及原因分析［J］. 北京大学学报（医学版），2012，44（3）：347 – 354.

和习惯的培养。有61.8%的学生认为上体育课“会出汗、有点累”，有68.6%的学生表示喜欢上体育课，有72.4%的学生愿意参加学校组织的课外体育活动，有46.4%的学生愿意参加长跑锻炼。“怕累、怕吃苦”是不同性别、年龄段学生认为同学不积极参加体育活动和不喜欢参加长跑锻炼的最主要原因。

体育作为教育的一部分，体育的基本目的在于促进人的身心发展。运动的习惯不仅是磨炼体质，更重要的是磨炼人格。

2. 认识体育的本质属性是游戏

美国体育理论的权威人物、美国总统健康与体育运动委员会顾问查理斯·A. 布切尔在20世纪80年代受邀到中国讲学。他在《体育运动基础》一书中强调，运动向人们的兴趣、娱乐、体质、社会性、感情的放松、社交、探求和健康的成长提供了一个途径。运动使人的自我感觉良好。“我在运动时感到精力充沛”“我晚上不感到疲劳”“可以做更多的工作”，自我感觉良好，对别人的态度也会比较友好。在游戏和比赛中，人们感到彻底的放松，忘却了烦恼，甚至忘却了自己。心理学家认为，体育运动以打开缺口的方式使人发泄本能的冲动，促进放松，是日常工作的补充。参加游戏和比赛可以促进人的社会化，因为他提供个体归属于团体的机会。[①]

体育的本质属性是游戏。人为什么参与游戏？许多理论家提出了自己关于游戏的独到见解。简单地说，这意味着体育运动本身具有巨大的趣味性。人出于这一认识，认定运动是一件有趣的事情，出于追求乐趣而参与运动，并持久地参与运动，以满足内在长期追求乐趣的需要和动机。

德国体育锻炼之父古茨穆斯在《为锻炼和身心娱乐而参加比赛活动》中强调游戏的娱乐价值。娱乐理论认为，人体需要一些游戏作为恢复元气的一种方法。长时间工作之后，一些有助于消耗精力的恢复，是紧张的神经、脑力疲劳、情绪紊乱的解毒药。德国弗里德里克·雪莱提出剩余精力理论，游戏是消耗剩余精力的绝好途径，因为游戏可以给有机体施加大量的连续性刺激促使其精力消耗。也有人提出审美理论，人做游戏给人们创造性的想象和创造美提供了场所。放松理论认为，现代的工作方式多使用眼和手的小肌肉群，相当艰苦、乏味和疲劳，如果有机体没有从这种折磨中得以放松的方法，会导致神经失调。而影响提供了使人恢复的方法，例如户外打猎、钓鱼、远足、游泳、露营一类的活动，是放松休息的，使人以充沛的精力投入下一段的工作。G. 斯坦利·霍尔提出了重演理论。过去是游戏的关键，游戏和比赛是每个人继承性的一部分，人们重复着最早的人类所利用的基本的游戏活动，例如跑、投、向上跳、向前跳、爬越、打击、搬运。本能理论认为，游戏只是生长发育的自然现象，例如孩子呼吸、笑、哭、爬、使自己坐起来、站立、走、跑、投掷，这些都是本能的。人在一生的各个阶段都具有一种本能的活动趋势。这也叫格欧斯理论。社会接触理论认为，父母是一定的群体、文化和社团的成员，必然参与他们所属群体的活动，不同环境、文化就有不同的比赛活动，例如在美国可能是棒球，在英国是板球，在西班牙是斗牛，在挪威是滑雪。自我表现理论

---

① 布切尔. 体育运动基础［M］. 北京：北京体育学院教务处，1985.

认为，人是活动的生物。伯纳德·S. 马森指出，人的生理和解剖结构、体质程度限制了人的活动或活动种类，因而生理需要和已经掌握的反应所造成的心理倾向、习惯、态度，推动他们参加一定种类的游戏活动。愿望实现理论认为，人的一生中希望和梦想的事情根本不能实现，例如想成为主要协会的棒球或足球运动员，借助游戏就可满足这些愿望的实现感，游戏成为达成欲望实现的方式。统治理论认为，与人类侵犯行为有关的是统治别人的欲望。人们在生活的很多方面都想胜过别人，游戏活动提供了满足这类欲望的机会。例如田径活动给人击败对手的机会，在球队打球，也可以得到最好的运动员所得到的最好地位的机会。①

查理斯·A. 布切尔总结了体育活动的心理学作用：②

(1) 有规律地参加体育活动的人自我感觉改善，健康感使人自我感觉良好。

(2) 剧烈活动是消除紧张和沮丧的有效方法，不同的活动提供了摆脱灰心丧气或冲动的心境，发泄感情的机会。

(3) 体育运动提供了与其他人交往的方法手段，体育运动是满足人的交往需要的途径。

(4) 体育运动为一些人提供兴奋的体验，这种运动中的兴奋对许多人有吸引力，运动参加者曾形容这样兴奋的体验就是完全忘掉了自己。

(5) 有些人参加舞蹈或其他形式的身体活动以寻求美的体验。

(6) 体育活动使人感到放松，并且是长时间工作、学习或压力的转移场所。通过运动，人们又以充沛的精力投入工作。

(7) 体育活动在必要时还是一种挑战，给人成功的喜悦。马拉松运动员不管花多长时间，总想完成全程。

(8) 人们想保持健康和增强体质，这是参加体育活动的一个公共的原因。

(9) 一些人认为通过掌握一些运动技能可以提高自己的自尊心。在掌握了某种技能时他们会产生一种成功感，这种成功感继而可提高自尊心。

(10) 体育活动可使人产生创造的体验，舞蹈等活动可使人无声地表达自己的感情。

(11) 与药物作用不同，运动有一种积极作用，在服药一段时间未起作用以后，一些人会对体育活动产生一种心理上的倚靠。

(12) 一些人希望参加可控制冲动的活动。

3. 认识体育的身心健康效益

无论从哪个角度，运动具有显著的身心健康效益。即使不参与运动，也不会否认运动的积极效益。参照表4－6。

---

①② 布切尔. 体育运动基础［M］. 北京：北京体育学院教务处，1985.

表4-6　参与者与非参与者在有关体力活动效益上的认识差异比较

认　识	比　较
帮助我控制体重	均同意
帮助我更健康	均同意
对身体有伤害	均不同意
消除紧张	均同意
改善外形	均同意
帮助我感觉更好	均同意
花费时间	均同意
帮助我接触更多的人	均同意
改善我的心理状态	参与者更确信
使我身体更匀称	参与者更确信
帮助我消耗空余时间	参与者更确信

包括体力活动在内的体育运动，其积极的身心健康效益是显而易见的。这里特别需要提示几点：

（1）进行身体练习的活动是保持良好健康的基本条件。

（2）身体练习必须常年坚持进行，它给人体带来的好处不能储存，也不能滥用。未来维持人体器官系统的正常机能，必须有规律地每天进行，就像人每天需要吃饭一样。著名生理学家爱德华·史耐德博士的研究结论说，“成年累月地重复体育活动，是尖刻生存所需要的；这是一种不能为文明所减退的基本生理需要。由于肌肉活动而受伤的人数很少，而由于缺乏运动而不能正常生长发育的人却较多。”为了延长寿命，保持健康，必须参加运动。为了维持正常心脏功能和获得良好心理健康，必须参加运动。正如前联邦最高法院医生卡尔弗博士所说的，“用你5%的时间去保持健康，这样你就不必用100%的时间用作病休。”①

（3）运动练习的作用的理论基础是用进废退规律。希波克拉底提出了“用进废退”，现代医学实践证实了这一规律。研究表明，约80%的有腰痛病的病人是由于肌肉虚弱或僵硬造成的。② 追踪研究表明，当肌肉力量增强和柔韧性增加时，疼痛症状减轻。而运动停止时，疼痛又重新出现。另一些研究表明，运动对治疗退行性疾病，推迟衰老过程，提高应急能力，预防血管退化等都有积极作用。

我国体育心理学、锻炼心理学研究认为，参加锻炼的好处不外乎增加机体健康和体智能水平、改善外表体形、促进心理和情绪健康、改善社会关系几个方面。与国外将锻炼的第一益处列为社会交往不同，我国民众的体育价值观首先倾向于健身效益。一般认为，锻炼的身体效益包括：

（1）规律的、持续的锻炼可以降低男女老少的死亡率，即使是中等强度的锻炼也比不做任何锻炼存在诸多的积极身体效益。

---

①② 布切尔. 体育运动基础［M］. 北京：北京体育学院教务处，1985.

（2）规律的锻炼在降低心脏病死亡率，特别是降低冠心病死亡风险方面有极大作用。

（3）规律的锻炼可以防止或延缓高血压的发生、发展，对已患高血压的个体，锻炼则可以起到降低血压的作用。

（4）锻炼可以降低患结肠癌的风险性。

（5）规律的锻炼可以降低非胰岛素依赖型糖尿病继续发展的风险性。

（6）规律的锻炼对维持正常的肌肉力量、关节结构和关节功能是必需的，对改善关节炎患者的症状有益。

（7）力量训练对儿童及青少年时期骨骼的发育，以成年人保持和提高骨密度至关重要。

（8）力量及其他形式的锻炼对于维持老年人独立生活能力和降低跌倒风险至关重要。

（9）锻炼能有效地影响身体脂肪的分布。

锻炼的心理和情绪效益概括为：有规律的体育锻炼可以促进心理健康，使得消极效应减少，积极效应增加，具体包括：

（1）锻炼有降低状态焦虑和紧张的效能。

（2）锻炼可以轻度或中度降低抑郁水平。

（3）长期的锻炼可以降低特质焦虑及神经质的表现。

（4）锻炼能提高身体自我价值和其他重要的身体自我认知，体育锻炼对不同性别人群的自尊会产生不同的影响，体育锻炼对低自尊者的效果更加明显，不同锻炼方式对自尊的影响有差异。

（5）锻炼对某些人格特征会产生一定的影响，有氧锻炼可以使A型行为特征发生积极的变化。

（6）锻炼可以降低各种不同的压力指标。短期的锻炼计划可有效地降低心理应激过程中的唤醒水平。体能与心理应激中较低水平的心血管唤醒水平相关。锻炼计划能有效地提高心脏病患者的心血管功能和心理社会功能；体能还与由长期生活应激导致的较低水平身体疾病相关。

（7）锻炼与认知活动之间有着适度的正相关，但是不能看作因果关系。

（8）锻炼可以改善处于各个年龄阶段的各类人群的情绪状态。锻炼与主观幸福感之间呈正相关。

（9）锻炼中的特殊情绪体验，例如跑步者快感、流畅体验。锻炼产生良好心理效应的生理学原因，与氨基酸类神经递质的变化有关、与单胺类神经递质的变化有关、与脑内神经肽的变化有关，也与心血管系统的健康程度有关。

（10）锻炼产生良好心理效应的心理学假设，包括：心境状态改善假说、注意力分散假说、认知行为假说、社会交互作用假说、心理控制感假说、运动愉快感假说等。

对于体育身心效益的认识，很大程度上影响体育态度，进而影响运动参与的行为和坚持锻炼的习惯。

4. 体育价值观是体育态度的认知基础

体育价值是指人们认识到的体育活动对人的意义。提高个体对体育意义的认识是形成良好体育态度的关键。美国心理学家凯恩认为，体育活动具有六种价值：

（1）社会交往的价值。愿意参加体育活动是因为体育活动可以提高社会交往的机会，

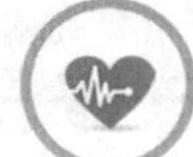

能够满足他们的社交需要。

（2）健康和健身的价值。大多数个体参加体育活动是因为体育活动可以发展和提高身体能力、保持体型和美化外貌。

（3）感官刺激的价值。有人曾使用“使人眩晕”一词来解释具有快速变向或变速特点的冒险、危险或令人心颤的体育活动对人的感官刺激的价值。有些人喜欢从事新奇、独特、危险的体育活动，例如赛车、低空跳伞这些活动能够引起心理上的异常兴奋和紧张，在活动中能够体验到强烈的心理刺激，产生特殊的快感。

（4）美感的价值。体育活动以优美的姿势完成动作时，会自然而然地产生协调、舒展、优雅、流畅的行为美的体验。

（5）宣泄的价值。从事体育活动可以释放出由心理原因而积压起来的生理能量，从而排除不良情绪对人的影响。

（6）磨炼意志的价值。体育态度是个体对体育活动所持有的评价、体验和行为倾向的综合表现。特别是其中包括对体育活动的目的、意义、价值的理解和评价，也就是说，认知因素是影响体育态度的关键。体育态度一旦明确稳定，体育运动习惯的坚持性和稳定性就会大大提高。这样构成终身体育习惯的内在结构图。如图 4－6 所示。①

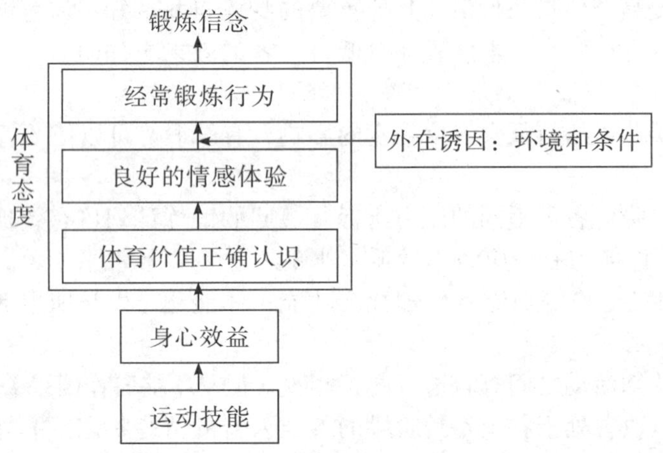

图 4－6　终身体育习惯内在结构图

研究结论是：第一，自动化的运动技能是运动习惯形成的根本。第二，身心效益是运动习惯形成的动力。第三，体育态度是运动习惯形成的保障。关乎体育态度的改变、运动行为习惯与锻炼信念的形成，个体内在的知情意心理活动与外界环境条件相互作用的结果。第四，外在的环境、条件等诱因为创造了客观条件。第五，锻炼信念是运动习惯维持的桥梁。

对于不良体育态度的转变，可以根据凯尔曼态度改变三阶段理论作为参照。从服从阶段、认同阶段到内化阶段的三个阶段中，内化阶段是参与者对运动行为价值认识提高，体育态度的认知、情感和行为意向成分协调一致的过程。有利于态度积极转变的条件，

① 邵伟德. 终身体育习惯的内在理论结构［J］. 体育学刊，2003，10（1）.

提示如下：劝说与劝说者的态度、逐步提高要求、学生的体育活动实践、必要的体育活动规章制度和严格的要求。

5. 认识终身教育和终身体育的行为意义

40 岁以后是否要减少运动呢？医学家认为，40 岁以后减少运动的男子更容易患心脏病。运动的作用有很多，例如：保持肌肉张力；减轻神经紧张和促进放松；有助于消化；有助于控制体重和减肥；通过加深呼吸提高肺功能；增加力量和耐力，有助于完成日常工作，减轻疲劳；有助于人体动作的自然增长；有助于维持心脏和血管的健康；有助于合理的自我观念的形成；有助于防止意外事故。[①]

对我国 60 岁及以上老年人锻炼及静态行为的调查问卷（$N=15\ 193$）[②]，结果显示我国 60 岁及以上老年人从不锻炼率为 85.4%，经常锻炼率为 12%，积极锻炼率为 9.9%。随教育水平、家庭经济收入增加，老年人经常锻炼率和积极锻炼率均上升，各组间差异有统计学意义。老年人平均每日总静态行为时间为 4.2 小时，平均每日看电视时间为 105.1 分钟。结论认为，中国老年人业余时间参与锻炼的水平较低，尤其是农村地区老年人的锻炼情况更值得关注。

1978 年，联合国教科文组织通过《体育运动国际宪章》第二条第一款指出："必须由一项全球性的、民主化的终身教育制度来保证体育运动和运动实践得以贯彻每个人的一生。"可见，终身体育的含义中包含着终身坚持体育锻炼和终身接受体育教育。

6. 健康信念模型强调感知、评价健康信念的作用

健康信念模型是一个与预防性健康行为相关的理论框架，如图 4－7 所示。[③]

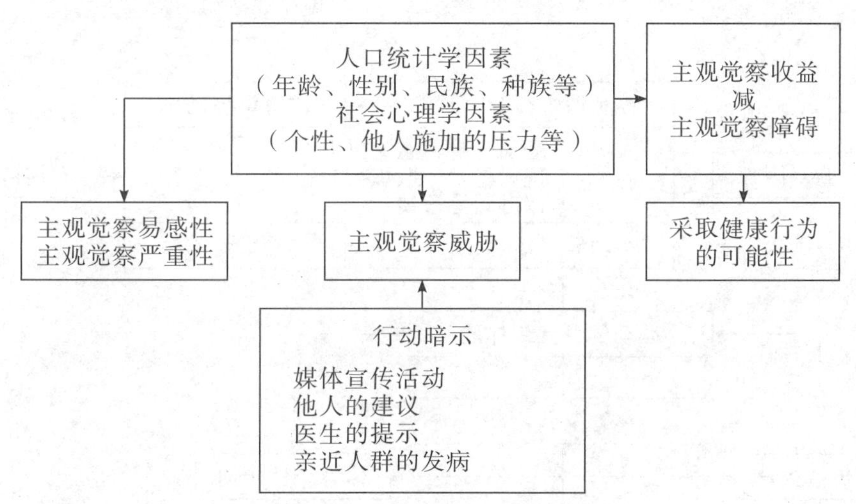

图 4－7　健康信念模型

---

① 布切尔．体育运动基础［M］．北京：北京体育学院教务处，1985.

② 张梅，陈晓荣，王志会，等．2010 年中国老年人业余锻炼及静态行为调查［J］．中华流行病学杂志，2014，35（3）．

③ 司琦．锻炼心理学［M］．杭州：浙江大学出版社，2008.

健康信念模型主要应用于医疗、健康领域、控制饮食和调节体力活动方面。主观觉察的个别差异明显。主观觉察易感性、严重性以及主观觉察收益、障碍四个构成成分，主要用于说明人们对于采取行动的准备程度。四个因素受到人口统计学因素、社会心理因素和行动暗示的影响。1988 年，有学者将自我效能因素加入该模型，用以补充说明吸烟、缺乏运动和过量饮食等不健康行为向健康行为转变时所引起的挑战。个体如果意识到自己具有潜在的冠心病风险，就有可能开始锻炼以减少其对该疾病的主观觉察易感性。主观觉察严重性指个体如果已经患有某疾病，对其严重性的主观感觉，包括对治疗后果、社会后果和职业后果的觉察。主观觉察收益指采取建议行动后所能达到的减少危险和严重性的功效。明确运动的健康效益，就会可能采取运动参与的行为，确保运动的健康收益。但是也可能什么也不做，这与主观觉察障碍有关，顾虑时间、身体或场地器材不适、动机不足等，即便主观上能够意识到冠心病的高风险性、严重性与久坐不动有关。

另有研究显示[①]，虽然对体育活动缺乏适当的知识、对体育活动持消极或中性态度和信念，能够妨碍一些人的体育活动，但是对体育活动给人带来的健康结果持有积极态度与信念的个体，好像也不足以保证他们参加体育活动。McCready 等人的研究表明，对待锻炼持肯定态度的个体并不比那些持较少肯定态度的个体更能坚持锻炼。国内学者认为，运动健身信念是个体在体育实践中，不断深化运动健身认识体验的基础上形成的，是对运动促进健康的确信和坚持，具有持久稳定的特征，具有支撑运动习惯的作用，如图 4－8 所示。[②]

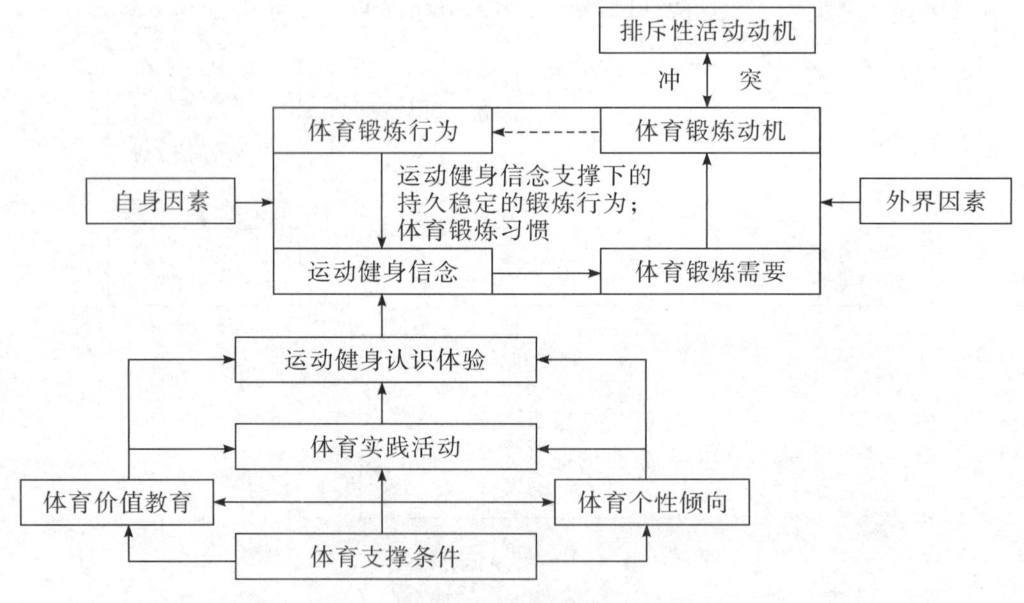

图 3－8 运动健身信念与运动习惯

① 张春华，章建成，金亚虹，等. 锻炼坚持性的国外研究进展［J］. 上海体育学院学报，2002，26（4）.

② 孟翁迁. 体育锻炼习惯的本质及运动健身信念模型［J］. 体育学刊，2014，21（3）.

7. 运动承诺理论和锻炼坚持的心理机制

1993 年，美国运动心理学家 Scanlan 等提出的直接关注“继续参与体育运动”的运动承诺理论，对锻炼坚持具有较强的针对性，相关研究证实了运动承诺理论也适用于普通人的锻炼和健身领域。运动承诺理论模型认为：运动承诺是“渴望和决心继续参加体育运动的一种心理状态”，运动承诺由运动乐趣、参与选择、个人投入、社会约束、参与机会 5 个因素决定。

国内学者陈善平[①]以运动承诺理论为基础，综合其他相关行为理论，建立并验证锻炼坚持机制的概念模型，系统解释锻炼者继续坚持或退出体育锻炼的原因和机理，提出锻炼坚持机制解释结构模型。[②] 如图 4 -9 所示。

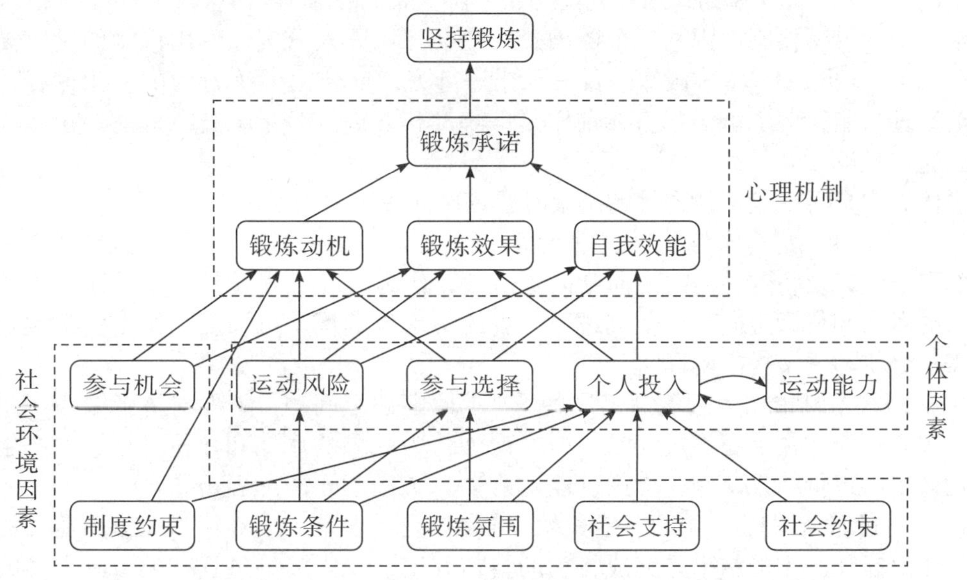

图 4 -9　锻炼坚持机制解释结构模型

图 4 -9 中影响因素定义如下：

锻炼承诺：体育锻炼者渴望和决心继续进行身体锻炼的一种心理状态。

锻炼乐趣：参与体育锻炼产生的积极情感反映，诸如快乐、欢喜和有趣等。

参与选择：相对于继续参与当前的体育运动，替代活动（非体育运动）的吸引力。

参与机会：通过继续参与体育锻炼才能获得的宝贵机会。

个人投入：投入到体育运动中且停止体育锻炼不能得到恢复的个人资源。

社会约束：是一种社会期望和规范，它能产生继续参与体育运动的责任感。

社会支持：个体所感受到的来自社会、他人对自己参加体育运动的支持和鼓励。

---

① 陈善平，李树茁．体育锻炼行为坚持机制：理论探索、测量工具和实证研究［M］．西安：西安交通大学出版社，2007.

② 陈善平，李树茁，闫振龙．基于运动承诺视角的大学生锻炼坚持机制研究［J］．体育科学，2006（12）：48 -55.

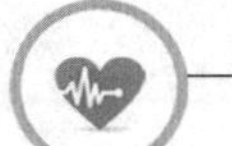

锻炼条件：参加体育锻炼所需要的场地、器材和设施的可获得性和方便性。

锻炼动机：人们通过体育锻炼来满足的需要或需求。

自我效能：个人对自己在各种情境下能否顺利地坚持体育锻炼行为的预期。

个性特征：个体在遗传素质的基础上，通过与后天环境的相互作用而形成的相对稳定的和独特的心理行为模式。

锻炼效果：个体体验到或认识到的通过体育锻炼获得的积极效果和作用。

运动风险：因参加体育锻炼给个人在身体、精神上所带来的伤害和不良后果。

运动能力：进行自我身体锻炼所需具备的知识和能力。

锻炼氛围：由个体周围参加体育锻炼的人和体育有关媒体构成的情景。

制度约束：个体所属组织机构对个体参与体育锻炼的制度和规定。

解释结构模型按心理因素、个体因素、社会环境因素分类，作用机制的层次结构可简化为：社会环境—个体—认知决策—承诺—行为，反映出锻炼行为的干预途径。锻炼坚持的心理机制，锻炼承诺的直接前因是锻炼动机、锻炼效果、自我效能。这个心理机制可以这样理解：

个体做出是否继续坚持锻炼的决策时要依次回答三个问题：

（1）我为什么进行锻炼？通过锻炼满足什么需要？回答这个问题，就要认知和评估自身的需要，以及将这种需要定向到锻炼活动，作为心理过程就是动机过程（内外因素对需要的激活和行为定向），动机过程产生的结果是锻炼动机强度，作为决策过程就类似于需求分析和方案提出阶段。

（2）锻炼活动能多大程度满足这些需要？回答这个问题，就要对体育锻炼产生的作用进行综合评价，作为心理过程是一个对锻炼行为效果的认知和评价过程，并产生对锻炼活动效果的评价结果，作为决策过程就类似于方案的成本/效益分析。

（3）自己坚持锻炼的可能性有多大？作为心理过程是一个对行为完成可能性的预测过程，预测过程产生的结果是完成行为的自信程度，作为决策过程就类似于方案的可行性评估。三个心理过程的结果对个体的锻炼承诺产生调节，从而决定锻炼坚持行为。

从个体决策过程来看，参照信息系统分析方法，整个承诺的心理过程流程图，如图4－10所示。

锻炼承诺和锻炼坚持的关系，将锻炼承诺定义为体育锻炼者渴望和决心继续进行身体锻炼的一种心理状态。心理承诺的后果是实际的行为，根据这些领域的研究结论推断，锻炼者的锻炼承诺水平越高，锻炼行为坚持情况就会越好，越不容易出现锻炼退出。研究证实了Ryan等的研究结论，“参加体育锻炼的人其内在动机越强，就越能坚持锻炼。”锻炼动机反映的是人们为什么参与锻炼，即希望通过锻炼活动来满足自己那些特定需要。通过体育锻炼可以满足人的某些需要或需求是人们参与体育锻炼的根本动力。本研究中锻炼效果评价量表是从乐趣、能力、外貌、健康和社交五个方面测量个体体验到的锻炼效果。结果验证了“对体育自身价值与作用的认识是影响学生坚持体育锻炼的重要因素”。[①] 再次证明了“那些相信自己会成功地参加锻炼的人确实获得了成功”。结论支持

① 毛永革．影响大学生坚持体育锻炼若干因素的调查分析［J］．青海大学学报（自然科学版），1998，16（3）：68－70.

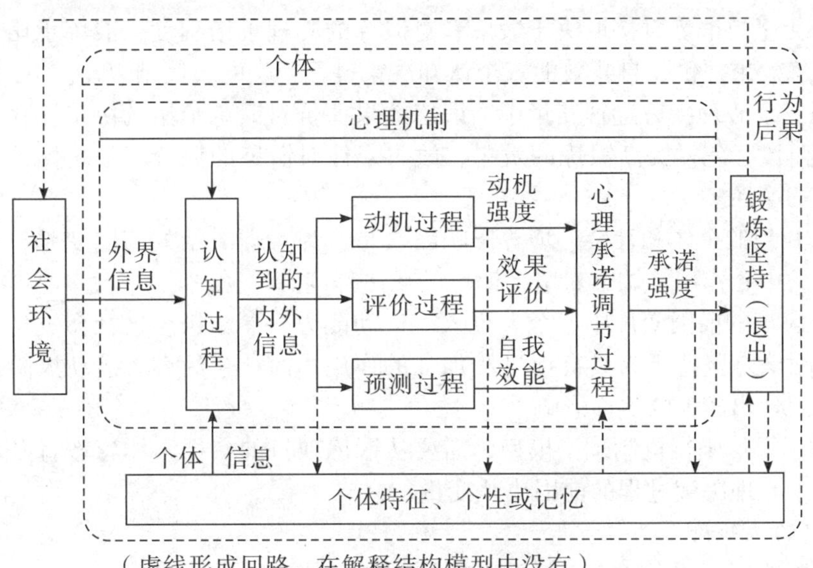

图 4－10　心理讨程流程图

Ajzen 合理行为理论的“行为控制感”和 Bandura 自我效能理论的观点。自我效能除了影响个体对活动的选择之外，还会影响个体在活动过程中的努力程度，以及个体在面临困难、障碍、挫折和失败时对活动的坚持性和耐力。个体对完成某个行为的自信程度，受个人能力和经历的影响，也跟行为的难易程度有关。研究结果同时表明，在对锻炼坚持的影响中，锻炼效果评价的作用比锻炼动机作用更大。通过上述分析，可以这样认为，锻炼者的锻炼动机是锻炼承诺产生的根源，锻炼动机越强，锻炼承诺水平越高。锻炼者认识到好的锻炼效果会提高锻炼承诺水平，认知到锻炼效果越好，锻炼承诺水平越高。锻炼者对自己坚持锻炼行为的自信程度影响锻炼承诺的形成，锻炼坚持自我效能促进锻炼承诺。

个体行为坚持的认知决策理论，如图 4－11 所示。

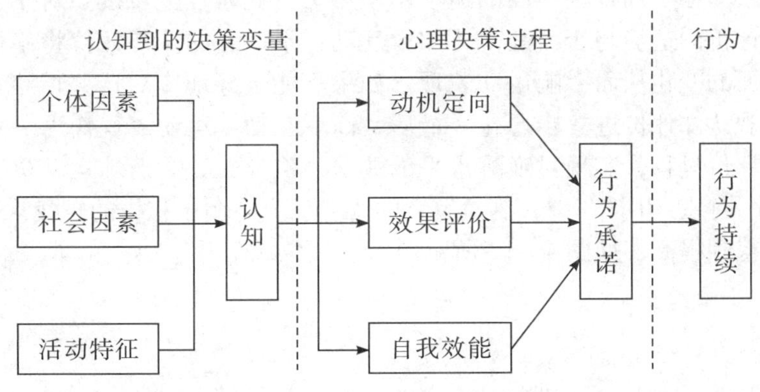

图 4－11　个体行为坚持的知识决策理论

研究结论如下：

（1）是否坚持锻炼直接取决于锻炼者对锻炼的心理承诺程度，锻炼承诺则是通过动机定向、锻炼效果评价、自我效能三个认知决策过程产生的决策结果。

（2）在三个心理决策过程变量中，锻炼效果评价对锻炼承诺的决定作用最大。在锻炼行为坚持阶段，怎样提高锻炼的效果，改善个体对锻炼的评价，才是保持锻炼行为持续的最重要的途径。

（3）认知到的个体和社会环境等影响因素是作为心理决策的前因变量，通过三个心理决策过程的中介作用，调节对坚持锻炼的承诺程度。

（4）在决策的前因变量中，个人投入、运动能力、参与机会、社会支持、锻炼条件和锻炼氛围对锻炼坚持行为具有促进和加强的作用，而社会约束、运动风险、制度约束和参与选择表现出较大的负面影响。

（5）对于锻炼坚持机制理论模型，需要从锻炼项目的特征、体育教育及相关人员等角度探索三个心理决策过程的前因决策变量。

9. 动机的认知论

认知失调理论、期望理论、归因理论等均属于动机的认知理论。动机是建立在选择目标、决策、计划以及对成败可能性分析等认知过程的基础之上的。认知评价理论认为，认知评价是人们对内在需要和外部奖励事件的一种认知整合。个体开始参与某种活动往往是出自于内部的兴趣、对自身能力的评价和对活动的控制感觉，即使没有任何奖励也能长时间兴趣盎然地从事某种活动。例如家长对于考试一百分的孩子奖励一百元，对于跑步获奖的孩子奖励运动装备。但当奖励出现后，人们参与某种活动的内部动机就会有一部分让位于外部奖励，之后就会为了获得奖金和奖品这些外在的奖励去投入学习活动和体育运动。当奖励撤销时，他们参与活动的动机强度也将下降，甚至消失。最后，可能形成多奖就多干、少奖就少干、没有奖励就不干的情形。这就是外部奖励削弱、损害内部动机的基本原理。这种当个体参加有兴趣的活动时，提供外部奖赏而导致内部动机的下降，也称德西效应。

影响运动参与和运动表现的因素很多。首先，内外互动：具有不同运动技能、体能状况和经验的个体参与到各种不同的运动情境中去，此时任务难度、对个人的重要程度影响主观认知评价的适当与否。其次，知情互动：不适当的认知评价将不可避免地导致情绪和生理方面的变化从而影响运动表现，如果不能很好地应对这些情绪和生理上的变化，势必使主观认知评价进一步恶化。最后，前后互动：运动表现作为一种行为结果信息反馈给认知评价过程，实现对唤醒水平的调节。例如，一个篮球运动员罚球命中率是 10 投 3 中，另一个是 10 投 8 中，显然后者的优势反应有利于积极的自我认知评价，命中率将会进一步得到提高。如图 4－12 所示。①

---

① 王斌．体育心理学［M］．武汉：华中师范大学出版社，2011．

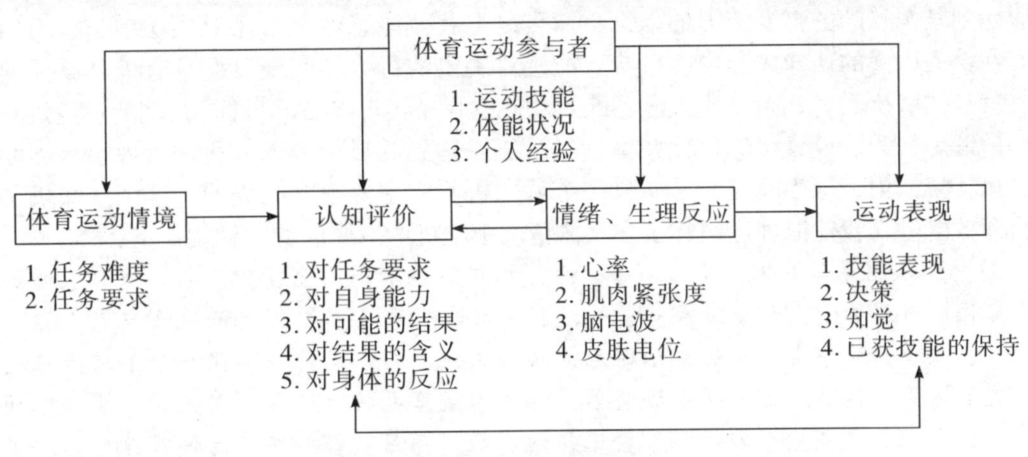

图 4－12　自我认识评价

(二) 自我意识的心理系统在运动习惯形成中的作用

参与运动和坚持运动的心理动力之一在于认知决策系统的工作，运动参与者认识到运动的价值和坚持的积极效益。事实并非如此简单。许多人明明知道体育运动的各样益处，为什么不参与运动呢？更谈不上形成运动习惯、坚持规律的运动。甚至其中一部分人群参与到运动计划之中，但半年内退出了计划。在退出运动计划的人群中重新开始运动的占多少比例，缺乏准确的统计。那么问题来了，除了认知因素的作用机制，形成运动习惯还有哪些心理动力？

1. 自我效能感在增强运动行为中的作用

社会认知理论是班杜拉在 1986、1997、2005 年提出的理论，在学习理论、动机理论和锻炼行为理论中能够有效地解释和预测相关行为。该理论认为，个体的行为、认知（意图、信念、态度、期望、自我效能等）和环境（社会压力、经历等）三者共存于一个互为因果关系的三角形中。社会认知理论的三因素关系，如图 4－13 所示。①

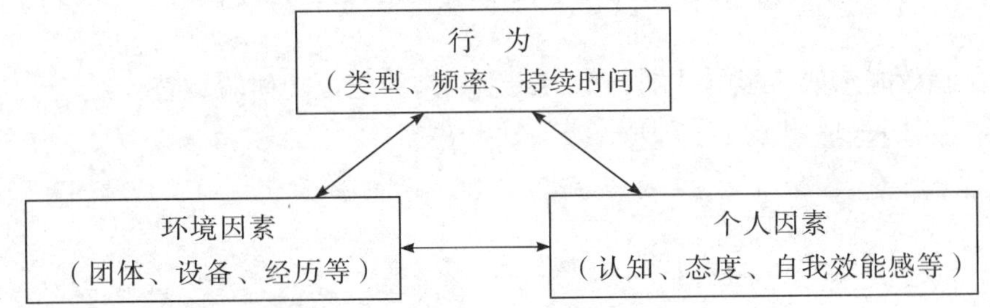

图 4－13　社会认知理论的三因素关系

个人、行为与环境之间相互作用，行为和环境是互动的关系，个人因素例如思维、情绪、身体、自我效能感在互动的关系中起重要的作用。自我效能指个体对执行某种行

① 司琦．锻炼心理学［M］．杭州：浙江大学出版社，2008.

为以达到某个目的的自身能力的信念，简言之自我效能感就是个体对成功参与行为的信心。在个人因素的认知成分中，自我效能感对决定的行为及实现目标具有极其重要的作用。就身体锻炼而言，高自我效能感的人总体上容易实现自己的目标①，例如不满意自己当前的锻炼行为、设置锻炼目标并坚信自己能够达到此目标的人，通常实现了自己的目标。班杜拉认为，行为改变都是通过一个认知机制为主要中介完成的，这个认知机制就是自我效能。自我效能理论解释了在具体情境中动机产生原因的。举例如下。②

个体A试图参与锻炼，而同事告诉他，参与锻炼不但不会减肥，而且极可能增加体重。不同的外界力量，如家庭或同事等，可能因为个体A参与锻炼而减少与家人在一起的时间，减少与同事在一起的娱乐时间，而阻止他参与。同样，目前社会上对锻炼还存有一定的偏见，体育通常与“头脑简单”相关的成见也将对个体参与锻炼产生一定的影响。个体A最终是否会参与锻炼？会选择何种锻炼项目？坚持多长时间？这些都将受到个体的认知因素及外界环境因素的影响。

个体B认为自己是一个非常不错的长跑者。如果在跑步机上他通常情况下可以坚持跑1个小时30分钟，而现在需要他完成一项在山间进行的1小时30分钟的户外长跑任务。此时我们就可能发现，他对自己能否完成这项在特殊环境下进行的长跑任务显得信心十足。同样，本来他计划完成跑步机上的长跑任务，但上周，他才从重感冒中康复过来，尽管他对自己完成跑步机长跑任务的自信心水平从没下降过，但考虑到身体因素，完成当前任务的自信心水平仍可能显现出下滑态势。

众多研究证实③，社会认知理论和自我效能感在增强运动行为方面的作用。

（1）自我效能感能够有效地预测各种健康情境下的行为，例如戒烟、体重管理、心脏病康复。

（2）自我效能感增强，导致运动参与度增加。运动参与度增加，也会导致自我效能感增强。自我效能感与个体一生的运动参与密切相关，特别是中老年时期。

（3）自我效能感对糖尿病患者和心血管疾病患者非常有帮助。

（4）自我效能感对于中途退出运动后能否恢复继续运动的情况，是极其有效的预测指标。

（5）自我效能感如何影响认知和行为，影响来源于成功体验、替代经验、口头说服、身心状态。如图4－14和表4－7所示。④

---

① 张力为，毛志雄．遇到了心理学［M］．上海：华东师范大学出版社，2003：355.

②④ 司琦．锻炼心理学［M］．杭州：浙江大学出版社，2008.

③ WEINBERG R S，GOULD D．体育与训练心理学［M］．6版．谢军，梁自明，译．北京：中国轻工业出版社，2016.

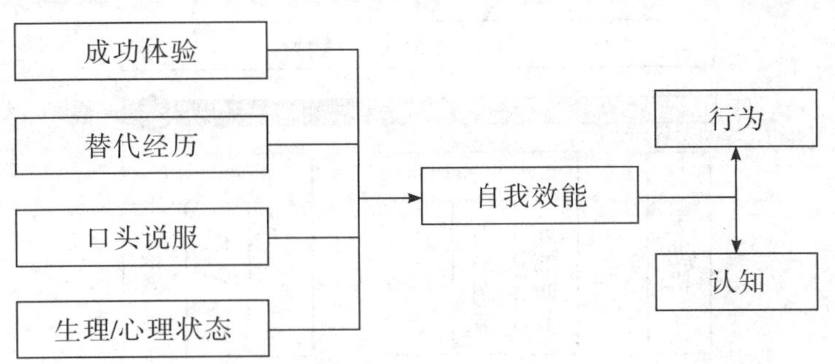

图 4－14　自我效能感影响认知和行为

表 4－7　自我效能的来源和激发策略①

自我效能来源	增强自我效能策略
成功体验	循序渐进原则：逐渐增加锻炼的速度、持续时间和运动负荷 使最初参与锻炼的个体成功机会最大化 日常努力逐渐增加，如走路代替骑车等 鼓励锻炼者记录完成的运动和生理指标变化
替代经历	播放与锻炼者年龄、身体特性以及能力相似者成功的录像带 通过团队和同伴的协作，提供经常性的专家示范 组织锻炼者观看他人锻炼时的情景 “参与者体验”：逐步让锻炼者体验到锻炼的困难，而逐步减少支持和帮助的力度
口头说服	为锻炼者提供足够的有关为什么、怎么和在哪里进行锻炼的信息。这可以通过小册子、文章、录像带、电视、报刊以及讨论会等形式实现
身心状态	确保锻炼者正确理解自身参与锻炼后的身体反应 帮助他们解释这些生理变化的意义以及随着锻炼的进行这些生理反应将怎样变化等

2. 自我决意理论（自我决定理论）

自我决定理论由德西（Deci）提出，最初是为了理解内部兴趣和外部奖励对人类行为的影响作用而提出的，研究重点主要集中在奖励的作用上。自我决定理论提出外部动机和内部动机形成一个连续体，不同类型的非本质相关行为在连续体上有相应位置。行为调节越接近内部动机或认同调节形式的调节，人们的锻炼意向就越高，参与锻炼的时间就越长。如图 4－15 所示。②

①② 司琦. 锻炼心理学［M］. 杭州：浙江大学出版社，2008.

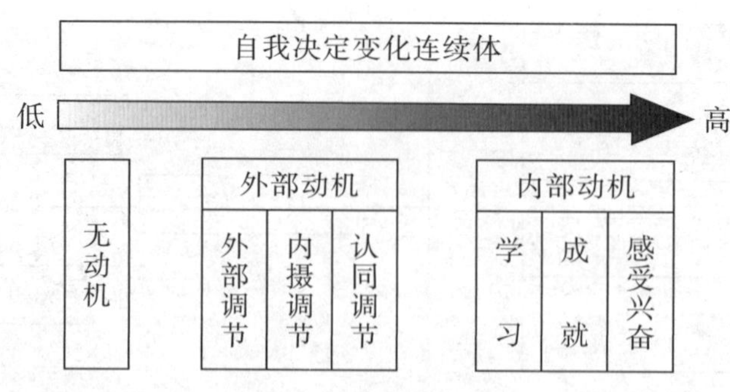

图 4－15　自我决定理论

外部动机有外部调节、内摄调节和认同调节。外部调节指行为受奖励和威胁的控制。如“医生告诉我，假如我不锻炼 ，我就很可能生病住院。”内摄调节指行为的激发是为了回避消极情绪或寻求他人满意 ，是一种较多内部的控制。如“假如我不锻炼 ，我就有一种负罪感。”认同调节指行为更多的受自己调控 ，是由对行为结果的满意激发。如“我想锻炼是为了获得健康。”

内部动机指个体因为自身的原因或极其享受某行动过程而参与其中的动机。如:“我锻炼是为了享受其中的乐趣。” Vallerand 等人认为内部动机同样是一个多维度的因素，包括学习、成就和感受兴奋三部分。例如有人选择马拉松，试图了解自己的身体在这种压力之下会怎样变化，这是学习马拉松运动并享受其中乐趣的内部动机。如果个体成功跑完马拉松，征服长距离、战胜自我所产生的成就感，可以获得自我满足成为巨大的内部动机。如果个体参与马拉松运动的过程中，体验到兴奋、异常享受包括大汗淋漓、心跳加速、力量饱满等，成为内部动机的最后一个部分。自我决定理论中内部动机与自我效能理论中的自我效能、计划理论中的主观行为控制等，有异曲同工的特点。

3. 行为意向在运动习惯形成中的重要作用

合理行为理论认为，大多数社会行为都受到意向的控制，意向即意愿、意图，是个体决定是否参与运动的关键，如坚持一项运动的意愿和为此努力的程度。意愿是直接影响希望的决定因素，又受到个体对特定行为的态度和对行为规范的影响。意愿越是强烈、意愿支持运动的时间越长，越是具有促进运动习惯的影响力。一个人决定长跑并坚持数年，以后对高尔夫运动着迷，就放弃了长跑，改为高尔夫运动，也是非常投入和坚持。意愿、态度和主观标准是该理论的三个重要因素。主观标准（也译为主观性规范或主观准则）反应个体感受到的社会压力，因而也具有信任和听从他人观点的动机。例如身边亲人、重要他人、所在团队觉得个体应该多参与、长期坚持运动，可能会促进这个人参与、坚持运动。这些观点可以用以解释运动习惯形成中的个体主观性因素和社会支持因素的积极作用。如图 4－16 所示。

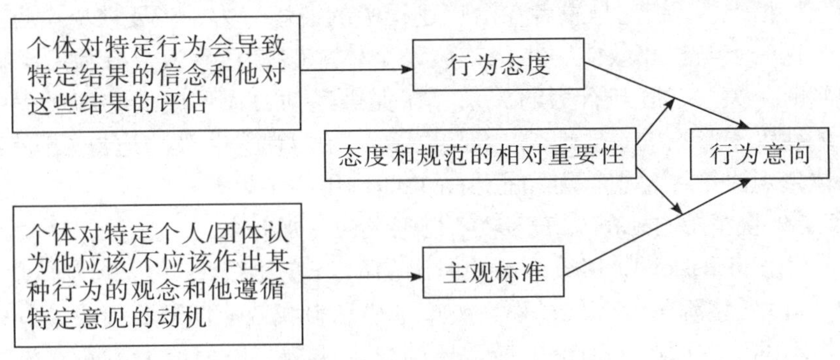

图 4－16　行为意向的作用

计划行为理论是合理行为理论的发展，认为意向不是行为唯一的预测变量。当意向完全能够控制行为时，合理行为理论特别有价值，因而加入了一个重要变量——主观行为控制，指的是个体主观认为实施行动计划的难度，可以解释为一个由完全不可控到完全可控的连续体。主观标准、行为态度、行为控制都会影响一个人的行为意向和行为结果。如图 4－17 所示。

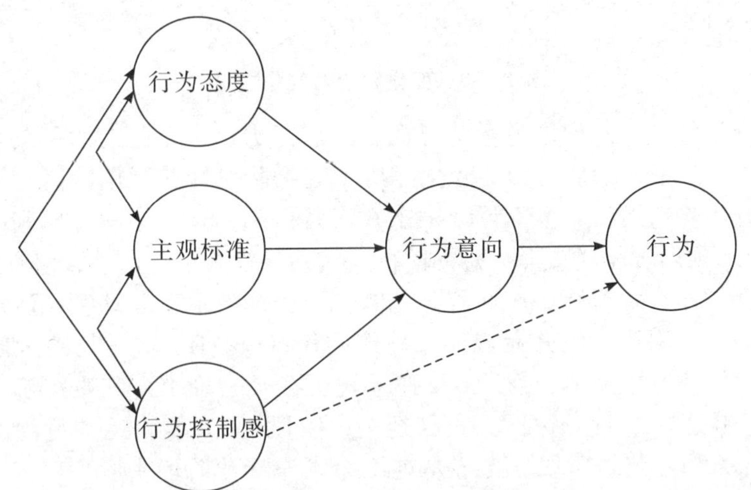

注：行为控制感是人们对自身能够执行某种行为的能力的感知。

图 4－17　影响行为意向和行为结果的因素

意向可以区分为指向增加运动行为的意向和指向坚持运动行为的意向。意向的质量和强度是真正意向行为的因素。例如通过电子邮件督促参与者坚持运动，并强调运动的各样益处，可以获得积极的效果：增强参与者的运动意向并增加运动参与的行为。意向和行为之间的时间间隔越长，当新信息进入时，意向更可能改变。情境是削弱行为意向和行为之间关系的第二个变量。在某些情境中，人们无法完全控制行为。个体主观行为控制这个因素的加入，提高了理论模式的有效性。如果个体的目的坚定、自制力强，原有计划的执行力或开始行动运动计划，就会更有控制。国外有研究 110 名直肠癌手术后运动行为的坚持情况。[①] 结论是患者在治疗过程中的锻炼行为，主要取决于意愿和主观行为控制能力。这一点与自我效能感相似，假设个体能够就其行为及行为后果做出合乎预想和理性的判断，关注态度与行为的关系，在促进运动习惯形成的心理过程中，占据着自主性、主体性因素影响的重要地位。换言之，运动习惯并非被动地自然而然地养成的，而是需要个体主观决策、意志努力和态度等共同作用的结果。

4. 阶段变化模型动态地解读了运动习惯形成的心理机制

1983 年，由 Prochaska 和 DiClemente 提出的阶段变化模型（也译为转变理论模型、跨理论模型），由变化阶段、变化过程、决策平衡和自我效能四部分组成。其中，变化阶段提供了最根本的组织原则，理论中最重要的核心结构。该理论为不同阶段如何进行干预提供了详尽具体的策略，最早应用于戒烟行为，后来被用来控制体重、乳腺检查及身体锻炼等，都有良好的实践效果。变化阶段与变化过程如图 4－18 所示。[②]

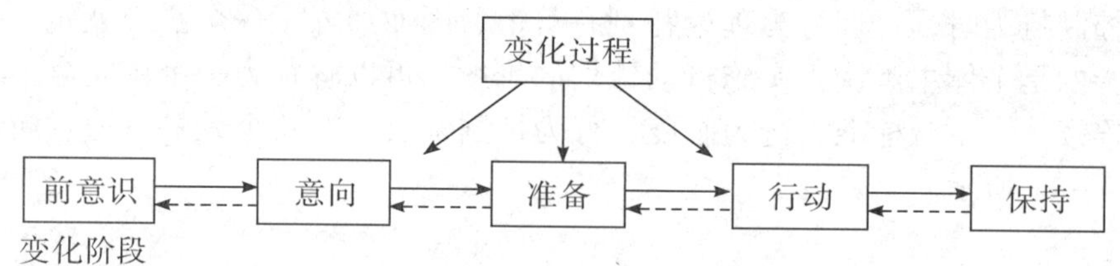

图 4－18　变化阶段与变化过程

在锻炼心理学领域，此理论为运动习惯、锻炼行为提供了强有力的解释、预测。变化阶段是螺旋式发展的，锻炼行为的变化经历了五个阶段即前预期阶段（或译为前意识阶段，还没有开始参与运动、也不计划未来 6 个月内参与运动。称作：我将不会，我不可能……阶段）、预期阶段（或译为意向阶段。目前还没有参与运动，但有意愿未来 6 个月内开始锻炼。称作：我可能……阶段）、准备阶段（买了新运动鞋、注册、尝试饭后散步等，已开始一些锻炼，但并无规律。称作：我将……阶段）、行动阶段（现在有规律地参与运动，但才开始不到 6 个月。称作：我正在……阶段）和维持阶段（有规律地参与运动，并坚持了 6 个月。称作：我已经……阶段）。如能将运动行为坚持 5 年以上的，则进入了第六阶段终极阶段（已经从前 5 个动态变化阶段中脱离出来，运动行为坚持了 5 年以上）。如图 4－19 所示，变化阶段螺旋发展图。[③]

变化阶段、决策平衡、变化过程、自我效能，被认为是影响阶段变化的重要结构（如图 4－20 所示）。决策平衡是个体在决定是否要改变行为时对改变的正负面因素的权衡。权衡运动收益和运动障碍的结果，取决于运动参与的变化阶段。处于前预期和预期阶段的个体认为锻炼的弊端大于收益，处于准备阶段的个体认为锻炼可能带来的收益与弊端大至相等，处于行动阶段、维持阶段的个体认为锻炼的收益远大于弊端。变化过程指个体随着行动变化而产生的行为的、认知的和情绪上的反应。自我效能是对自己能否完成某项特殊任务的信心的评价。

---

①③　司琦．锻炼心理学［M］．杭州：浙江大学出版社，2008．

②　考克斯．运动心理学［M］．7 版．王树明，译．上海：上海人民出版社，2015．

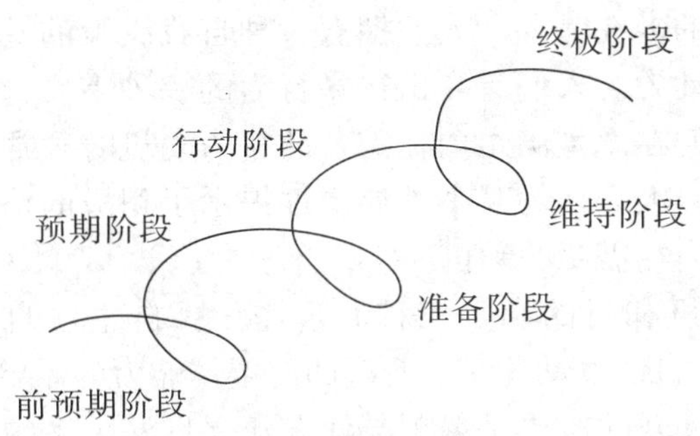

图 4－19　变化阶段螺旋发展图

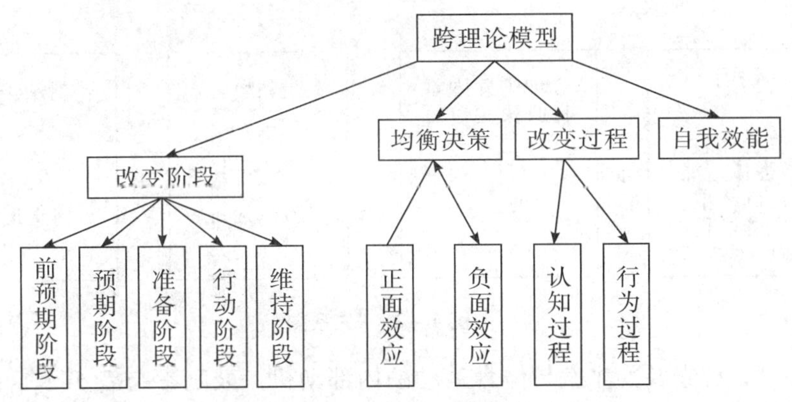

注：行为改变是一个逐渐增加的，连续的和动态的过程

图 4－20　跨理论模型结构

就运动习惯形成而言，个体由前预期阶段向维持阶段转换的过程极其关键。特别是坚持超过 6 个月的运动参与者，可能会终身坚持运动。重点是克服运动障碍。克服运动障碍的最有效办法是增强自我效能感。在行动阶段，运动行为的维持将只受到知觉自我效能的调节，以克服诸多障碍，避免行动的回复和停止。研究表明，锻炼行为自我效能在早期阶段最低，而在随后的阶段中逐渐增加，最后在维持达到最高。一项对 550 多名坚持运动 5 年以上的研究显示①，100% 相信自己终身坚持运动的能力。

（三）社会支持系统是运动习惯形成的心理动力

基于运动参与和运动坚持的社会认知和人际心理效应、态度与情绪体验、交往需要的满足、重要他人和榜样的影响、社会支持与社会建构等外部因素。

1. 与他人建立良好关系的愿望构成运动参与和运动坚持的心理动力

根据前述自我决意理论，德西和瑞安认为，奖励作为一种外部事件可能具有两种功能：控制功能和信息功能。外部事件产生哪种功能，取决于个体感知到的外部事件对自

---

① WEINBERG R S，COOLD D. 体育与训练心理学［M］. 6 版. 谢军，梁自明，译. 北京：中国轻工业出版社，2016.

我决策的影响。自我决策在构成内在的动机过程中发挥着能动的作用。自我决策既是人的选择能力，又是个体的内在需要。人们拥有一种自我决策的基本倾向，并可将这种倾向作为引导行为发生的动力。人们有自由选择行为的一种需要，而不愿意被迫或强制性地执行外在的决策。人们在产生满足内在需要的行为动机时，常常会对自己和外界事件的相互作用加以解释。当人们认为某个外界事件提示了积极的信息，对自己能力给予肯定时，可能会加强满足内在需要的动机。

个体参与运动的动机和目的满足三种心理需要：自主（自治）、能力和关联（关系）。自主的需要指个体自己发动并调节希望的愿望。能力的需要指个体能够与其所处的环境有效互动的愿望。关联的需要是渴望与他人建立良好关系的愿望。增加社会体验和社会联系是促使个体参与运动的最重要的需要。诱因、自我决意、动机和行为效果之间的关系如图 4－21 所示。[①]

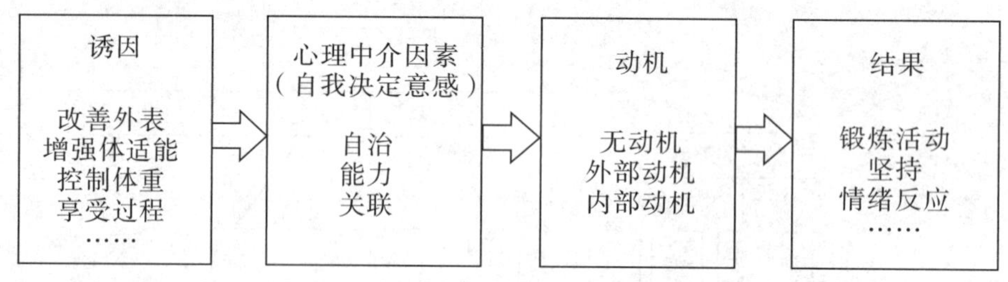

图 4－21　关系图

由此可见，首先要关注参与体育运动的内部动机，鼓励参与者出于自己的需要、兴趣去从事身体锻炼活动，在没有任何奖励的情况下，可以长时间地进行自己喜爱的体育活动，追求乐趣和内在需要的满足。外在奖励也是必要的，应当针对参与者在体育活动中的进步表现和努力进行奖励，引导参与者关注各自的兴趣点、能力或潜力、成功体验等内在的运动参与动机。能力感可以进一步加强内部动机。完全的自我决定感与各种不同的内部动机表现相联系。

2. 社会支持与社会规范更有促进运动行为的影响力

计划行为理论的扩展理论，如图 4－22[②] 中虚线所示。自我效能感、过去锻炼行为、个体因素包括神经质、外向性、责任心等人格因素，对锻炼目的产生复杂的直接影响或间接影响，高度责任感会加强对锻炼行为的影响。社会支持比社会规范对锻炼目的的预测更强。自我效能和知觉行为控制具有主观性的影响力。

---

① 司琦. 锻炼心理学［M］. 杭州：浙江大学出版社，2008.

② 考克斯. 运动心理学［M］. 7 版. 王树明，译. 上海：上海人民出版社，2015.

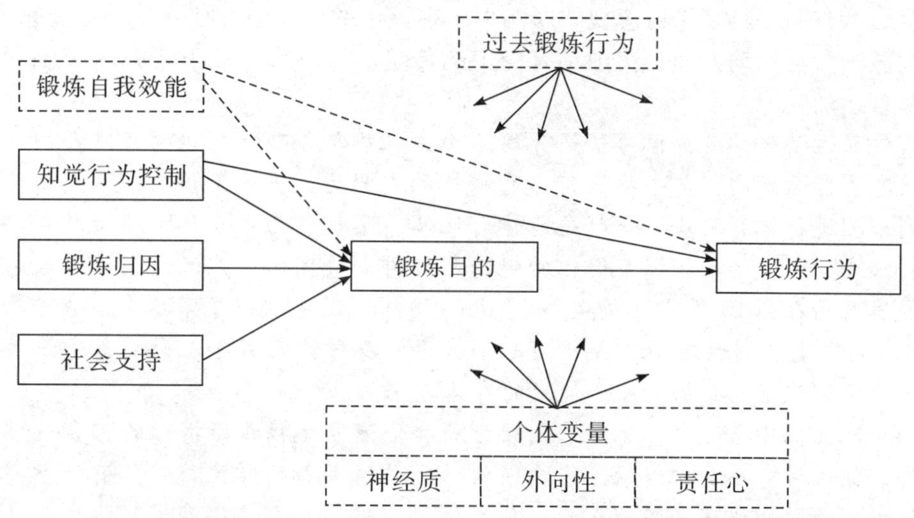

图 4－22　原计划行为理论（实线）和扩展理论（虚线）的示意图

3. 运动坚持模型强调目标设置、自我调节、社会支持的作用

2008 年，Nigg 等人提出了专门针对运动坚持性的理论模型。① 通过以下几个方面预测运动坚持性：

（1）目标设置：实现承诺、满意度。

（2）自我激励：克服各种情境限制、坚持实现行为目标。

（3）自我效能感：克服障碍、不退出的决心。

（4）运动环境：环境的便捷性、美感或魅力、让人愉悦的风景、社交支持。

（5）生活压力：最近生活的变化、日常烦扰。

其中特别提到了社会支持和自我激励的作用。研究表明，内部动机是源于学生自身好动、好奇或好胜的心理，如渴望从体育活动中获得身体上的快感、乐趣、刺激，以及希望满足自尊心、上进心、荣誉感、义务感、归属感和自我实现等心理需要的动机。内部动机是既经济又富有积极推动作用的心理动力。内部动机对学生参与体育活动的推动力量较大，维持的时间也较长。自我效能感是学生体能水平、技术水平与行为表现之间的一个中介因素，当学生面对一个个技术动作和一次次困难情境时，他们拥有的自我效能感就是推动、调节他们行为的动力，决定着他们参与体育行为的进取水平、努力程度和坚持性。与自我效能感相反的心理表现是习得性无助感。他是在个体多次经历了无法挽回的失败和挫折后再次面对同一任务时产生的无能为力、放弃努力的心理状态。习得性无助对个体未来行为的动机、认知和情绪会产生不良影响，甚至会导致退避性行为。不过，习得性无助感和自我效能感都是不稳定的，随情况变化的情境特点可以改变。

4. 父母支持、社会文化支持是青少年形成终身运动习惯的重要力量

个体运动坚持，在目标的实现、需要的满足、情绪的体验、态度的改变、人际的互

① WEINBERG R S，COOLD D. 体育与训练心理学［M］. 6 版. 谢军，梁自明，译. 北京：中国轻工业出版社，2016.

动、社会支持方面，具有不可忽视的影响力。在孩子的成长中，社会支持主要来自父母。家长带领孩子参与运动方面，美国具有一定的传统。可以参考以下研究《美国青少年何以热衷体育运动》。①

所谓体育运动兴趣是个体为了强身健体而主动参与各项体育运动及比赛的一种积极的心理状态和行为倾向，是个体进行体育锻炼的内驱力。美国大多数家庭周末都会一起健身或到公园进行体育游戏，一起观看体育比赛，父母作为观众参加子女所在学校的体育活动。如今，科学运动和强身健体的观念已经得到美国人的广泛认同。美国第一夫人米歇尔·奥巴马在2010年9月发起Let's Move组织，倡导"一个家庭中，孩子每天需要1小时比赛的中度至剧烈活动，成长为一个健康的身体；而成年人每周至少五天需要半小时的中度至剧烈活动，保证一个健康的身体。"

党的十八届三中全会立足于国家民族全局和亿万家庭福祉所提出的"强化体育课和课外锻炼，促进青少年身心健康、体魄强健"的体育目标。学生终身体育运动习惯需要进一步养成，长远的体育兴趣使人养成体育运动习惯，让人终生受益。体育要从学生长远的利益出发，培养学生终身体育运动习惯。美国人把公园、桥边、道旁作为体育锻炼的场所，让孩子在摇篮里享受与父母一起运动的快乐，我们也完全可以构建家、校、社会三位一体的体育联动体系。虽然我国家庭运动气候尚未形成，但中国家长极为关注孩子，因此我国校园体育应适当组织家庭竞赛项目，发挥青少年的主体作用，引导学生带动父母一起参与体育运动，使家庭健康锻炼和终身体育理念融为一体，形成推动青少年养成终身体育运动习惯的良性循环，让我国基础教育"促进青少年身心健康、体魄强健"的体育目标代代相传。

《岩松看美国》中的第14集《好学生爱体育》在央视播出以后，引起社会关注。通过采访学生、家长、老师，现场观看比赛，摄制组发现美国父母在鼓励、陪伴、支持孩子参与体育运动方面做得很到位。父母对于鼓励孩子参与体育运动考虑是多方面的：发展兴趣、增强体质健美体魄、形成运动习惯、合理避免不良行为、合理避开父母忙于工作的时段、减少久坐或屏幕时间、参与团队合作、扩大交往等。摄制组也采访了科比曾经就读的劳尔梅里恩高中。该校通常一天的最后一节课是体育课，两点半放学之后，参加各种体育社团的学生纷纷投入到专项（篮球、足球、棒球、曲棍球等）训练和比赛中，参与自己喜欢的运动项目是每一个学生的特权。该校老师希望从这里走出去的学生个个是运动高手，并希望学生保持激情、对外界的好奇心、善于发现问题。并认为，学生热爱体育、参与运动的各种体验，本身就是一种成长。尽管体育不一定成为职业，但可以相伴一生。希望学生终身坚持运动并影响下一代。老师相信体育运动能够给予学生的精神财富，终身受用。以下摘录几个片段。②

比赛已经开始了，我们熟悉的易建联活跃在赛场之上。观众们的热情丝毫没有因为大雨而受到影响，他们不遗余力地为自己支持的球队呐喊助威。观看比赛的大多是以家庭为单位，父母带着自己的孩子。

① 刘辛丹. 美国青少年何以热衷体育运动［J］. 中国德育，2014（4）.

② 白岩松. 岩松看美国［M］. 北京：华艺出版社，2009：135－140.

比赛进行到一半的时候，劳尔梅里恩中学的球队大比分落后。一位球队主力队员的母亲说这是一件很普通的事，可以把他当做是一种历练。

我们经常在美国电影中看到，很多父母都会为观看孩子的第一场比赛而刻意请假。如果赛场上的孩子回头看到父母不在场都会特别失望。即使是离婚的父母，都会选择在球场上重逢。尤其对于父亲和儿子，体育是他们之间的谈资，是拉近他们关系的共同爱好。

吉姆·雅德力介绍说："在一些家庭里，家长参加体育运动，非常希望他们的孩子也参加，因为对孩子而言这意味着很多。在美国，如果孩子参加体育运动，家长就会努力去支持他们。如果一个社区里，两个不同家庭的孩子都要去参加比赛，那两个家庭的家长就会一起去观看比赛。我们会为孩子鼓掌，鼓励他们，显示我们很在乎他们。"

美国中小学的课余时间很充足，下午两点半之后的时间都可以由孩子自由支配。家长忙于工作，无暇顾及孩子的课后生活，所以他们都很支持孩子参加体育活动。体育可以让孩子养成健康的生活习惯，交到很好的朋友，避免游手好闲或者染上吸毒等恶习。家长满意地看到，他们的孩子在积累了运动积极性的同时，在学习上也是劲头十足。

"在一些学校里，有的家长如果非常热衷体育，他们可能会创建俱乐部，或促进当地体育产业的发展，捐一些钱用于建设场馆等，因为他们热爱体育事业。特别在小城镇里，因为体育，创造了社区活动，使人们走到一起，看自己孩子的比赛，培养一种社区意识，这是非常好的事情。"雅德力说。

认为男孩子就应该体魄健壮，而女孩子则应该曲线玲珑。像20世纪70年代的卡本特那种对骨感的追求，在他们看来早就过时了。而如今东亚流行的阴柔型美男更与他们的审美取向格格不入。

而且我们注意到，他们所热衷的体育活动，不管是篮球、橄榄球还是冰球、棒球，都是合作型的项目，在这样的活动中，学生可以学会互相配合，形成良好的团队意识。

听说中国的学生更多地专注于自己的学业，很少参加体育活动，这些美国孩子觉得有些不可思议。因为他们认为喜欢参加体育活动的都是好学生，那些坏孩子根本无法安排好自己的时间去兼顾学习和体育。

这天下午，我们的摄制组正好赶上该校长曲棍球队迎战前来挑战的外校球队，这项起源于印第安人的传统体育项目近几年来在美国的高中和大学校园里十分流行，而通常前来观看比赛，为球员加油助威的正是这些球员的家长。

美国大学和社会上一些大公司的选人标准，进一步促进了美国中小学中基础体育的发展。"我想从基层的教练水平看，美国的相对较好，因为美国篮球运动更加成熟。美国的观念认为，体育向每个人提供参与的机会，每个人都能参与。"《纽约时报》的记者吉姆·雅德力这样说。

学生也很乐意参加体育活动。这些孩子正处于成长阶段，西方人传统的审美观念使他们很看重体育锻炼带给他们的健康美。他们自己，更代表着整个学校和令人自豪的体育传统。

每天下午两点半放学之后，道格·杨和篮球队的主教练格瑞格·道纳都要投入紧张的训练中去。对于他们来说，最重要的不是将某个学生培养成科比式的明星，而是要对所有的学生一视同仁。给每个学生机会，让他们在性格方面得到锻炼，学会如何应对压力和挑战，拥有坚毅的品格并养成守时、敬业等习惯。如果这些都可以做到，那他们将来在生活中也能取得成功。

在美国，有很多贫困地方的孩子，他们的学校在专业学术方面或许不是很好，于是他们将体育作为进入大学的一个很好的方法，很多篮球和橄榄球运动员利用获取奖学金的方式进入大学接受教育。

而且美国的一些大公司很愿意招收大学里体育好、学习成绩又很好的员工。因为美国大学里功课很紧张，校队的训练又很艰苦，如果一个学生在坚持参加体育训练的同时，还能够拿到比别人好的成绩，说明他的毅力非常强，并且很能吃苦。

心理学研究表明，社会性动机即为了在体育活动中与同伴接近、交往，得到认同、发展友谊，追求完美、施展才能、获得成功、赢得荣誉，满足个体的社会性需要而参加体育活动的动机，具有相对持久的特征，对学生在体育学习和身体锻炼中的人际互动与相互学习，对他们在学习体育知识、掌握运动技能、提高体能水平等方面追求成功都具有较大的推动作用。

第四节 良好运动习惯的养成

叶圣陶说：教育就是培养习惯。培根在《随笔集》中指出：习惯真是一种顽强而巨大的力量，他可以主宰人生。因此，人自幼就应该通过完美的教育，去建立一种好的习惯。卢梭在其教育名著《爱弥儿》中指出：在儿童时期没有养成思想的习惯，将使他从此以后一生都没有思想的能力。乌申斯基认为，好习惯是人在神经系统中存放的资本，这个资本会不断地增长，一个人毕生就可以享用他的利息。而坏习惯是道德上无法偿清的债务，这种债务能以不断增长的利息折磨人，使他最好的创举失败，并把他引到道德破产的地步。可见，良好的习惯对于一个人意味着什么。如何养成好的习惯，需要理清思路，找到对策。

良好的运动习惯关乎国计民生。从国家层面的健康管理战略、方针、政策、措施、制度的出台，到各级政府部门对于人口素质、国民体质、个体身心健康水平的监管，相关管理部门要打通各种职能的局限，通力配合。教育科研要加强全民健身、学校体育、休闲体育的科学研究和推广。调动社会上一切可以调动的力量，发挥社区、学校、家庭在运动习惯的养成上特别重要的积极作用。

一、着眼于国民健康的全局和高度，重视运动习惯的养成

（一）运动是健康管理非常重要的因素

有一个狼医生的故事。森林里有狼有鹿，人们为了保护鹿，就把狼消灭了。几年后，没有狼的追杀，鹿吃饱后就躺在草地上休息、晒太阳，结果鹿变得胖起来了，成了胖鹿。脂肪肝、冠心病、高血压、自身疾病越来越多，死得越早，结果鹿群越来越少，快要到自己消灭、自动绝种了。怎么办呢？谁能给鹿治病呢？想来想去，最好的办法就是把狼请回来，重新买了狼放在森林里，狼一来就吃鹿，鹿就得跑，狼追鹿跑，在这样的过程中，鹿锻炼了身体。狼变成鹿的医生了。自然界就是这样非常亲密，在这么相互竞争中，各自得到提高。现在讲的人类这么些慢性病，内因在慢性病中所占的作用只占20%，80%是外因造成的。外因可概括为16个字：合理膳食；适量运动；戒烟限酒；心理平衡。因此，可以通过外因调控，用科学的生活方式来减少疾病。

健康第二大基石是适量运动。运动是健康的非常重要的因素。医学之父波克拉底讲了一句话，传了2 400年。他说："阳光、空气、水和运动，是生命和健康的源泉。"你要想得到生命和健康，离不开阳光、空气、水和运动，说明运动和阳光一样。我们知道奥林匹克运动的故乡古希腊，在古希腊山上岩石上刻了这样的字："你想变得健康吗？你就跑步吧。"

有资料显示，把老年人分两组，一组就是一天平均步行4. 2公里，一组就是基本上不走路。结果发现，走4. 2公里这组老年人死亡率、冠心病比不走路那组下降60%，这是步行走路的好处啊！从报上报道得知：雷洁琼95岁，问她有什么爱好，她说什么爱好也没有，唯一的爱好就是天天走路。陈立夫为什么能活到一百岁，他也是每天步行。除了步行，还有项运动值得提倡，就是太极拳。太极拳柔中有刚，阴阳结合。太极拳最大的用途就是改善神经系统，打拳的要坚持三、五、十年之久，最重要的是平衡功能改善，不摔跤。美国老年体育协会专门作了研究，分两组老年人：一组在健身房锻炼，天天练肌肉；另一组一分钱不花，打太极拳，结果，练拳的这组平衡功能好、脑子好、走路摔跤骨折减少50%。最后美国人得出一个结论，非常佩服中国东方人的智慧，不花一分钱的太极拳比现代化的器械效果好得多。①

从以上洪绍光健康教育讲座提到的故事、研究案例，我们不必去考查具体的数据，而是从中引起思考，得到一些启发：

首先，改变观念，站在国家民族全局利益的高度，不必以生命和健康为代价，多赚钱来防病治病，把后半生送到医院的病床，而是要用科学的生活方式来减少疾病，提高生活质量，延年益寿。这一点需要在全社会范围内开展健康教育，让健康观念深入人心。其次，科学的生活方式中，适量运动要成为一种生活常态，养成良好的运动习惯非常重要。最后，如何选择运动项目、怎样才能适量运动、如何保持几十年如一日的运动习惯，值得我们深思，并向专业人士咨询，获得指导和帮助。

---

① 参考洪绍光健康教育讲座。

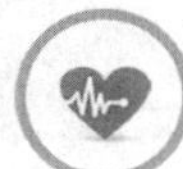

（二）动则有益，贵在坚持

根据《中国成人身体活动指南》，身体活动指由于骨骼肌收缩产生的机体能量消耗增加的活动。科学的身体活动可以预防疾病，愉悦身心，促进健康。进行身体活动时，人体的反应包括心跳、呼吸加快、循环血量增加、代谢和产热加速等。这些反应是身体活动产生健康效益的生理基础。身体活动对健康的影响取决于他的方式、强度、时间、频度和重量。合理选择有益健康的身体活动量（包括活动的形式、强度、时间、频度和总量），应遵循以下四项基本原则：

1．动则有益

对于平常缺乏身体活动的人，只要改变静态生活方式、增加身体活动水平，便可使身心健康状况和生活质量得到改善。

2．贵在坚持

机体的各种功能用进废退，只有经常锻炼，才能获得持久的健康效益。有规律的运动，才能获得最佳的身体和心理效益。

3．多动更好

低强度、短时间的身体活动对促进健康的作用相对有限，逐渐增加身体活动时间、频度、强度和总量，可以获得更大的健康效益。

4．适度量力

多动更好应以个人体质为度，且要量力而行。体质差的人应从小强度开始锻炼，逐步增量，体质好的人则可以进行活动量较大的体育运动。

（三）运动习惯有利于推进健康中国建设

根据《中华人民共和国国民经济和社会发展第十三个五年规划纲要》，提升全民教育和健康水平（第十四篇），把提升人的发展能力放在突出重要位置，全面提高教育、医疗卫生水平，着力增强人民科学文化和健康素质，加快建设人力资本强国。推进健康中国建设（第六十章），深化医药卫生体制改革，坚持预防为主的方针，推广全民健身，提高人民健康水平。实施慢性病综合防控战略，有效防控心脑血管疾病、糖尿病、恶性肿瘤、呼吸系统疾病等慢性病和精神疾病。加强重大传染病防控，降低全人群乙肝病毒感染率，艾滋病疫情控制在低流行水平，肺结核发病率降至58/10万，基本消除血吸虫病危害，消除疟疾、麻风病危害。做好重点地方病防控工作。增加艾滋病防治等特殊药物免费供给。加强全民健康教育，提升健康素养。大力推进公共场所禁烟。加强国民营养计划和心理健康服务。广泛开展全民健身运动，实施全民健身战略。发展体育事业，加强群众健身活动场地和设施建设，推行公共体育设施免费或低收费开放。实施青少年体育活动促进计划，培育青少年体育爱好和运动技能，推广普及足球、篮球、排球、冰雪等运动，完善青少年体质健康监测体系。发展群众健身休闲项目，鼓励实行工间健身制度，实行科学健身指导。促进群众体育与竞技体育全面协调发展。鼓励社会力量发展体育产业。①

---

① 中华人民共和国国民经济和社会发展第十三个五年规划纲要［N］．人民日报，2016－03－18（01）．

十三五规划中，提出健康中国行动计划，国家强调慢性病防治迫在眉睫，提出重大慢性病过早死亡率降低10%的量化目标。全民健身城乡全覆盖。健康教育和健康管理被提到前所未有的高度。

专栏21　健康中国行动计划（节选）①

（1）疾病防治和基本公共卫生服务

逐步扩大向全体城乡居民免费提供基本公共卫生服务的范围，提高心脑血管疾病、癌症、慢性呼吸系统疾病等重病、疑难杂症防治能力，重大慢性病过早死亡率降低10%。加强卫生应急，疾病预防控制、精神卫生、血站、卫生监督能力建设，支持儿科、肺癌、心脑血管、糖尿病、精神病、传染病、职业病等重点薄弱领域建设。

（2）全民健身

加强体质测试与健身指导服务，推动城市社区15分钟健身圈建设，实现公共体育服务乡镇常住人口全覆盖和农民体育健身工程全覆盖，加强足球场地、健身活动中心等公共体育服务设施建设和后备人才培养。

专栏22　基本公共服务项目（节选）②

居民健康档案、健康教育、预防接种、传染病及突发公共卫生事件处理，儿童健康管理、孕产妇健康管理、老年人健康管理、残疾人健康管理和社区康复、慢性病管理、严重精神障碍患者管理、卫生监督协管、结核病患者健康管理服务、中医药健康管理、艾滋病病毒感染者和病人随访管理、社区艾滋病高危行为人群干预、免费孕前优生健康检查、疾病应救助、基本药物制度、计划生育技术指导咨询、农村部分计划生育家庭奖励扶助，计划生育家庭特别扶助、药品安全保障等。

二、养成运动习惯的基本原则

以习惯形成过程的特点为依据，结合运动习惯的生理心理机制，提出养成运动习惯的以下几个基本原则。

（一）从小培养

少成若天性，习惯如自然。意思是说习惯从小培养，比较容易获得成功。习惯形成具有后天性、稳固性等特点，最好从小就开始训练运动习惯的养成。好的运动习惯会影响成年后的运动坚持性，并受益终生。家庭、幼儿园、中小学，成为运动习惯养成的重要基地。

（二）技能指导

运动习惯的养成需要以体育学习为基础，熟练的运动技能是表现运动习惯的方式。如果什么运动项目都不会，运动习惯只能停留在口头上。事实证明，运动技能掌握较好的青少年，运动兴趣更为浓烈，运动参与的活动欲望更高，运动习惯也就更加易于形成。因此，先掌握运动技能，再培养运动习惯，就顺理成章了。

---

①② 中华人民共和国国民经济和社会发展第十三个五年规划纲要［N］. 人民日报，2016-03-18(01).

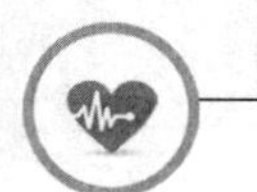

（三）坚持实践

体育运动的特点在于自身就是一种实践活动。Just do it. 做中学习。运动中成长。运动中体验。运动中改变。无论是青少年、成人、还是老年人，运动习惯需要在实践中养成。因此需要提供运动的场所和设施。越是就近便捷的运动场所，越能激发运动实践活动的开展，越能提高运动坚持性。

（四）行为强化

习惯是一种不断得到强化、加以巩固的行为方式。所谓强化是指使有机体增加某种行为反应重复出现可能性的力量。当个体表现出良好行为，并得到了他们期望的奖励，将使他们高兴、快活，乐于再次表现同样的行为。这是常见的积极强化。良好习惯的养成，是一个长期的发展过程，把信念变成习性、把思想化为行动的过程，通过奖励、激励，不断地强化行为，促进习惯成自然的过程。

根据动机的行为理论，在体育教学或身体锻炼活动中，经常运用表扬和批评的手段，激励学生的运动行为，或阻止不利于体育活动与身体健康的行为。对于初学某个技能或刚刚参加体育活动的参与者，应多表扬、鼓励初学者、初练者。在表现出正确行为后，立即给予表扬、肯定强化，效果较佳。对他们给予连续强化，可使他们快速、有效地建立起良好的行为习惯。对已经形成一定行为习惯或技能水平的运动参与者，可采用不定期、不定时的强化方式，有时在短时期强化、有时则间隔较长时段给予强化。

起强化作用的刺激物有很多。如食物、水等属于初级强化物；奖杯、金钱、分数、受到关注等属于二级强化物。对一般的儿童来说，没有任何强化物比父母更起作用。母亲一次微笑的价值远远胜过所有的奖牌和绶带。来自一位备受尊敬的教师的表扬，往往成为学生最看重的强化物。我们不止一次地听到学生这样说："我要做得好，只因为不能让您失望。"

（五）社会支持

运动习惯的养成需要家人、朋友、同事、同学的支持，需要队友、球友、拳友、驴友的协同参与、彼此勉励，需要重要他人（如父母、配偶、子女）的认可和激励，需要社区提供服务和指导，需要在运动坚持中寻找自我的确认，需要在运动坚持中实现交往的满足。例如在体育教学中，透过团队的练习、游戏、比赛活动，要求参与者之间相互帮助、关心、交往和支持，满足学生的归属、爱与被爱、获得尊重等需要。作为团队的一分子，在团队活动中承担一份的责任、献出一份力量、发挥一份作用，同舟共济，互相关注、尊重和鼓励，学生的社会性需要得到满足，感受到同伴的认可和关爱，认识到别人对自己的需要和自我存在的价值，自豪感、荣誉感得到加强，参与运动的积极性、主动性和坚持性也会得到充分的调动。长远来看，养成良好的运动习惯，不仅有利于自身的身心健康和自我成长，也有利于将来成为子女养成运动习惯的正面榜样，更有利于国民健康水平、生活质量的提高。

三、养成运动习惯的策略和方法

研究证实，运动参与在 6 个月内很不稳定。坚持到 6 个月以上，运动退出的情况较

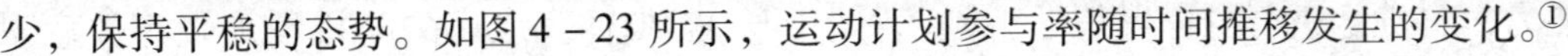
少，保持平稳的态势。如图 4－23 所示，运动计划参与率随时间推移发生的变化。[①]

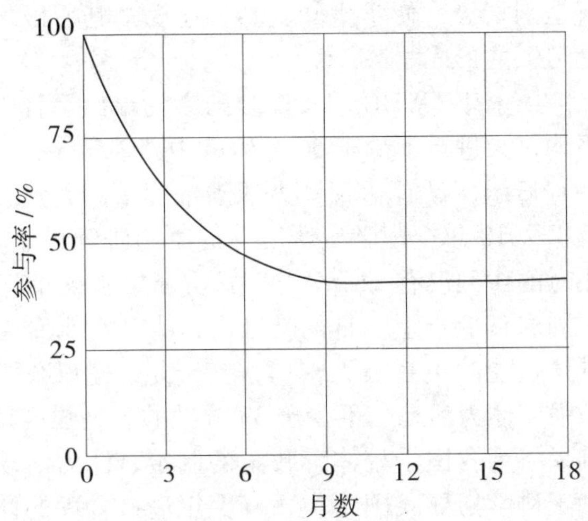

图 4－23　运动计划参与率随时间推动变化图

换言之，热爱运动的人总是热爱，放弃运动的人早已放弃。养成运动习惯的策略，实质上是如何增强运动坚持性的策略。[②]结合国内外研究成果，将养成良好运动习惯的策略及其配套的方法，归纳如下。

（一）阶段性策略

阶段性策略强调提供与运动参与者所处的运动行为转变阶段相适应的十预。

研究养成运动习惯，关键在于运动习惯形成的各阶段 T1、T2、T3 的转换，从运动参与、运动坚持、运动退出到重新参与的阶段，并提出相应的策略和应对措施，以利于运动习惯的稳固。换言之，重新加入运动行列，参与者的心态、动机和行为，与初次接触参与运动的情况大不一样。无论从哪个阶段切入，动则有益。健康教育、运动指导要有科学性、前瞻性、预见力，有目的有意识地吸引人群参与到运动中来，至少要跟上参与者的脚步。

例如一项关于学校体育与体育能力的研究得出：学校体育阶段是形成运动习惯的关键期。学校虽然面对的是成长中的一个阶段，着眼点却是人的一生。学校体育是人的一生中接受系统身体教育最长、最有时间保证的阶段，并为形成运动习惯提供了良好的环境和条件。从运动习惯的体系结构来看，运动习惯是由学前体育、学校体育和成人体育三个相互联系的阶段构成的。学前体育阶段，是形成运动习惯的启蒙期，对于婴幼儿的健康、生长发育及其生命活动等，具有重要影响；学校体育阶段，是形成运动习惯的关键期，他既保证儿童、少年的健康与生长发育，也要为形成运动习惯奠定基础。成人体育阶段，是运动习惯形成的扩展期。个人根据情况，灵活自主地从事身体锻炼。培养学生自我锻炼能力，“自我锻炼能力是人能熟练地运用已掌握的运动技能，充分发挥自身的

①② WEINBERG R S，COOLD D. 体育与训练心理学［M］. 6 版. 谢军，梁自明，译. 北京：中国轻工业出版社，2016.

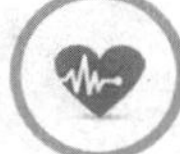

活动能力，自觉地进行身体锻炼的本领”，[①] 因此，学校体育应不失时机地加强主体意识培养，并有针对性进行个别指导，使学生知其然，还要知其所以然，提高学生独立锻炼身体的能力，促进运动习惯的形成。

研究表明[②]，世界卫生组织（WHO）及许多国家均提出了针对儿童、青少年的体力活动指南，建议他们平均每天进行不少于60分钟的中高强度体力活动。然而美国及其他发达国家的流行病学调查显示，没有达到体力活动推荐量的儿童、青少年比例很高。我国的状况也不容乐观，据2010年全国学生体质与健康调研资料显示，9～18岁学生每天体育锻炼时间达到1小时的比例仅有22.7%。我国儿童、青少年整体体力活动水平很低，且呈现女生低于男生、周末日低于上学日的特征。体力活动水平与健康指标具有一定的量效关系，其中与心肺体适能的关系最为密切，基于此，建议我国儿童、青少年每天进行不少于257分钟的低强度体力活动、不少于35分钟的中高强度体力活动，以获得健康心肺体适能。本研究结果将为我国学校体育政策的制定、体力活动干预方案的设计提供重要参考依据，并有助于科学指导我国儿童、青少年进行合理的体力活动和体育锻炼以有效预防各种健康风险。经常性的体力活动对儿童、青少年具有诸多益处，包括减少肥胖发生、降低心血管疾病风险因子水平、促进骨量沉积、改善心理健康等。

另一方面，培养良好习惯的关键期也是矫治不良习惯的最佳时期。青少年时期由于身心发展尚未定型，具有极大的可塑性，这一时期也是矫治不良习惯的最佳时期或关键期。

如何培养儿童成功的习惯呢？楚图南认为要遵循以下原则。[③]

1. 培养自信，先易后难。楚图南认为，养成儿童的成功习惯，应该从培养自信心入手。他说：“人无自信心，则不能成功。自己以为我不能成功，则始终是无希望的失败者。由他而说，人要成功，非有自信心不可。欲有自信心，又非平日养成‘成功的习惯’不可。”怎样养成自信心呢？楚图南认为，要像老猫教小猫捕食那样，开始时将比较容易的工作给儿童做，使其体会到做事的成功和乐趣，然后逐步加大难度，让儿童伴随成功长大。

2. 量力而行，循序渐进。楚图南认为，人不能做自己能力所不能为的事情，儿童由于能力弱，更应该如此。他说，如果让儿童做力所不能及的事，他们往往感受到的是失败，一次两次无所谓，但多次或更多次的这样做而不加限制，儿童就可能锐气退减，以为自己不能胜任任何事，就可能放弃尝试，成为一个木呆的人。所以，我们不必拿儿童所不能做的事强迫儿童去做，儿童做事成功，然后可以做更难的事，因为有了先前成功的体验，更难的事情就不怕了。

3. 鼓励成功，慎用奖惩。楚图南认为，要经常鼓励儿童，哪怕他们做错了事情；而不要用失败去惩罚儿童。他说，一个教育孩子的人，应该时时列举儿童的优点鼓励儿童，

---

① 刘保明. 培养体育能力—学校体育的重要目标［J］. 北京体育师范学院学报，1991，3（1）：39.

② 王超，中国儿童青少年日常体力活动推荐量研究［D］. 上海：上海体育学院，2013.

③ 楚图南. 楚图南著译选集［M］. 北京：北京师范大学出版社，1992.

而不要寻觅儿童的错处。奖励其成功，就可以免去其失败；如果已经失败，还用失败去惩罚儿童，就好像是促使一个病人迅速死去。他引用教育家的话说，“在教育管理上，不赦之罪，只能使儿童不能做或做不好。”

4. 因材施教，善待特殊儿童。楚图南认为，儿童的个性和天赋是存在巨大差异的，在成功习惯的养成重要区别对待，因材施教，尤其是要善待那些发育有缺陷的低能儿童。他说：“固然，天地间无绝对的成功，亦无绝对的失败。但是习惯既是如此，失败者总以为己不如人，成功者总以为人不如我，一则根据平日之实验，而自信心坚强，以为事无不能成功，因之傲物凌人；一则事失败，不敢尝试，因无自信心，因之无事不以失败者自居，并且不知道考验自己的失败，修正自己的弱点，再图成功。故了解儿童的个性，给以相当的课程，与以相当的勉励，尤为教育家所应当注意的。”

（二）个性化策略

研究证实，关于运动行为和运动坚持性的运动干预，效果突出的是学校和社区。学校是青少年聚集的地方，推动学校的运动行为习惯在一定程度上奠定了学生一生的运动爱好和习惯。因而意义重大，且每个人的爱好会有不同。通常在学校体育课、课外活动、大课间推广，包括运动知识、技能、信心、态度、体育价值观在内的体育教学、指导和运动训练，养成个性化的运动偏好和坚持运动的习惯，效果明显。社区是生活重地，各年龄人群聚集，如何吸引社区居民就近进入运动场所开展运动行为，成年累月坚持下来，养成运动习惯。美国疾病控制与预防中心曾经发起“社区健康评估与推广项目CHAPP”[①]，联合多种社区机构，目的在于纠正400名肥胖女性的饮食和运动行为。运动项目的参与率为60%～70%，成为社区运动计划的成功例子。

（三）行为矫正策略

有计划地、系统地应用学习原则，重视环境中的某些行为习惯产生的诱因，以吸引参与者，进而达到修正运动坚持性的行为的目的。数据显示，行为矫正通常能使运动参与者的运动频次提高10%～25%，具体方法如下：

（1）提示。将激发运动的诱因物质呈现出来，作为一种提示。如车上放置运动服、球拍等运动装备。在小区显著位置设置运动器械。建设社区健身路径。更多的提示是宣传标语、电子邮件、海报、口头勉励。例如电梯附近张贴的海报宣扬步行、使用楼梯有利于健康和健美，一个月内使用楼梯而不用电梯的人数从6%上升到14%。撤销海报的3个月后，使用楼梯的人数降到6%。另一项关于使用楼梯有利于健康的研究，首先在楼梯和电梯之间设置明显的标志，提示说使用楼梯有利于健康。使用楼梯的人数从干预前的69%上升到77%。然后要进一步干预，由内部医生通过电子邮件告知参与者经常使用楼梯的健康益处。结果使用楼梯的人数显著增多，从77%增加到85%。撤销提示后，使用楼梯的人数回落到67%。采取逐渐取消提示的方法有两个益处：逐渐消退的过程可以避免极速的参与下降或退步；增加运动参与者的自觉性和独立性，不依赖提示，仍然坚

---

① WEINBERG R S, COOLD D. 体育与训练心理学［M］. 6版. 谢军，梁自明，译. 北京：中国轻工业出版社，2016.

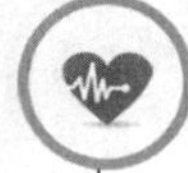

持运动的习惯。

（2）行为契约。参与者与教练或指导员签订行为契约，明确参与者需要落实的行动计划意向书、达标标准、实现目标的时间表、指定明确后果的方式。契约起到的作用是守约和督促。

（四）强化策略

强化在运动习惯养成的干预中具有积极作用，也可能产生消极作用，对于未来的运动习惯养成具有有力的影响。具体方法包括：

（1）用图表公布出勤和运动参与情况。显然易见每一点进步，把握达成目标的进程，参与者可以采取填写每天的跑步里程、步行步数、记录快乐指数等方式，互相见证。也可以在公司、班级、家庭，将老板、老师、家长的运动参与情况公布，起到示范带动作用。记日记也可以达到同样的自我激励效果。

（2）及时奖励出勤行为和参与行为。研究证实，在采用奖励行为的班级，运动坚持的成员达到64%，而没有采取奖励的班级，只有40%的成员坚持了运动计划。奖励可以很简单，也可以很隆重。例如对坚持慢跑一周的成员的奖励，仅仅是返还1美元的押金。全员坚持完成慢跑计划的班级，可以获得奖品奖券。针对企业的研究显示，全部由企业支付费用的运动计划，运动坚持的情况最差。个人与企业分担费用的计划，以及参与者坚持运动获得补偿作为奖励的计划，运动坚持的情况比较好。

（3）数据反馈。在运动反馈的细节上，包括记录体重、静息心率、运动心率、走步圈数、跑步圈数、总圈数，每月反馈记录卡，每月召开奖励大会，达标的成员将受到表扬。研究显示，反馈的信息越具体，越富有个性化，激励运动坚持的效果越好。在反馈上存在从性别差异，女性如果获得的反馈是含糊不清的，很可能低估自己，造成自信心受损。所以及时准确的反馈是必要的，有利于强化积极的行为。

（五）认知—行为策略

内在事件对于行为的转变具有重大的意义。当人们不能改变事实的时候，改变对事实、行为以及行为后果的看法，结果是行为会跟着发生变化。

洪绍光先生的健康教育讲座中提到一个事情。其实是一个很好的认知——行为干预的例子。1983年，洪绍光先生在美国从事预防医学研究，导师带他到一个社区参加一个公司的午餐会。老板说今天开会给55～65岁退下来的、并在这10年当中未得病的人发奖，每人发一件T恤衫、一个网球拍，还有一个信封，里面装一张票，是象征性的少量奖金。啊！大家鼓掌，都很高兴。回去一想，美国这个企业家太聪明了。他的工人10年不得病、不花钱，可以省几百万医药费。这个公司有游泳池、健身房、网球场，鼓励大家运动，大家都不得病。哎哟！回到北京一看，我们的工会主席、支部书记每到过年过节，就看老病号，病越重，越去看他，健康的人反而没有人关心！并不是说老病号不要关心。美国这个公司所奖励的却是这些健康的人，奖励大家健康。这个故事讲到的关键是，中美关于健康存在着认知上的差别，实际上带来行为结果的不同，美国人大多重视健康、重视运动行为。鼓励长期坚持运动，形成运动习惯，促进健康的生活方式。

（六）抉择策略

任何事物都有两面，好的一面和不好的一面。决定参与运动计划、坚持运动习惯，也会在动机上产生斗争，需要做出选择。如何在决策上体现平衡，是每个运动参与的人必须考虑的。研究证明，难以选择是否参与运动、是否坚持运动时，建议先完成抉择平衡表。完成抉择平衡表之后84%的人坚持完成7周运动课，而没有填写抉择平衡表的对照组，仅40%的人完成了为期7周的运动课程。

抉择平衡表（表4－8）帮助运动参与者预计参与运动计划、坚持运动会给自己带来哪些益处和不利之处。

表4－8　抉择平衡表①

对自己的益处	对自己的不利之处
身体状况变好	从事自己爱好的时间变少
精力更充沛	
体重减轻	
对重要他人的益处	对重要他人的不利之处
健康状况改善后，我可以和孩子们一起打球	与家人一起的时间减少
更吸引我的配偶	对工作投入的时间变少
他人赞成	他人反对
我的孩子希望我更有活力	我的老板认为我对工作投入的时间会减少
我的配偶希望我的生活方式更健康	
自我认可	自我否定
更自信	我的身材太糟糕，我运动时会显得很愚蠢
自我概念改善	

7. 社交支持策略

社交支持指的是一个人对他人参加运动计划的赞成态度。家人、朋友、重要他人，可以通过口头提醒、劝说，也可以透过行为上的示范，能够稳固地增强成人对组织的运动计划的参与度和坚持度。当重要他人，例如配偶、子女、恋人一起参与运动时，运动参与度会增强，运动频次会增加。研究显示，家人和密友支持系统、积极的班级氛围之下，参与小组运动计划、制作社会支持情况图表、组织互动式运动体验，获得社会支持的运动参与率，高于对照组。

父母的行为和态度对儿童的示范效应十分明显。陈鹤琴认为，父母和教师的一举一

① WEINBERG R S，COOLD D. 体育与训练心理学［M］. 6版. 谢军，梁自明，译. 北京：中国轻工业出版社，2016.

动，都要做儿童的模范，因为儿童的脑筋是纯洁的，而且又是富于模仿性的，看到好的举动，无形之中，就得到好的印象，看到不良举动，无形之中，就得到坏的印象。儿童种种坏的习惯都是由于开始学的时候，他们的教师或父母没有留意去指导他们的缘故，以致后来一误再误，成为第二天性；所以要把小孩子教得好，必定要在第一次的时候教得好。所以对于第一次的动作，做父母和教师的要格外留意教导，以免错误。一切的一切，你要用鼓励的方法来控制儿童的行为，来督促儿童的求学。消极的制裁不会发生多大的效果，有时候反而容易引起他的反感。所谓“习于善则善，习于恶则恶。”

8. 内在动机策略

外部社会支持与认可、获得奖励、抵抗疾病、改善体型、控制体重等，都可以促进运动习惯的养成和稳固。这些可能是最先吸引参与运动的因素，并且取得了成功。但是追踪研究证明，最持久的动机是内部动机。内部动机通过运动有趣和令人愉快而成为运动坚持的驱动力，并因此改变生活方式，运动成为生活的常态。换言之，如果自身体验不到运动的愉悦感和体育活动本身的趣味性，很难长期坚持下去。激发内部动机的方法包括：

（1）关注运动体验。大部分人都知道关注运动的结果，少数人会重视运动体验。关注运动体验是一种内在技能。内在技能对于运动坚持性很重要。内在技能提示运动参与者关注当下，达到当下、此时此刻的身心合一。以跑步者为例：

跑步时不要思考任何事情，只是跑步，将注意力集中在所跑的每一步上。仅关注当前时刻。如果你感到不适甚至是疼痛，那就关注不适或疼痛。如果你想停下来，那就关注停下来的想法。关注当下及运动本身，会令你体验到运动本身的乐趣①，有利于你长期坚持运动。

（2）关注运动过程。注重运动过程而非运动结果，也能令参与者体验到运动的乐趣。这是决定退出或坚持的关键环节。注重运动过程与运动坚持性相关。如果不能从关注外部转向关注内部，很多人会退出运动计划。过分注重结果还会带来多种社交运动障碍。也有可能过于关注自我，而不注重运动本身。只有一种情况，可以从关注内在转向关注外在：运动本身具有无聊感、身体具有明显的疲劳感、肌肉和呼吸困难。此时可以关注环境，以缓解负面的内部反应。

9. 积极情绪策略

运动的心理效应在于四个方面：较少焦虑和抑郁、改善心情、改善自我概念、提高生活质量。经常运动与焦虑和抑郁的缓解有关。中等强度、持续30分钟的运动对情绪的影响最积极，缓解焦虑的效果最明显。有氧运动减轻状态焦虑，提高安宁状态的分数，运动之后的安宁状态一般可持续2～4个小时，最长可持续24小时。有氧运动的强度介于最大心率的30%～70%即可达到改善心情的明显效果。有关运动与幸福感的研究发现，长期运动，例如为期几周的训练计划比短期运动更有效。在运动与抑郁的研究中，运动的积极效应不分性别、年龄、种族、社会经济地位、健康状况。在近期的盖普洛民意调

---

① WEINBERG R S，COOLD D. 体育与训练心理学［M］. 6版. 谢军，梁自明，译. 北京：中国轻工业出版社，2016.

查中显示，运动作为缓解抑郁的一种方式，仅次于排名第一的宗教信仰。多项研究证实，运动与下列状态相关：疲劳减轻、愤怒减少、体力增强、思维清晰、精力充沛、警觉、幸福感增强。运动可以减少旷工、酒精滥用、愤怒、焦虑、困惑、抑郁、头痛、敌意、恐惧、精神病行为、紧张、A 型行为、工作失误。运动可以增强工作效率、幸福感、性满足、自我控制、积极身体意象、感知、记忆力、内在控制点、智力功能、情绪稳定性、信心、魄力、学术表现。运动对生活质量的影响包括四个方面：改善身体功能、改善主观幸福感、体验巅峰时刻、改善个人意义。主观幸福感指个人愉悦体验和心境变化。巅峰时刻是一种运动中的巅峰经历，例如跑步者快感，30% 的跑步者每天都能体验到这种情绪，他是一种突然体验到的欢欣之感，包括强烈的幸福感、对自然的欣赏和时空的超越感、轻松感、毫不费力、完美的节奏感和愉悦感。跑步距离足够长、步调舒适是体验跑步者快感的条件。①

10. 自我建构策略

坚韧意志是形成运动习惯的条件之一。只有持续不断地坚持运动，才能更快地形成动力定型，促进运动动机的产生，增强内驱力，形成运动习惯。陈鹤琴认为，习惯的形成有一个循序渐进的过程。一般要经历一个从被动到主动的过程。首先是完全由老师或父母来管理和约束。第二阶段是由团体管理。最后是自己管理。在这个过程中，克服自身的心理、生理上的惰性，从战胜自我中获得坚持运动的恒心。② 方法有二：

（1）在运动参与的内容安排上，设置一定的困难和障碍。没有困难，就无需意志努力。只有在困难面前，才能训练顽强的意志、坚韧不拔的精神、战胜困难的勇气与决心，不断完善主体意识。陈鹤琴指出，小孩子学习事物须自己学习。一切的学习，不论是肌肉的，感觉的，还是神经的，都要靠“做”的。所以凡是学生能够自己做的，你应该让他们自己做。凡是儿童自己能够想的，应当让他自己想。最危险的，就是儿童没有思想的机会。我们人一天到晚所做的事情，所有的活动，十之八九都是习惯。早上起来，穿衣是习惯，吃饭是习惯，走路是习惯，写字是习惯，运动是习惯，睡是习惯，一切的一切，都受习惯的支配，思想的时间却是很少。做父母和教师的，切不可一手包办，或横加干涉，应当从旁观察，相机指导。直接经验，自己思想，是学习中的唯一门径。

（2）在运动参与的过程中，不断适应外界环境的刺激和内在的压力，持之以恒是养成习惯的必要步骤。通过内部的心理动力，增强心理强度，正确认识、评价自己，学会自我调控，勇于锻炼自我、丰富自我、战胜自我、完善自我。陈鹤琴指出，“养成好习惯难，养成坏习惯易。做父母或老师的要使小孩子养成良好的习惯，在好习惯未成的时候，不准小孩子有例外的动作。一个小小的例外，就可能破坏已成之习惯。”他指出，不断地做，是养成习惯的必要步骤。不断地做，习惯养成了，然后可以持续不断，表现出成绩来。

---

① WEINBERG R S，COOLD D. 体育与训练心理学［M］. 6 版. 谢军，梁自明，译. 北京：中国轻工业出版社，2016.

② 颜军. 运动习惯形成的心理学思考［J］，上海体育学院学报，1995，19（2）.

11. 发展心理品质策略

运动习惯与其他习惯不同。运动习惯对于发展个体的心理品质具有特殊的意义，在运动习惯中接受汗水的洗礼，经历意志的考验，体验各种参与其中的乐趣、成功的快乐等积极情绪，体验竞赛中的公正和荣誉，也会经受伤病的疼痛甚至失败的痛苦。所以说，体育运动本身具有培养人格的任务，也同时具备养成心理品质的独特优势。马约翰先生特别重视体育的迁移价值，重视在运动中发展人格。在运动中，身心进入高度统一化的状态，冲破种种心理障碍、达到自主、自觉、流畅、沉醉、保持宁静的幸福心理状态。

一项关于良好体育行为的研究①，1 056 名 10～18 岁的法国和加拿大运动员接受调查。因素分析的结果是以下五个要素体现良好体育行为：全身心投入、尊重和关心规则及裁判、尊重和关心社会风俗、尊重和关心对手、避免以负面态度参与运动。关于青少年的研究认为，课外活动等体育运动有利于青少年步入良好发展的轨道。原因是：体育可以激发青少年的内在动力；体育活动参与者需要在一定时间内为实现目标不懈努力；体育要求青少年经历挫折、做出调整以及学习克服困难。

（1）明确定义何为良好体育行为。不使用宽泛的好品格，而是具体区分、列举哪些是积极的体育行为、哪些是消极的体育行为。例如对待裁判的行为，积极的体育行为是以适当的方式对裁判提出质疑，正式提出抗议或指定队长与裁判交涉；消极的体育行为是与裁判争吵或咒骂裁判。对待对手，积极的体育行为是始终尊重所有对手，消极的体育行为是与对手争吵、讽刺对手、攻击对手。对待队友，积极的体育行为是只给出建设性的批评和正面鼓励；消极的体育行为是说一些负面评论或风凉话、咒骂队友、与队友争吵。

（2）强化和鼓励良好的体育行为，模仿正当行为，解释判定积极消极行为的理由。

（3）营造以任务为取向的动机氛围，而不是以自我为中心。

（4）设置运动中的道德两难困境和多种选择，例如某个人总是防守位置、模拟一些不道德的情境，例如总有人说伤害别人的话、嘲笑、吼叫，甚至使用作弊、犯规、欺骗获得胜利，在两难之间寻求正道，培养心理弹性。

（5）体验失败、惨败、不公正、习得性无助，以确认乐观、积极、决不放弃、永不言败的体育精神。

（6）理解人性的弱点和能力的局限，理性看待自己和同伴并非完人，承认品格的不完美，接纳自己的不完美。

引用早年的文献，了解运动与发展心理品质的关系，有意识地在运动习惯养成的同时，完成培养人才的教育使命。

1. 体育运动训练中的心理品质②：

（1）直接运动兴趣和吃苦耐劳的精神：一是大肌肉运动中的吃苦耐劳精神，体现为一种运动中的艰苦忍耐性。这不仅是单纯的生理力量，神经、肌肉等抗疲劳抗疼痛，还

---

① WEINBERG R S，COOLD D. 体育与训练心理学［M］. 6 版. 谢军，梁自明，译. 北京：中国轻工业出版社，2016.

② 高师院校体育系教材编审委员会. 体育心理学［M］. 北京：人民体育出版社，1985.

需要顶住外界条件的强大压力和身体内部状态的对抗。研究证明，运动训练和比赛越多的人，艰苦耐性越高；这种心理品质又会促进肌肉运动能力的发展。二是对大肌肉运动的直接兴趣。在游戏观察发现，对肌肉运动的爱好，是从身体活动的直接兴趣和需要开始的。对大肌肉运动的直接兴趣是养成吃苦耐劳心理品质的前提。需要说明的是，对大肌肉运动的直接兴趣并不是自发形成的，而是有意识培养的结果。根据日本关于学生厌恶运动的因素研究，76%的因素是运动能力、身体条件（例如病弱、肥胖、身体不自由）、教材设施及教学内容，14%～16%的因素是态度、性格与运动欲求，8%～10%的因素是家庭居住、经济、集体成员等。

（2）体育运动的智力品质：敏锐的感知能力，尤其是运动感知能力；创造性思维能力和操作思维；进行丰富想象和表象训练的能力；集中与灵活的注意力；高效率的运动记忆等。

（3）勇于进取和严于自制的意志特征：前苏联心理学家列维托夫把意志的强度用目的方向性、积极性、组织性、坚韧性四个品质来表示。具有国际比赛经验的教练认为，运动员的好的意志品质包括：为了取胜，可以忍受任何艰苦和困难，对忍受艰苦抱有喜悦和满足的感觉；做事钻进去的行为倾向，在运动训练中总是要比别人多练习，对自己严格要求；训练时再艰苦也能坚持，在完成训练任务时自我信赖感和自信心得到加强；不满现状。

（4）充沛而稳定的运动情绪。

（5）专项心理品质的特点：以男运动员意志品质为例的研究表明，举重运动员的心理品质排序分别是：总动员、适应紧张能力、反应速度、集中性、克服困难准备、顽强性、胜利准备、自尊心、果断性、自信心；游泳运动员则是：自信、表演能力、分配体力能力、渴求胜利、顽强性、果断性、自尊心、自制力、忍耐、独立性；竞技体操运动员则是：自调身体能力、信心、顽强性、果断性、自制力、镇静、乐观、勇敢、坚毅、忍耐；排球运动员的排序是：组织性、自尊心、心理上镇定、攻击性、心理上自调能力、对抗精神、警惕性、自制力、镇静、分配体力能力。

2．运动比赛的心理品质①：

（1）高度的运动信心和运动求胜欲。

（2）勇敢果断的运动应激品质，包括思维的内容、注意目的性、直觉和表象特点、情绪兴奋度、意志果断、信心、恐惧以及道德意志修养等。

（3）发展体育运动的责任心和义务感。

（4）体育竞赛的个性特征：运动集体中的团结协作、运动公开场合的客观评价态度、团体内外的运动交往的心理品质、积极的性格类型等。动机与成绩的关系研究显示，影响控制动机水平的个性因素有：情绪性、不安的倾向、运动外向与内向的向性。

库珀总结了男运动员的个性特点：强有力的竞争者、自信、强迫力较小、有闯劲、主导和领导能力、男性兴趣较多、对身体疼痛的忍耐性强、较高的威望和社会地位、被

---

① 布切尔．体育运动基础［M］．北京：北京体育学院教务处，1985．

评价为有较好的社会调节能力、性格外向者占多数、有社交信心、较少冲动。

12. 积极运动成瘾策略

运动成瘾是对定期的有规律运动的一种心理生理上的依赖。也有使用冲动、依赖、强迫、固执、成瘾来描述运动成瘾。运动成瘾较多出现在跑步运动。由于受伤、工作、承诺照顾家庭等情况下，停止运动 24 ~ 36 小时后，会出现断瘾症状：焦虑、易怒、愧疚、肌肉抽搐、肿胀感、紧张等。一位德国运动员曾说："我从幼年就开始跑步……跑步是我终生热爱的运动。只要有可能，我就会跑步。这是我的乐趣。离开了跑步，我会无法活下去。"①

有人将运动成瘾分为积极运动成瘾和消极运动成瘾。William Glasser（1976）在《积极成瘾》中认为，积极成瘾，例如跑步和冥想成瘾能够增强心理能量，提高生活满意度，因而能够增强一个人的幸福感和机能。积极运动成瘾的人将坚持运动作为人生的重要组成部分，将运动成功地融合到人生的其他方面。运动是一种日常习惯，此种程度的运动参与是一种健康习惯。运动成瘾的各种心理生理益处，指一个人在坚持定期运动时通常会产生的益处。

消极运动成瘾指被运动控制了整个人，会提出人生的其他选择，仅仅围绕运动而展开，以至于家庭、工作责任、人际关系都要后退。这反映了一个人的社会关系处于失调状况，同时还伴有断瘾症状、依赖增强等。一位跑步者医生说：整个世界都要等待。工作、家人、朋友都要等待；实际上，他们必须等待结果……还有什么比跑步更重要吗？跑步令我找到了自我，增强了自我，令我更加完整。我的同事、家人和朋友都能够证实这一点。②

根据国外对运动成瘾的诊断标准，在一年内出现三种或以上下列症状，可诊断为运动成瘾：对运动量增加的容忍度或需求；戒断症状如焦虑、疲劳；失去控制；因将运动的重要性置于其他活动之上而引发冲突；将越来越多的时间投入到运动中；运动量超过预期；在发生问题后仍然继续运动。③

研究运动成瘾，主要是为了避免消极运动成瘾。热爱运动，坚持运动，养成良好的运动习惯，目的不在于被运动控制生活和人生，而是更多自信、更多愉悦、更多良好的心理品质。

①②③ WEINBERG R S，COOLD D. 体育与训练心理学［M］. 6 版. 谢军，梁自明，译. 北京：中国轻工业出版社，2016.

第五章

运动惯性与形成

习惯与惯性分属两个不同的概念，习惯表现为行为，惯性表现为一种动态。“运动习惯”指长时间养成的运动方式或运动时的特定习惯，具有某种运动方式或运动特点的稳定性[①]，而“运动惯性”至今为止，学术界仍没有对其下一个确切的定义，本章将对运动惯性的含义、特点、形成过程、影响因素以及培养方式等方面进行阐述。

第一节 运动惯性的含义与特点

部分学者将运动惯性与物质的惯性、个体运动习惯、运动坚持、运动成瘾等联系起来，运动惯性与他们之间具有一定的关系，又具有较大的区别。

一、惯性定律与惯性

惯性是物体的固有属性，惯性定律是物体的运动规律；惯性在任何情况下均存在，惯性定律只有当物体不受外力作用时才成立。[②] 牛顿第一定律（Newton's First Law of Motions），即是惯性定律（Law of inertia），他描述一切物体在没有受到外力的作用，总保持匀速直线运动状态或静止状态；一切物体总保持匀速直线运动状态或静止状态，直到有外力迫使他改变这种状态为止。惯性定律是物体不受外力作用时，物体惯性的直接表现。[③]

生活中所述“惯性”与物体固有属性不同，他是指无需意志努力、不用刻意控制，是一种源于“习惯”、源于“自然”，又高于“习惯”、高于“自然”的行为状态，惯性的行为和动作达到高自动化，几乎“不经”大脑控制，自然而然就表现出来。

---

① 申仁洪．学习习惯：概念、构成与生成［J］．重庆师范大学学报（哲学社会科学版），2007（2）：112－117.

② 张大同．物理［M］．上海：上海教育出版社，2015.

③ 弘钟贤．科学实验王［M］．南昌：二十一世纪出版社，2016.

惯性所指对象为物体，属于物理学研究的范畴；生活中所述“惯性”涉及到方方面面，如说话、上课、演讲、唱歌、啃瓜子、睡觉、看书等均具有惯性。

二、运动惯性的释义

至今为止，学术界仍没有对运动惯性下一个确切的定义，“运动惯性”之说在学术界曾引起较大的争议，有学者从物理学的角度阐述了牛顿第一定律，从物体产生惯性的角度，解释运动不存在惯性，而心理学倾向于用“运动成瘾”替代“运动惯性”。

运动成瘾的研究已较为成熟，学者将运动成瘾定义为个体对规律锻炼的心理依赖、锻炼依赖、锻炼成瘾、跑步成瘾者，此类人群享受不到适度、有规律的锻炼带来的益处，一旦不能按既定的时间表执行，他们会出现心境紊乱和情绪上痛苦。从归因的角度来看，这类人群是被锻炼行为所控制，并非传统意义执行锻炼行为。

埃德蒙兹等（Edmunnds，Ntouomanis，Duda，2006）的研究表明，339 名锻炼者，只有 3.4% 的个体存在锻炼成瘾。[①]

Hausenblas 和 Symons Downs（2002）研究表明，7 个指标，3 项得分为高分，则为锻炼成瘾[②]：

（1）耐受性——必须不断增加锻炼以获得理想的效应。

（2）脱瘾（退出）——当停止锻炼时，是否出现焦虑和疲劳等症状。

（3）注意力——通常锻炼的时间长且比预期强度更大。

（4）失控——没有办法减轻训练负荷。

（5）时间——花费大量的锻炼时间。

（6）冲突——为了锻炼而牺牲工作或社会生活。

（7）坚持性——在生病或受伤的情况下坚持锻炼。

“瘾”有毒瘾、烟瘾、酒瘾等，烟瘾、酒瘾对人体产生的生理和心理影响虽然没有毒瘾强烈，但既是“瘾”，如毒瘾、烟瘾、酒瘾等则是一种病态，心理学之争用“运动成瘾”替代“运动惯性”显然是不对的。

三、运动惯性的特点

运动习惯和运动惯性均有各自的特点，两者之间的特点既有相似，也有不同。运动习惯及特点倾向于系列的行为动作，时间以“天”“周”“月”等为单位，如每天固定的一个时间段和单位时间参加运动，具有稳定性、性别差异性、年龄差异性等特点。运动惯性及特点倾向于单次运动产生的动作行为，具有高自动化、轻松、愉悦等特点。

（一）运动习惯的特点

运动习惯具有实践和习得性、情境性、趣味性、效用性、自觉和主动性、重复和省力性、坚持和稳定性、两极性、综合性等，从习惯形成的心理机制来看，习惯一旦形成不易发生变化，运动习惯具有一定的稳定性，表现在参与体育运动的周次、时间段、运

①② 皮尔素. 新牛津英语词典［M］. 上海：上海外语教育出版社，2001.

动量等，一般而言，不是遇到不可抗力的原因，个体均会在固定的运动时间点，按照每次既定的运动量去完成。

运动形式根据项目完成人数可分为团体运动项目和个体运动项目，团体运动项目包括球类、团体操等，个体运动项目指单人操作的项目，如跑步、散步、太极、游泳等。运动项目选择与个体的兴趣爱好、场地、环境等因素有关，个体从事体育锻炼时，运动形式和运动项目的选择上均较为稳定。

有数据统计表明，从年龄段来看，运动坚持得最好的是老年人，儿童青少年次之，中年人最差。老年人养成良好的运动习惯的原因主要有三个：一是退休后休闲娱乐时间增加；二是自我保健意识增强；三是睡眠时间减少，老年人参与运动的次数多、单位时间长，群体一旦形成后，不易改变，老年人参加运动的项目较多，活动时间和地点相对固定。大部分老年退休后，有了更多的弹性时间供自己自由支配，随着生理机能的不断退化，部分老年人出现睡眠质量下降，睡眠时间减少等现象，而运动则是康体的最环保、最低能却是最高效的方式之一。不少的老年人为了提高睡眠质量、强身健体，逐步加入体育锻炼的行列中。

儿童青少年运动习惯的形成与兴趣爱好、父母对体育运动的态度、升学体育考试等因素有关。根据小学升初中、初中升高中有关体育考试的规定，学校在体育课的投入和重视程度逐步提高，在师资配备、场地器材的投入、课时安排等，明确了体育课程的重要性，学生在体育教师的带动下，不断地培养兴趣；随着父母对孩子体育运动重视程度的提高，提高体育运动成绩和激发体育活动的积极性，学生自身、家长、学校三者间相互联系，对学生体育运动习惯的形成具有一定的帮助。

中年人运动习惯最差，原因表现为工作压力大、工作量多，下班后家务事缠身、辅导和教育孩子任务重等使该群体无心顾及参加规律性的体育运动。这一年龄阶段“上有老，下有小，中有工作”的尴尬局面，让很多中年人无心顾及体育运动，加上此时身强力壮，他们对体育锻炼的重视程度不高。

由于主观因素，从年龄来划分，运动坚持做得最好的是老年人，中年人做得最差，儿童青少年介于中间。

跑步、散步这种体育项目几乎不存在性别的差异性，在不同的年龄阶段，运动习惯均存在性别差异性，男性相对较为喜欢力量型、个体的项目，女性较为喜欢柔和型、团体的项目。从广场舞出现、发展到今天号称其为“大妈舞”，说明女性运动习惯，包括项目的选择上，与男性存在一定的差异。

（二）运动惯性的特点

研究表明，运动惯性自身的特点不同于运动习惯，运动习惯的特点主要从习惯的层面进行阐述，而运动惯性的特点从机械能角度来说，具有高自动化，从心理角度来说，具有积极的愉悦情绪，从生理机能来说，具有轻松感。如图 5-1 所示。

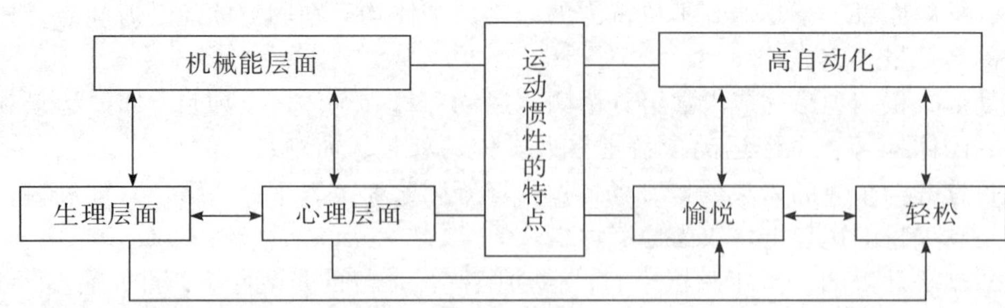

图 5－1　运动惯性的特点

1. 高自动化

与惯性的特点相似，运动惯性具有高自动化的特点，单次运动行为中，前期未达到自动化的程度，需要个体的意志力和努力坚持，当运动惯性出现后，个体感到动作高自动化。正如机械处于自动化状态，每一个过程及步骤均由事先设定的程序控制，运动惯性让个体动作达到高自动化。然而高自动化产生的机制尚不明确，运动惯性产生的分子生化机制、分子水平变化、机体和心理状态的变化等有待于今后的研究并明确。

2. 愉悦

愉悦即欢乐、喜悦、身心放松，从心理层面来看，愉悦产生的刺激源积极、正向的，如上所述，运动惯性具有高自动化的特点，高自动化处于低能低耗的状态促使个体产生愉悦的情绪。运动惯性的出现，个体不可能产生痛苦、悲伤、沮丧的情绪状态，也不可能毫无情绪反应，其情绪的反应是积极、愉悦、快乐、开心的。

3. 轻松

轻松可解释为轻软、松散，不感到有负担、不紧张，轻易、方便，放松、管束不严。从生理机能层面来看，高自动化及愉悦的心理状态直接影响生理机能，处于省能省耗的机体，必然是轻松的。

当运动惯性出现后，心理层面表现为愉悦、快乐，生理层面表现为轻松。伴随着愉悦感和轻松感，促使动作达到高自动化，从而让个体产生轻松和愉悦的感觉。心理和生理关系密切，心理变化引起生理变化，生理状况影响心理发展，两者在运动惯性互相影响，进而促使机械能处于低耗状态。

第二节
惯性形成过程

运动惯性形成的过程遵循一定的规律，以运动的动因为基础，分运动初始阶段、开始运动阶段、运动后阶段、运动习惯阶段、运动坚持阶段、运动惯性阶段等，运动惯性具有一定的标准和要求。

一、运动惯性形成过程的阶段

(一)运动的动因

个体产生运动原因很多,客观层面包括政策支持、运动场地(所)的环境与条件、周围运动人群的氛围等,主观层面包括强身健体、增强体质、从众、凑热闹、打发时间等。

1. 客观层面

(1)政策支持

2009年,自中华人民共和国国务院令第560号《全民健身条例》实施以来,全国各地掀起了健身热潮。2011年,国务院印发了全民健身计划(2011-2015年)的通知,提出要大力开展田径、游泳、乒乓球、羽毛球、足球、篮球、排球、网球等竞技性强、普及面广的体育运动项目。① 2016年,国务院印发了全民健身计划(2016-2020年)的通知,高度重视全民健身活动的开展,广场舞等亦在政策支持下兴起,太极拳、团体操、社区健身活动等拉动大批人参与到体育运动中来。②

(2)运动场地(所)的环境与条件

为推动全民健身活动的开展,各地体育部门通过向社会免费开放学校运动场,吸引更多市民参与到全民健身活动中。社区、小区具有较完善的体育健身场所和运动器械拉动了年轻人、白领等群体参与其中。

(3)周围运动人群的氛围

运动手环、计步软件的出现,实现了运动者追求运动量化的心理需求,大部分计步软件具有语音播报功能,语音提醒运动者并鼓励继续坚持。近年微信作为时下最热门的社交信息平台,功能的兼容性越来越多,通过微信平台与朋友圈其他同期使用计步软件的好友,进行步数的排名,运动的氛围让更多的人参与进来。

2. 主观层面

(1)强身健体、增强体质

强身健体、增强体质通常有两类人群,一类是体质弱,希望通过运动,坚持锻炼身体以增强体质。另一类则是本身健康者,为了预防疾病的发生,通过锻炼,提高身体机能,从而达到强身健体的目的。通过不同的运动方式,如晨跑,可增强体质、提高免疫力、改善精神状态,体质差的人强身健体的好途径之一是通过运动来改善。

(2)从众、凑热闹

从众即从众心理,指个人受到外界人群行为的影响,在自己的知觉、判断、认识上表现出符合于公众舆论或多数人的行为方式。实验表明只有很少的人保持了独立性,没有被从众,从众心理是大部分个体普遍存在的心理现象。部分人参与体育运动没有明确目的,比如,广场舞,不分年龄,不分性别,他(她)有可能加入到广场舞;计步软件

---

① 国务院. 国务院关于印发全民健身计划(2011-2015年)的通知(国发〔2011〕5号)[Z].

② 国务院. 国务院关于印发全民健身计划(2016-2020年)的通知(国发〔2016〕37号)[Z].

好，功能多，激励强，他（她）也有可能为“时髦”体验一把；处于“人云亦云”的状态，从众、凑热闹是此类人群参与运动的主要特点。

（3）打发时间

打发时间的方式有很多，如看新闻、玩微信、逛街、聊天、聚会聚餐、旅游、看书等，这些无聊、无所事事、打发时间、散心、消磨时间的锻炼动机造就此类人群的锻炼坚持不久，可能会因为忙或因别的事情冲突而不再运动或取消运动。

（二）运动动因分类

运动动因即为运动动机，是指引起和维持学生参与体育学习和体育锻炼活动的内部心理动因。体育活动行为是个体内在动机激发的结果，他决定着个体体育学习和锻炼活动的倾向性、活动强度和坚持性。他对体育学习和锻炼行为起着定向、始动、调节、强化和维持的功能，对体育活动效果有着重要的影响。运动动机是在个体体育活动需要的基础上产生，并受到外部刺激或诱因的影响，在人的内部心理活动中常常以意向、愿望、要求等形式存在。内部微弱的运动动机活动从外部难以观察出来，但当他在某一方向上的强度达到一定程度时，就会激发个体在生理、心理和行为上发生变化。个体在体育学习和锻炼活动中表现的努力和坚持性就是他们运动动机的外在表现。①

运动动机的种类可以从不同的维度加以划分。

（1）内部动机和外部动机。根据人们参加体育运动学习和身体锻炼的心理动因来自于自身的生理和心理上的需要，还是来自于对外界条件（如对奖品、奖状或金钱）的渴望或屈服于外界的压力、避免惩罚，可以将运动动机分为内部动机和外部动机。前者是指人们来自于自身好动、好奇或好胜的心理，渴望从体育运动中获得身体上的快感和心理上的乐趣、刺激或个性的发展等的动机，后者是指来自人们自身之外的体育动机。

（2）直接动机和间接动机。根据人们参加体育运动学习和身体锻炼的心理动因指向于体育活动本身，还是指向于体育活动的结果，可以将运动动机分为直接动机和间接动机。前者是指人们指向于体育运动学习和身体锻炼的内容、方法或组织形式等当前或直接特征的运动动机，如对某一体育运动的内容或方法直接感兴趣。后者是指人们指向于体育运动可能给生理、心理和社会带来的间接作用的运动动机，如希望得到赞扬，为了得到荣誉等。

（3）社会性动机和个体性动机。根据人们参加体育学习和身体锻炼的心理动因是以社会需要，还是以个体需要为基础，可将体育动机分为社会性动机和个体性动机。前者是指以社会需要为基础的，与社会、学校、家庭等需要相一致的运动动机；后者是指以个体的需要为基础的，与满足个人的精神和物质等需要相一致的动机，如为提高个体身体素质、运动能力、意志品质或满足个人名誉、地位的需要而引起的动机。

（三）运动的初始阶段

运动初始阶段对项目的选择较随意、运动方式的选择较不固定、运动负荷的选择无控制，身体变化比较激烈，代谢物堆积，身体运动器官不适应，身体酸疼变化较大。

---

① 360 百科. 体育动机［EB/OL］. http://baike.so.com/doc/6480439－6694143.html.

1. 运动项目选择的随意性

运动项目包括射箭、田径、羽毛球、棒球、篮球、拳击、皮划艇、自行车（含山地车）、马术、击剑、足球、体操（含艺术体操）、手球、曲棍球、柔道、现代五项、赛艇、射击、游泳（含跳水、花样游泳、水球）、垒球、乒乓球、网球（含软式网球）、排球（含沙滩排球）、举重、摔跤、帆船（含帆板）、速度滑冰、短道速度滑冰、花样滑冰、冰球、高山滑雪、越野滑雪、跳台滑雪、北欧两项、自由式滑雪、冬季两项、雪车、雪橇、冰壶、保龄球、地掷球、高尔夫球、台球、藤球、国际象棋、中国象棋、围棋、桥牌、航海模型、航空模型、跳伞、动力伞、滑翔伞、滑翔、悬挂滑翔、热气球、登山、攀岩、汽车、车辆模型、摩托车、摩托艇、滑水、蹼泳、无线电、中国式摔跤、武术、技巧、铁人三项、跆拳道、弓拳、轮滑、滑板、钓鱼、信鸽、舞龙、舞狮、龙舟、风筝、门球、毽球、气功、健美、健美操、体育舞蹈等，运动初始阶段选择运动项目较随意，几乎没有确定是团体项目还是单人项目，不管是球类、操类、徒手类步行、跑步或健步走、田径类还是健身器械类，均以个体体验为主。

2. 运动方式选择的不固定性

有学者指出，有效的运动方式主要有七类：一是散步，散步不仅是体育锻炼新人的最佳选择，肥胖的人士能从散步中获益匪浅，散步一小时可以帮助消耗大约 500 卡能量，然而消耗 3 500 卡能量则能帮助减掉一磅的体重。可以预期，散步 7 个小时左右就可以减掉一磅体重—如果你不做其他的事情。散步要循序渐进，刚开始散步时最好一次散步 5 到 10 分钟，每次增加的时间不要超过 5 分钟，慢慢增加到每次 30 分钟左右，最好以个体习惯的频率不断地增加散步的时间长度。二是间隔练习，研究提出，在体育锻炼中，不断变化频率，将会刺激增氧健身系统不断的改变，此系统变得越强，体内消耗能量的能力将会越强。具体方法即强度锻炼一到两分钟，再回到以前的状态两到十分钟，具体情况可根据自己的恢复情况而定，在整个过程中不断如此重复。三是蹲坐力量练习，蹲坐可锻炼四头肌、腿窝和臀肌，练习时双腿分开的距离与肩宽相同、背部保持直立、弯曲膝盖、降低臀部，想象成坐在一张椅子，初始阶段可借助椅子，慢慢将臀部下降到椅子上，然后提臀离开椅子，一旦掌握此技巧，就可不需要椅子，自由地练习，由于个别人膝盖力量不够，蹲坐则是提高膝盖力量的好选择。四是跨马步，此方式可锻炼到四头肌、腿窝和臀肌，具体的要领：一腿向前大跨一步，保持身体处在自然状态，弯曲前腿大约 90 度，将身体重心放在后腿上，慢慢地将后腿膝盖降低至地面，想象将身体全部放到后腿上面，方式有向前跨、向后向前结合、向左右跨等。五是俯卧撑，此方式可增强胸肌、背肌、三头肌、腹肌，俯卧撑适合不同的人群，有效且正确的俯卧撑应该是面对着地面、扑倒下去、双手着地、双手分开的距离稍微超过双肩的宽度，保持身体的笔直，从肩膀到脚，背部，臀部保持平衡。慢慢的弯曲手，将身体下降，然后撑起身体，保持腿部绷直。比较熟练后，可测试所谓的“稳定性”俯卧撑，即保持俯卧撑的姿势，单手支撑身体，将身体重心放在其中一只手和双腿上。六是仰卧起坐，方法主要是仰卧于地面或者体操垫上，两腿屈膝稍分开，大小腿成直角，两手交叉抱于脑后，另一人压住受试者双脚，要求起坐时双肘触及两膝，仰卧时两肩胛必须触垫，仰卧起坐如动作不到位，通常是背部和肩部使足了劲儿，而腹部却没有得到真正的锻炼。七是深蹲，此方式主要

锻炼背肌和二头肌，正确锻炼的姿势主要是双腿以肩宽分开站立，慢慢蹲下，弯曲臀部，如要负重练习，可增加哑铃。[①] 运动初始阶段选择运动方式较不固定，采用何种方式进行锻炼，结合哪个时间段或频率，如晨练、夜跑、每天一练、每周2~3次、周六日休息日进行等，选择均没有形成规律性，运动者并非在固定的某个时间点就去参加运动，而是不固定性的。

3．运动负荷选择的无控制性

运动负荷，又称生理负荷，是指人做练习时所承受的生理负荷，决定运动负荷大小的主要因素是“量”和“强度”；运动量是指人体在体育活动中所承受的生理、心理负荷量以及消耗的热量，由完成练习的运动强度与持续时间，以及动作的准确性和运动项目特点等因素决定运动量的大小。从严格意义上讲，体育锻炼对人体产生的影响并不单纯取决于运动量，还有运动强度。运动强度，指身体练习对人体生理刺激的程度，是构成运动量的因素之一。常用生理指标表示其量值。如以心率衡量学校体育课运动量的大小，一般认为，120次/分以下的运动量为小，120~150次/分的运动量为中等，150~180次/分或超过180次/分的运动量为大。[②] 运动初始阶段负荷量是没有控制的，坚持到力竭状态超负荷运动，或根据自身身体状况适时而止，或出现疲劳感后自行调节选择继续运动或结束，甚至没有运动负荷，尤其是从众、打发消磨时间类型的运动者的运动量极少。

4．身体变化的不稳定性

运动初始阶段身体变化比较激烈，代谢物堆积、身体运动器官不适应、身体酸疼变化较大，由于每个人运动项目、运动方式、运动负荷不同，身体上变化因人、因项目、因运动方式、因运动负荷而异。如果出现如下几种情况，则停止锻炼为妙：一是自我感觉疲劳：运动后身体疲劳是正常的，但如果疲劳现象持续2~3天甚至更久，则可能是运动过度的结果，建议暂时停止运动，让机体得到充分恢复。二是肌肉疼痛：由于乳酸的堆积，运动后肌肉疼痛是正常的，但如果疼痛持续3~4天或更长时间，则要降低运动强度，严重者应该立即停止运动，同时辅以按摩、理疗等。三是食欲不振：由于运动量过大，对机体刺激过度，抑制了大脑中的消化中枢，此时要注意饮食营养和搭配。四是恶心呕吐：如是由于肌体运动过量，缺氧造成的，锻炼者应根据自己的生理条件选择合适的运动计划，从小运动量开始，循序渐进。五是头痛头晕：剧烈动作后会有此类情况出现，与血压变化、血液中氧气含量过低有关，建议体质较差者根据自身情况选择适合自己的运动项目。六是口渴：大运动量后产生口渴现象是正常的，但要注意运动前、中、后应及时补充水分，尤其是运动以后，可饮用一些含盐的饮料或水。七是精神压抑：健身是为缓解压力，使身心愉悦，如果运动中出现精神压抑，则应积极自我调节，减小运动量。

（三）开始运动阶段

心理研究表明，1~7天的个体行为，会感到“刻意、不自然”[③]，需要十分刻意提醒

① 张帆．7种最有效的运动方式［EB/OL］．http://fitness.39.net/jfff/085/7/405628.html.

② 360百科．运动强度［EB/OL］．http://baike.so.com/doc/4946305-5167419.html.

③ 彭丹龄．普通心理学［M］．北京：北京师范大学出版社，2012.

自己努力改变，开始运动阶段，个体对运动项目安排选择基本固定，运动方式相对稳定，运动负荷初步有所控制，身体对运动初步适应，运动后身体不适反应逐步减少。

1. 运动项目基本固定

此阶段运动项目基本固定，个体在比较各运动项目的特点，结合自身的喜好，逐步确立相对固定的运动项目供自己选择，并为运动后阶段、运动坚持做好准备。这个阶段选择项目是否适合自身身体机能、是否切合自身兴趣爱好显得至关重要，关系到能否很好地坚持。

2. 运动方式相对稳定

开始运动阶段的运动方式较为稳定，从运动时间段和时间点来看，晨练者相对固定于早上，夜练者则在晚饭后；从运动时间次数来看，频率高以天为单位，天天固定于某一时间段开展体育运动，频率低则以周为单位，如一周1～2次、3～4次等；不管是单一运动项目，还是两种或者两种以上运动项目交叉进行，不管运动时间段、时间点、运动项目备选上均表现为相对稳定。

3. 运动负荷有所控制

运动初始阶段个体不完全了解自身身体机能状况，有些运动者缺乏科学锻炼的理论和专业知识，随意选择运动负荷，在开始运动阶段，运动者会根据自身身体机能状况、心理状态等调控运动负荷。

4. 身体的变化初步适应

开始运动阶段，身体对运动初步适应，运动后身体不适反应逐步减少，经过一段时间锻炼后，个体肌肉酸痛感逐渐消失，动作协调且灵活，越来越适应机体变化。

（四）运动后阶段

此阶段亦称“愉悦阶段”，人体对运动已有一定的适应，体内运动后愉悦分子（如内啡呔）产生，人体对运动开始感到自然、舒服、快乐、心旷神怡，逐渐喜欢运动。

1. 生理反应

人体机能分生理和病理，生理就是正常的机能反应，如沙子飞到眼里会不自主闭眼，饿了肚子会咕咕叫，怀孕时会食欲差、轻度恶心、喜酸食等这都属于正常的反应。病理反应就是不正常的反应的状态。生理反应是个体受到外界刺激机体有所反应的一种紧张状态，也是身体的神经也处于兴奋转状态。①

运动后阶段随着机体肌肉酸痛感消失，人体对运动已有一定适应，机体在运动后产生愉悦分子，如内啡呔的产生是运动后的生理反应，内啡肽也被称之为“快感荷尔蒙”或者“年轻荷尔蒙”，意味可以帮助个体保持年轻快乐的状态。内啡肽（endorphin）亦称安多芬或脑内啡，是一种内成性（脑下垂体分泌）的类吗啡生物化学合成物激素。他是由脑下垂体和脊椎动物的丘脑下部所分泌的氨基化合物（肽）。他能与吗啡受体结合，产生跟吗啡、鸦片剂一样有止痛和欣快感，等同天然的镇痛剂，利用药物可增加脑内啡的分泌效果。内啡肽是体内自己产生的一类内源性的具有类似吗啡作用肽类物质。这些

① 360百科. 生理反应［EB/OL］. http://baike.so.com/doc/6808681－7025634.html.

肽类除具有镇痛功能外，尚具有许多其他生理功能，如调节体温、心血管、呼吸功能，是具有吗啡样活性的神经肽的总称。[①] 他能够产生兴奋和欣快感，人的一切生理活动产生的欣快感均由他的释放而获得。[②]

2. 心理反应

内啡呔对心理亦产生一定影响，研究表明，体内高密度分泌内啡肽，人会感到无可名状的快乐、疼痛减轻、抑郁缓解、充满朝气、创造力勃发；当内啡肽分泌稀少时，会莫名其妙地忧郁、兴趣点消退、单调沉闷、甚至对生活失去信心，自杀者与内啡肽分泌严重失调有关，乐观者内啡肽常处于高度密分泌状态，悲观者内啡肽长期分泌不足。[③] 在运动后阶段，个体对自身机体运动开始感到自然、舒服、快乐、心旷神怡，逐渐喜欢运动，如上所述，这些愉悦的心理反应与生理反应具有一定的关系。

（五）运动坚持阶段

运动坚持（exercise adherence）是指有规律地进行身体锻炼的锻炼者长时间持续参与身体锻炼的状态，是用来描述人们在体育锻炼时间方面的特征量，是衡量体育锻炼能否产生良好锻炼效果的一个重要中介变量[④]，运动坚持是一个艰苦、反复阶段，运动后身心愉悦、喜欢运动，一方面因为运动乐趣想运动，另一方面，由于时间冲突或时间紧、工作忙事情多、肌肉酸疼和其他器官不适感的反复变化等，个体犹豫、徘徊、反复、纠结、挣扎，处于想放弃又不想放弃的矛盾状态。心理学研究表明，行为坚持 8～21 天左右，不自然，不舒服感慢慢减弱，此阶段仍需意志的努力。[⑤]

1. 艰苦的、反复的过程

尽管运动后阶段产生愉悦感觉，但并非意味着运动就此坚持、定格，此阶段运动坚持是艰苦、反复的，其不像初始阶段、开始运动阶段、运动后阶段、运动习惯阶段可因各种原因放弃运动、中断运动或间歇性运动。在运动坚持阶段，伴随着艰苦，运动处于反复过程，个体工作时间和其他时间冲突或时间紧、工作忙事务多、肌肉酸疼和其他器官不适感的出现反复变化等现象。

2. 矛盾的、纠结的过程

运动坚持的整个阶段，个体表现犹豫、徘徊、反复、纠结、挣扎，对于已形成相对固定的运动项目、相对稳定的运动方式、基本能控制的运动负荷等既想放弃又不想放弃的矛盾的心理。

（六）运动习惯阶段

运动习惯养成后，如不运动则会感觉不舒服、睡觉不安稳，完成运动任务后才心安理得，人体生物节律已形成。

1. 不运动，个体感觉不舒服

心理学研究表明，个体行为习惯形成需 3 个月，经过习惯化了的动作行为由于外界

---

① 360 百科．内啡肽［EB/OL］．http://baike.so.com/doc/118650－125284.html.

②③ 沈政，林庶芝．生理心理学［M］．北京：北京大学出版社，2014.

④ 张力为，任未多．体育运动心理学研究进展［M］．北京：高等教育出版社，2000：565－566.

⑤ 彭丹龄．普通心理学［M］．北京：北京师范大学出版社，2012.

因素迫使其停止，个体则会出现“不舒服、不适应”的主观感觉。在经历上述不自然、刻意到反复的过程后，此阶段个体如不运动，就会感觉不舒服，严重者则浑身不舒服，轻则感觉身上缺少东西或感觉总有事情未做完，甚至产生焦虑、急躁等不良情绪，影响生活，影响工作，影响交往等，只有完成运动任务后，个体方心安理得。①

2. 不运动，个体睡觉不安稳

运动习惯形成阶段，不管何种原因迫使个体停止运动，除心理上产生不适感外，睡眠表现明显，轻则睡眠质量差、整晚翻来覆去、睡觉不踏实，重则失眠、入睡困难。

3. 个体的生物节律，大体形成

运动初始阶段，个体运动项目、运动方式、运动负荷选择不固定、不确定，开始运动阶段，运动项目、运动方式、运动负荷选择基本固定、相对稳定并能自主控制运动负荷，身体对运动初步适应，尔后，经过反复、挣扎、矛盾的过程后，运动习惯和个体生物节律基本形成，到运动时间点或时间段，自然而然参与运动，并能根据自己的时间、身体状况等控制运动负荷，生物节律的形成与个体形成规律性运动相一致。

（七）运动惯性阶段

运动惯性是运动最高级别状态，运动习惯是暂时固定，摇摆的思想斗争存在，虽然养成习惯，习惯成自然，但在一定程度会反复变化。而运动惯性是最固定，运动使人体舒服、愉悦，在习惯基础上，运动坚持养成惯性，惯性是习惯的延长，在时间延长，在强度和负荷上增加。

1. 运动惯性从方式上是最固定的

运动惯性一旦形成，运动方式最固定，比如采用健步走每天至少 10 000 步。这种方式形成后，则不易改变，即使个体再忙或因别的原因可能会影响运动，他仍会想尽一切办法克服困难，或者个体由于出差没有时间按既定的方式完成当天运动量，他会在等待飞机、地铁、汽车等交通工具的空暇时间去完成运动任务。即使受运动场所、运动设施等硬件条件限制完成不了任务，他们也会想方设法用其他运动方式替代当天的运动量，运动惯性方式是最固定的。

2. 运动惯性从体验上是舒服的

运动惯性没有形成之前，先期肌肉酸痛、机体不适到后期主观感觉差，伴随焦虑、急躁等不良情绪，运动惯性阶段，运动使个体体验舒服、愉悦、开心、高兴、轻松等积极的情绪。

3. 运动惯性从时间上是可延长的

惯性是习惯的延长，运动惯性是运动习惯的延长，包括时间延长，强度和负荷的增加，时间延长方面，个体运动习惯原是 30 分钟，而惯性阶段，即使到了 30 分钟仍不想停止。在强度和负荷延长方面，个体能自觉给自己上量上强度上负荷，且是在自己可控范围之内，他们并不会因为强度和负荷过大导致损害自己身体，因此，此时的运动是自然而然的，没有任何外在约束力或压力迫使自身运动。

---

① 彭丹龄. 普通心理学［M］. 北京：北京师范大学出版社，2012.

二、衡量运动惯性形成的标准

经历上述七个阶段后，运动惯性形成遵循一定模型并具有衡量标准。

（一）运动惯性形成的模型

运动惯性形成的模型遵循一定规律，模型形成前，按不同阶段逐步形成，每个阶段均具有一定的特点，具体如图 5－2 所示。

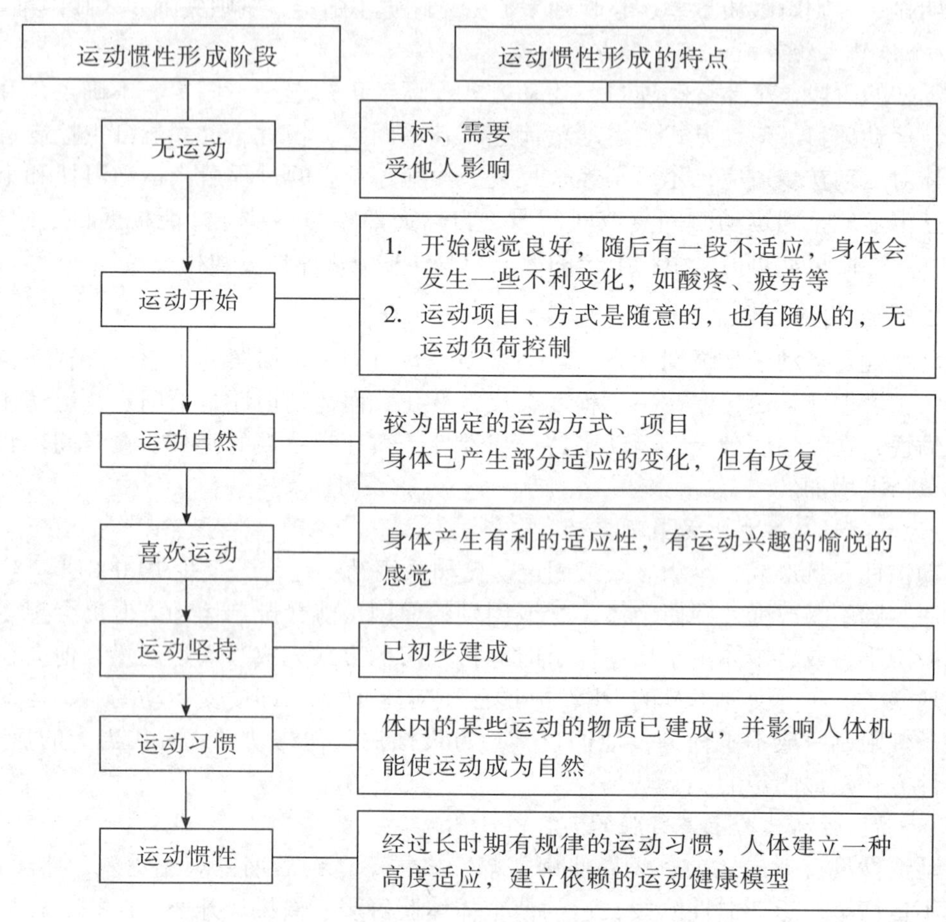

图 5－2　运动惯性形成的模型图

（二）衡量运动惯性形成的标准

运动惯性形成除情绪发生变化，个体能自主地选择适合自己的运动项目和运动方式，能自我控制运动强度和负荷，懂得合理安排自身饮食和营养，懂得常见运动损伤的治疗和预防知识。

1. 了解人体和运动后人体的变化

运动前，个体能清楚知道自身身体状况，能根据实际情况调节、安排运动量和运动负荷；运动过程中，能监控自身的疲劳程度，有针对性调整运动方式；运动结束后，放松，补水补糖等手段调整机体，能根据人体变化规律做好运动前准备、运动中调控和运动后放松。

2. 选择适合自己的运动项目和运动方式

运动项目和运动方式均根据自身兴趣爱好、身体状况、运动场所等长期形成，运动个体通常情况不会随意去变换运动项目和运动方式。

3. 能自我控制运动的强度和负荷

运动强度和负荷方面，运动者根据自身身体状况进行调整，不会因为强度太大，负荷太高而产生身体、生理或心理的损害，运动强度和负荷均是在可控和机体可承受范围之内。

4. 能合理安排运动前后的饮食和营养

合理运动前后的饮食和营养主要包含以下内容：

（1）做准备时多吃水果。

（2）晨练前可喝杯蜂蜜水。

（3）运动之前1小时进食。

（4）依照运动时间长短饮用500cc以上的温开水。

（5）运动前可喝一杯无糖的咖啡。

（6）适量补充碳水化合物。

（7）运动后吃少量的高纤食品。

（8）运动后不要喝含咖啡因的饮料。

（9）运动后吃些碱性食物。

（10）运动后一小时再进食。

5. 懂得常见运动损伤的治疗和预防知识

运动惯性形成后，个体懂得急救、包扎、骨折、脱臼，心肺复苏等基本的运动损伤治疗，并清楚预防措施，表现在以下方面：

（1）加强运动安全教育，克服麻痹思想，提高预防意识。

（2）认真做好准备活动，对可能发生运动损伤的环节和易伤部位，及时做好预防措施。

（3）合理组织安排锻炼，合理安排运动量，防止局部运动器官负担过重。

（4）加强保护与帮助，特别要提高自我保护能力。如摔倒时，立即屈肘低头，团身滚动，切不可直臂或肘部撑地；由高处跳下时，要用前脚掌着地，注意屈膝，弯腰，两臂自然张开，以利于缓冲和保持身体平衡。

第三节
影响运动惯性因素

运动惯性发生与发展受主、客观因素影响，受先天遗传和后天环境影响，客观因素包括遗传因素、环境硬件条件因素；主观因素包括时间和运动习惯、锻炼方法和知识技

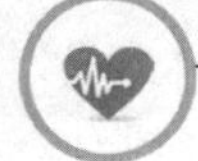

能、疲劳和懒惰、意志力和自觉性。

一、客观因素

（一）遗传因素

个体是否喜欢运动，是否具有运动天赋或运动细胞受先天遗传因素影响，虽然运动兴趣、运动习惯是通过后天训练或培养形成的，基因遗传学表明个体某种天赋，天生而优，父辈基因遗传关系很大。运动惯性通过坚持，慢慢形成，运动习惯养成与坚持，与个体锻炼方法和知识技能、自觉性和意志力等主观因素有关，应该从多方面探讨影响运动惯性的诸多因素以及因素间的关联性。

（二）环境硬件条件因素

环境硬件条件包括季节、气温、运动场所、风俗习惯等。一年四季温差大，运动者个体感觉完全不同，南方和北方、室内和室外存在差异，对运动员运动惯性也存在较大影响，适宜的气候和气温，适合运动且开阔的室外，舒适的室内等有助于运动惯性形成，反之则妨碍运动惯性形成。

风俗的最大特点是深入人心，为众人喜闻乐见，风俗对社会成员起规制作用，是社会控制的一种形式。风俗以习惯形式或通过人们从众行为起作用，如少数民族地区的文体活动，傣族都会跳傣族舞蹈，他们将学习作为乐趣、习惯、惯性，他们善于用舞蹈来表达，并且能在节庆节日用傣族舞蹈助兴。又如，近几年兴起来的广场舞，“大妈们”利用闲暇时间扭动起来，一为锻炼身体，二为交友，三为打发时间，这种运动习惯兴起于城市，发展于城市，如今已发展到乡村，广场舞运动习惯起源于“大妈们”，如今已发展为男女老少皆能参与。

二、主观因素

锻炼方法和知识技能、疲劳和懒惰、自觉性和意志力、时间和运动习惯等影响因素为主观因素，主观因素受个体影响大，个体心理状态、身体状态均影响运动惯性。

（一）锻炼方法和知识技能

我们会对体育项目进行选择，而选择的项目与我们自身的兴趣、爱好有关，通常情况下，个体感兴趣且能坚持的项目，一般而言，其对该项目的锻炼方法和知识技能应该是较为熟悉的，而缺乏科学的锻炼方法，容易造成不必要的身体损伤或影响锻炼的效果，进而影响锻炼的积极性和运动的坚持。知识技能水平的高低亦在一定程度上影响着运动惯性的形成，知识技能水平高者，运动的效果是高效的，反之则低效。

（二）疲劳和懒惰

疲劳是个体的本能反应，学生上一整天课，工作者上一整天班均会累，退休老年人，机能不如年轻人，不管是学生、中青年、老年人，如果长时间从事体育运动项目或是过度，则容易产生疲劳。懒惰是个体主观能动性降低的表现，懒惰与意志力和自觉性有关，懒惰是在为自己找借口，与运动坚持背道而驰。

（三）意志力和自觉性

个体时常会找尽借口让运动节奏变缓，甚至停止，如个体具有较高自觉性或意志力较强，即使身体再累，疲劳，亦会通过运动放松调节心情，某种程度上已成为理念或习惯。想得到健康，离不开适当运动，养成一种习惯，持之以恒。犹太人拥有一种时间观念，把一天的开始定于日落，这种观念给他们生活注入了无限希望和活力，时间是做任何事情必不可少的条件。

（四）时间和运动习惯

时间是否充裕是相对而言的，从单位时间上看，有些人非常忙，但却有时间坚持运动，有些人单位空闲时间多，即抽不出时间参加运动，与个体运动习惯有关系，运动习惯一旦形成，时间靠挤，尤其运动惯性形成过程中，确保一定时间运动、良好运动习惯自然而然就形成了。

第四节 运动惯性的培养

运动惯性受一定因素影响，其形成机制遵循一定规律，习惯形成约 90 天，运动惯性是在运动坚持和运动习惯基础上培养而成，了解相关规律，通过其机制培养运动惯性。

一、习惯的形成机制

行为心理学研究表明，一项看似简单的行动，假如个体能坚持重复 3 周以上，就会形成习惯。如果坚持重复 3 个月以上，就会形成稳定习惯，其形成大致分三个阶段。①

（一）第一阶段

1～7 天。特征为“刻意、不自然”，需要十分刻意提醒自己努力去改变，刚刚开始决定体育运动第一周，时刻要提醒自己运动，原来既已形成的生活习惯和相对规律的时间要重新规划，重新安排，重新适应。这个阶段个体反应会感觉不自然，不舒服。

（二）第二阶段

8～21 天。经过第一阶段努力，不自然，不舒服个体感觉慢慢减弱，这个阶段仍需意志努力，本阶段个体感觉是：“刻意、自然”，仍刻意要求自己坚持，由于外界影响和刺激、个体意志力不够、个体身体状况发生变化等原因均有可能会让个体放弃坚持锻炼，因此，本阶段需要刻意提醒自己去改变、去坚持。

（三）第三阶段

22～90 天左右。特征为“不经意、自然”，这种特征表明习惯已形成，此阶段亦称

---

① 苗大培．论体育生活方式［M］．北京：北京体育大学出版社，2004.

“习惯性稳定期”。一旦进入此阶段，个体已完成自我改造，90 天的坚持形成稳定的动作行为，当这种习惯化了的动作行为由于外界因素强迫停止，个体则出现“不舒服、不适应”主观感觉，这项习惯就已经成为个体生命中一个有机组成部分，他会自然而然不停地为人们“效劳”。

二、运动惯性形成的机制

天天重复运动的习惯是由每一天单次的运动习惯组成的，不管是天天的重复运动，还是单次的重复运动，当这种习惯在运动的情景下，在单次运动的中后期则会形成惯性，大脑惯性地指挥、机体内惯性地产生激素、行为惯性地产生动作，如前所述生活中“惯性”，不需要意志努力、不需刻意控制，是一种源于“习惯”、源于“自然”，又高于“习惯”和“自然”的行为状态，惯性的行为和动作达到高自动化，几乎“不经”大脑控制，自然而然就表现出来了。因此，运动惯性则可以认为，在单次运动状态下，当运动进行到中后期时，运动不需要意志努力、不需刻意控制，是一种源于“运动习惯”，又高于“运动习惯”、高于“习惯自然”的行为状态，运动行为和动作达到高自动化，几乎“不经”大脑控制，自然而然就表现出来的运动状态。

（一）机制形成的运动坚持

习惯形成机制可知，运动习惯离不开运动坚持，运动连续坚持 1 ~7 天，未能形成运动习惯；运动连续坚持 8 ~21 天，运动习惯基本形成，此阶段可称为“运动习惯基本形成期”；运动连续坚持 22 ~90 天，运动习惯较为稳固地形成，此阶段可称为“运动习惯性的稳定期”。

运动习惯尚未形成时，稍微不坚持，就容易回到初始状态；“运动习惯基本形成期”仍会出现反弹现象，个体坚持力度、意志力、恒心等均会影响此运动习惯形成。相对而言，经过 3 个月坚持，在“运动习惯性稳定期”，行为或动作已较为稳定，习惯完全形成，当这种习惯化了的行为和动作遭到破坏，个体会产生不舒适感。

（二）机制形成的运动习惯

运动习惯稳固化形成的外在体现为天天或经常重复运动，从生物钟规律来看，运动已纳入个体规律生物钟，到点必运动，由于生物钟形成存在个体差异，个体固定的时间段、单位时间等存在差异，时间段或时间点到来时，个体会非常自觉、不要意志努力去完成相关动作。

（三）机制形成的运动惯性

运动惯性体现在运动习惯形成后的单次运动，个体在单次运动中后期，有如“极点状态”后出现“第二次呼吸”，身心倍感轻松、愉悦，当运动惯性出现后，个体毫不费劲完成单次运动，甚至运动结束后，仍“不自觉”继续运动，机制形成过程中，分别产生三个“惯性”，即惯性的大脑指挥、惯性的行为动作、惯性的激素分泌，三个惯性循环促使运动惯性的形成。

运动坚持、运动习惯和运动惯性一脉相承，其形成的机制如图 5 -3 所示。

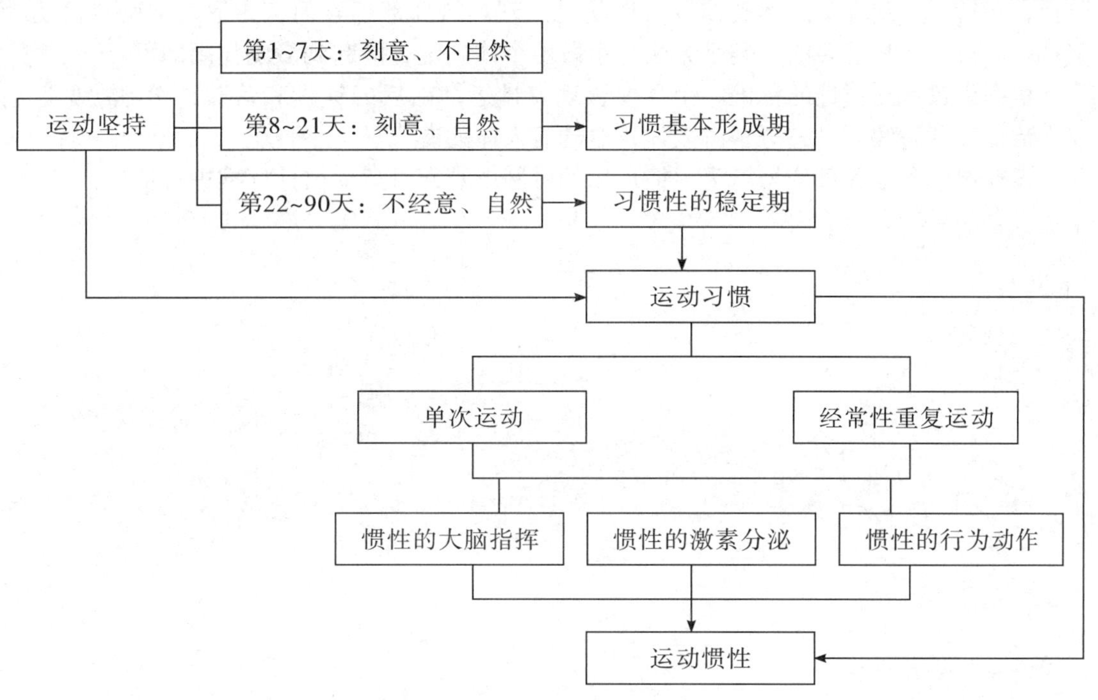

图 5－3　运动惯性形成的机制

运动坚持产生运动习惯，并非所有个体运动习惯养成必产生运动惯性。现实生活中，并非所有演讲者产生说话惯性、所有唱卡拉 OK 会产生唱歌惯性、所有看书者产生学习惯性，种种现象表明，运动习惯形成是运动惯性产生的前提，运动惯性产生并非运动习惯形成后的结果。

三、运动惯性的培养

运动惯性培养是在运动习惯养成之后，根据运动习惯形成机制，个体坚持运动 90 天后开始着手，培养方法和手段可依据衡量运动惯性标准。

（一）选择适合自己的运动项目和运动方式

运动项目的确定，从内部条件来看，根据个体兴趣爱好，选择喜欢的运动项目，俗话说“兴趣是最好的老师”，感兴趣的运动项目个体易于坚持，运动项目和运动方式的确立还要根据自身身体状况；从外部条件来看，运动场所，器材等硬件条件也要切合自身的实际，如果一味强调兴趣爱好，忽略外在客观条件，运动惯性培养将受到影响。

（二）学会自我控制运动的强度和负荷

强度小，负荷小，个体难以体验运动惯性所带来的愉悦感、舒服感；强度大，负荷高，个体将产生心理和机体不适，因此，要培养个体了解自身身体状况和身体机能，自如地控制运动负荷和运动量。

（三）通过意志力和奖励措施

从内部因素而言，运动惯性培养离不开意志力，个体运动习惯形成后，仍需意志力坚持，坚持到一定程度，运动惯性可能随之出现。从外部因素而言，适当奖励自己运动坚持、坚持习惯是必要的，奖励方法、手段由个体确定，能起到激励作用即可。

根据衡量运动惯性的标准，个体要合理安排运动前后的饮食和营养，学习常见运动损伤治疗和预防知识，充分了解人体及运动后人体的变化。

运动惯性的培养可依据行为习惯形成的机制以及衡量运动惯性标准进行培养。

第六章

运动惯性与健康

培养运动习惯，并使之融入日常生活中，形成有科学性、规律性和持续性的惯性运动。当这种惯性运动成为人们日常生活的一种自觉行为，表现为良好的运动惯性，起到提高生活质量、促进健康的作用。

第一节 运动有益健康

运动提高健康水平、延长寿命的理论基础在于对生理机能的提高、心理的调节、能量代谢的平衡及对疾病（特别是慢性疾病）的预防和某些治疗作用。

一、健康的概念

世界卫生组织在其宪章中为健康做出比较确切的定义："健康不仅是没有疾病或不虚弱，而是身体上、精神上和社会适应方面的完好状态。"该概念把人的健康与人的生理、心理状态和对社会适应三者兼容起来，充分反映了健康的生物学和社会学特征，揭示了健康概念的精髓，他是现代社会每一个执意追求的目标，并成为现代世界各国积极推崇的最具权威、具有影响的健康定义。

21 世纪是个飞速发展的时代，人们的生活方式正发生着巨大改变，生活方式改变主要体现在以下三个方面：首先，体力劳动减少。随着科技的进步、社会的发展，人们的生活发生了巨大的变化。以车代步大大减少了人们在日常生活中锻炼的机会，机械化、信息化大大降低了日常生活中的体力劳动的强度。这些变化使人们的生活更加方便快捷，与此同时也给人们的健康带来了许多的负面影响。其次，饮食方面的变化。随着社会的进步，现代社会带来富足、便利的同时，也带来了运动不足、营养过剩等不良的生活习惯。例如，75% 左右的上海办公族在下班后通宵热舞、无节制的泡吧喝酒，生活无规律。最后，信息化浪潮的冲击。信息化引导着我们由体力劳动向脑力化的转变。脑力劳动量

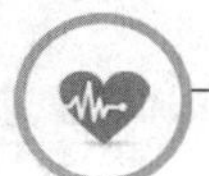

在生活中不断增加，生活和工作节奏愈来愈快，生存压力愈来愈大。

现代社会的发展给人们带来了生活的富裕，也带来了诸多“现代文明病”。无论对青少年还是成人的健康都有着巨大的影响。

现代社会的生活方式给广大青少年的身心健康带来了许多不利影响。在现代生活方式的影响下，大多数青少年营养过剩、缺乏运动，体能、身体免疫力都有一定水平的下降，同时活动的减少还影响了同学之间的交往时间，对青少年的心理健康也有不利影响。我国国家教委对全国12.6万大学生的抽样调查结果表明，因心理压力而患有心理疾病的比率为20.23%。在紧张的学习生活之外，我们有必要通过一定的方式来放松紧张的精神，调节生活的节奏，以适应现代社会生活。

现代生活方式使成人病的发病率也越来越高。“成人病”是西方学者首先提出并使用的，现在医学上还没有一个精确的定义或概念，但是许多学者都认为成人病是一种在高龄人群中患病率较高的慢性退行性疾病，是身体器官衰退及因此而功能下降的这类疾病的总称。这里说的功能下降的原因并非单纯的老化，还包括器官系统的退行性变化。成人病在西方发达国家的发病率很高，我国虽然是发展中国家，但是进入20世纪80年代以后，我们的经济水平迅速提高，生活方式发生了迅速的变化，成人病的发病率也越来越高。我国的疾病构成主体也从感染性疾病转向了成人病。事实上，成人病已经出现了低龄化的趋势。在我国很多中学生，甚至是小学生都患上了高血压、高血脂、糖尿病等病症。成人病的低龄化并非没有缘由，他与现代生活方式的转变有着密切的联系。例如，很多中小学生钟爱电脑游戏，每天在网上“激战”数小时，整天伏案于电脑桌前，致使很多未成年人患上了颈椎病；现在很多孩子喜欢洋快餐，如炸薯条、汉堡等高热量、高油脂、难消化的食物，而现在的孩子又过于娇惯，吃得多、活动少，导致体重上升过快，容易出现高血糖、高血压等疾病。①

前苏联医学博士兹与诺夫斯基提出了一个著名的健康长寿公式：健康长寿 =（情绪稳定 + 经常运动 + 合理膳食）÷（懒惰 + 酒 + 烟），从公式中我们可以看出经常运动是健康长寿的“秘诀”之一。美国最新完成的一项针对12万人，长达14年的研究显示，“久坐缩短寿命”。换言之，运动则能够延长人的寿命。作为一种健康生活方式，运动正在受到越来越多的重视。由于现代社会生活方式的改变，人们的体力劳动强度大大下降，“现代成人病”“文明病”随之产生。因此，合理的运动是提高生活质量，保证健康的生活方式的不可缺少的因素。美利坚大学的健康中心对健康进行定义：个体只有身体、情绪、智力、精神和社交等五个方面都健康（也称健康五要素），才称之为真正的健康，或称之为完美状态。

二、运动对生理健康的影响

人体由神经系统、循环系统、呼吸系统、运动系统、消化系统、排泄系统、生殖系统、内分泌和感觉器官等组成，而运动是由人体各器官系统协调配合所完成，进行运动

① 贾立张，牛志宁．浅谈现代体育生活方式与健康［J］．大众体育，2011，4（20）：144－145.

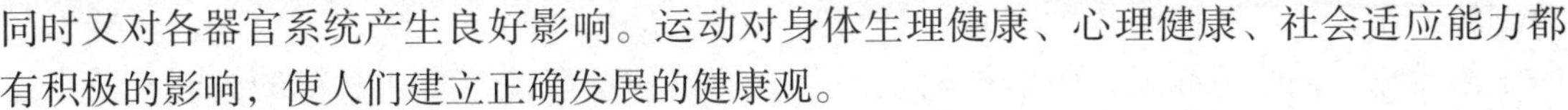

同时又对各器官系统产生良好影响。运动对身体生理健康、心理健康、社会适应能力都有积极的影响，使人们建立正确发展的健康观。

（一）运动对神经系统的影响

神经系统包括中枢神经和周围神经系统。人体的一切活动都是在神经系统的调节和支配下进行的，都是神经系统的反射活动，都是经过感知、分析、判断、作出反应这个过程来完成的。运动可以改善神经系统的功能，许多运动中错综复杂的变化需要及时做出协调、准确、迅速的反应。还能有效地消除脑细胞的疲劳，提高学习和工作效率。

人的智力发展同大脑的体积和重量的关系不大，却与大脑的物质结构和机能状况紧密相关：一是与神经细胞突起分枝的多少有关；二是神经细胞群之间的联系及网络的复杂程度有关；三是与信息传导的速度有关，运动可以促进这方面的发展。

（二）促进神经系统的发展

人体每一个神经细胞有两种突起：第一种叫树突，其作用是接收神经冲动的，即起相互间信息联系作用；第二种叫轴突，其作用是将神经冲动传出，即起信息输出的作用。坚持科学的运动，可以促进“树突”和“轴突”的生长发育，可以促进树突起分枝增多，为人的智力发展奠定物质基础。科学家发现一个右手劳动为主的人，其大脑左半球的语言机能占优势，神经细胞突起的分枝左侧比右侧多，体积也是左侧比右侧大。

科学家通过实验，发现在活动内容丰富复杂的环境里饲养的白鼠，其神经细胞的胞体大而丰满，周围的毛细血管和神经细胞之间的连结及突起的分枝也比其他白鼠多得多，神经细胞之间的连结也增多，这表示内部信息传递的效率提高。他们还通过运动员和不爱运动的人进行了对比研究，亦发现类似情况，而前者无论在体质或体能方面比后者强得多，说明了运动能促进神经系统的发展。

（三）改善脑的物质供应

一个人的精力和工作、学习效率如何，主要是以中枢神经活动的生理基础即物质供应如何为转移。当大脑在紧张工作时，需氧量和血流量更多，血流量比肌肉活动时所需的要大 15～25 倍。所以，改善大脑的物质供应水平对人的劳动、工作、学习有着重要的意义。而坚持科学的运动，可使脑细胞得到氧气量增加，可增强心脏功能，改善血液循环，使每搏输出量增加，不仅能有充足的供血营养大脑，还能供细胞更丰富的天然物质，一般称作神经激素，以促进细胞生长；同时提高呼吸器官的功能，增大肺活量，也增强肌肉在血液循环中辅助心脏的作用。这样使大脑有更多的血糖、蛋白质、脂肪等能源物质和氧气的供应，使人脑清醒，精力充沛地学习、工作和劳动。

有研究表明，长期运动能够增加大脑皮质的重量，促进大脑两半球的充分协调发展，还能够促进大脑释放脑啡肽、内啡肽等化学物质，这些物质能够缓解神经紧张，促进学习和记忆。

（四）增强神经系统的功能

科学研究表明，经常参加运动能改善和增强神经过程的稳定性和灵活性，提高大脑分析、综合及反应能力。这是因为运动往往要求身体要完成一些比日常活动更为复杂和

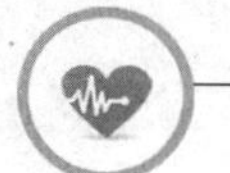

精细的工作，并且这些动作大多是在短时间内甚至是一瞬间来表现或完成的，还要保证一定的质量。在此情况下，中枢神经就要迅速动员和发挥各器官、系统的机能，使之迅速调整，以适应肌肉活动的需要，并增强对时间、空间、方位、速度、定向等感知能力，使各器官、各系统的活动更加灵活、协调。肌肉活动产生的"生物电"也对大脑皮层细胞的刺激加强，这就有利于提高大脑皮层细胞的各种能力，使整个大脑神经系统的功能得到改善和加强。这就是经常从事运动的人，其神经系统功能特别是大脑细胞的结构和机能会相应地得到改善和提高的原因。

运动刺激了神经和肌肉的细胞兴奋性，使人体获得肌力和健康的同时，还改善动作的协调性和平衡能力，尤其对于增强老年人的生活自理能力和提高避免摔伤能力有重要意义，由此提高了老年人的生活质量。

二、运动对循环系统的影响

（一）促进心脏功能

经常进行运动能使心肌中的毛细血管大量增生，心肌纤维变粗，使心肌肥大。这种增大称为运动性心脏。运动性心脏重量、容量以及心脏的直径增大，是心脏对剧烈血液循环与大量输氧的形体性与功能性的适应。一般人心脏重量为 300 克。运动员的心脏重量为 450 克。一般人的心脏容量是 765 ~ 785 毫升，运动员心脏容量可达 1015 ~ 1027 毫升，心脏性肥大的原因，是在经常的锻炼中，心肌经常进行强烈的收缩，同时由于血压升高，冠状动脉舒张，增加了冠状循环的血流量，使心脏的氧气和营养物质得到充分供应。运动使心肌纤维变粗，心容积增大，收缩力加强，这些对维持心脏的强度功能有很大作用。

运动能使心肌细胞内的蛋白质增多，肌红蛋白约增 35%，心肌醣元约增 30%，醣激酶约增 80%，这些营养物质储备的提高，大大提高了心脏的活动能力。

心肺系统对人的健康及生命活动有十分重要的作用。运动时，全身血液循环加快、心脏和全身的供血状况改善，由于消耗体内大量的脂肪，减轻心脏的负担，从而降低心脏病的发生。长期的有氧运动可以使心脏肌肉发达，心收缩力增强，血管壁肌增厚，弹性好有利于血液流通，从而使血压下降，保证了人体中所需要的氧和营养的供应，从而防止高血压和冠心病的发生。

（二）促进血管功能

运动使血管壁肌层增厚，提高血管壁的弹性，增大管径，以有利于血液的流通和个体在工作、学习中所需氧气和营养物质的供应，并能顺利地排出二氧化碳和其他废物。运动还可改善微循环。人体在安静状态下，肌肉中开放的毛细血管数量很少，而开放的毛细血管口径却很大。若大量的毛细血管处于闭塞状态，长期不加使用，这些毛细血管就会逐渐趋于萎缩退化。运动能使肌肉中的毛细血管大量开放，能极大地改善微循环机能，使之有更大的潜力来满足激烈活动所需的能量物质供应。

运动对心肺功能极大的促进作用表现在运动促进了体内代谢水平的大幅度提高，从而大幅度地提高了体内的血液循环以及血液携氧量。研究表明，规律的有氧运动和肌肉力量锻炼可以增强心肺功能，预防心血管疾病。长期运动的老年组在安静时心率明显低于普通老年组，而肺活量明显高于普通老年组。耐力锻炼对于老年高血压患者的降压效果相当显著。长期从事耐力锻炼的人，呼吸肌和胸廓得到良好的发展，反映在胸围上表现为明显加大，而且呼吸加深，安静时呼吸频率降低。

三、运动对呼吸系统的影响

（一）增强呼吸肌的力量

在运动中，需要消耗大量的能量，当体内营养物质通过氧化分解，放出能量供给肌肉活动时，就要吸入大量的氧气和排出大量的二氧化碳。这就要求呼吸器官加强工作，提高换气效率，以满足肌肉活动的需要。经常进行运动，能增加呼吸肌的力量和耐久力。由于肋骨的活动性增加，胸廓活动范围也扩大，胸腔的形状和容积也随之改善，从而呼吸更有力，胸围和呼吸差增大。一般人呼吸差只有 4 ~ 7 厘米，而经常锻炼的人则为 7 ~ 11 厘米。由于胸腔扩大，肺泡内所容的空气就多，肺的换气效率也就提高了，并因此而提高了整个呼吸系统的功能。

（二）肺活量增大，肺通气量提高

在日常生活中，安静时每分钟需氧量约为 0. 25 ~ 0. 3 公升，每分钟通气量只有 6 ~ 8 公升，只需极少一部分肺泡参加工作，即可满足生命的需要；而不能经常活动的肺泡，往往处于萎缩或为粘液所阻塞。当运动时，大部分或全部肺泡获得活动的机会而提高换气功能，从而提高肺通气量。一般人在运动时每分钟最大通气量为 80 公升左右，最大吸氧量为 2. 5 ~ 3. 5 公升，只比安静时大十倍；经常锻炼的人在运动时，每分钟通气量可达 100 ~ 120 公升，最大吸氧量可达 4. 5 ~ 5. 5 公升，比安静时大二十倍。肺泡活动增加，肺活量增大，肺的功能从而提高。

（三）改变呼吸频率

安静时一般成年人的呼吸频率每分钟为 16 ~ 20 次，经常参加锻炼的人，安静时的呼吸深而慢，每分钟约 8 ~ 12 次。这种深而慢的呼吸，具有很多优越性，在每次呼吸后有较长时间的休息，因而不易疲劳。在轻度劳动和参加一般运动时也不致于出现呼吸急促，胸闷等现象。一般缺乏锻炼的人在运动和劳动时，容易出现缺乏氧气而产生过多的酸性代谢物（乳酸），即使呼吸频率加快，也不能满足机体的需要，其结果是呼吸肌过度紧张，呼吸浅而快，产生胸闷，气喘等现象。运动能改变呼吸频率，使呼吸频率减慢。

四、运动对消化系统的影响

经常从事运动，对消化机能有良好的作用。运动可以使胃肠蠕动增强，消化液的分泌增多，提高机体消化和吸收的能力。

由于运动过程中，体内代谢活动加强，能量物质大量消耗，机体必须通过消化系统摄取营养，为运动提供动力。这就需要消化器官加强功能，更好地吸取养料来满足机体的需要。经常进行中小运动量的锻炼，可以促使消化系统的功能更加完善。

体育活动可以调节情感，使人心情愉快、精神饱满、食欲增加、消化能力提高。这是由于运动改善了大脑皮层的机能，特别是运动后对植物性神经工作能力的加强，消化系统在神经和体液的调节下，使消化器官的物理性能和化学性能加强。

运动能使腹肌和横隔肌的活动范围增大，并得到增强。能增强消化道的平滑肌，刺激消化腺的分泌，改善消化条件，使食物的消化更加完善。只有消化吸收和排泄等功能的增强，才有可能保证体内物质代谢的正常进行。运动还对肠胃起到按摩和刺激作用，以提高消化能力，并能使小肠毛细血管及绒毛发达，提高小肠对养料的吸收能力。

五、运动对运动系统的影响

运动增加机体脂肪消耗，增加肌肉，其结果是使各类体型（瘦体型、肥胖体型和标准体型）的人更加健康、更加接近标准体型。

科学有效的身体运动，可以使肌肉丰满结实，筋骨强壮有力，特别是对身体不同部位有针对性的锻炼，使人体的身形优美，精力充沛。经常参加运动有助于骨骼的生长，使骨密质增厚、骨骼变粗、骨面肌肉附着处突起明显，可使人体关节的机能得到提高。经常参加运动可使肌肉粗壮、力量增强、提高抗疲劳和耐久的能力。还可以消除多余脂肪，防止肥胖症。

运动可以促进骨的新陈代谢，改善局部血液循环，使骨在形态和结构上发生良好的改变，如骨密质增厚，骨小梁排列更加整齐，骨骼粗壮和坚固，并能增强其抗压、抗折、抗弯、抗扭转等方面的性能。一些学者提出，肌肉引起最大的骨负荷和应力，肌肉力量控制着骨强度和骨量。坚持运动、加强骨骼和肌肉锻炼是有效防治骨质疏松的手段。刘忠民等的研究结果显示，运动组的骨密度明显高于非运动组（$P<0.001$）；而且骨密度与体脂肪率呈负相关关系（$P<0.05$）。Michel 等对 50 岁以上的中老年人腰椎骨骨密度与负重运动（跑步、有氧舞蹈等）的运动量关系的研究表明，中等强度的负重运动可增加老年人的腰椎骨骨密度。另外，老年人通过运动可以刺激胰岛素样生长因子分泌增加，后者是调节成骨细胞增殖和分化的重要因子，对形成新骨和维持骨基质具有重要的作用。

运动还可以刺激生长激素，从而促进儿童青少年的生长发育，对发展身体素质和运动能力有重要的作用。

六、运动对机体分子水平调节的影响

（一）运动可延缓衰老

人的衰老进程是由基因决定的，其生物学年龄可根据其生理和解剖状态进行估算，表示其组织结构和生理功能的实际衰老程度。2009 年诺贝尔医学或生理学奖表明，端粒是控制机体衰老的染色体结构。他是位于染色体末端，由不具编码功能的端粒 DNA 和端粒相关蛋白组成非核小体结构，其主要作用是维持染色体 DNA 的稳定性，防止染色体被核酸酶降解和下游基因的丢失。端粒的这一作用类似于鞋两端的塑料头。染色体端区长度是人类体细胞的计时器，可作为人类体细胞的生物学年龄标志。随着老化生物体端粒逐渐缩短，寿命也随之缩短。此外，衰老时人体各项机能下降，而且对疾病的易感性增强。所以从这一角度分析，某些老年性疾病的相关基因，也可以看作是衰老基因。例如载脂蛋白 E（Apolipoprotein E，APOE）水平升高时，发生冠状动脉粥样硬化性心脏病与老年性痴呆（阿尔兹海默病）的可能性就会增高，由此影响寿命。

各种研究表明，运动可以在一定程度上抗衡遗传基因缺陷的作用。德国研究人员发现，长跑运动员的端粒比一般健康成年人的长。英国伦敦圣托马斯医院的研究人员测量了 2 401 对双胞胎 DNA 端粒长度。结果发现，闲时不运动的人的端粒比积极运动的人的端粒要短。研究人员发现，运动量最少的人（每周只运动 16 min）与运动量最多的人（每周运动 3h）相比，其端粒平均要短 200 个碱基对。转换成生物年龄，前者比后者衰老约 10 岁。[①]

（二）运动对机体自由基代谢的影响

自由基代谢是衰老的主要因素之一，自由基可与核酸的碱基发生化学反应，破坏碱基，引起染色体变异、断裂和交联。自由基也通过损伤脂链，形成脂自由基，促进脂质在血管壁沉积。同样自由基也损伤蛋白等生物分子。急性剧烈运动时，氧化攻击与机体抗氧化之间失去平衡，导致运动性内源性自由基增多，造成氧化应激损伤。然而近年来的许多研究结果表明，慢性有氧训练可以使机体对自由基损伤产生很好的适应能力。有报道称，耐力训练能够提高组织超氧化物歧化酶（SOD）和谷胱甘肽过氧化物酶（GSH－Px）活性，并使肌肉 GSH－Px 含量增加。Hellstene 等研究了 7 周踏车间歇速度训练对 11 名男性被试者骨骼肌抗氧化能力及能量代谢的影响。发现 7 周后谷胱甘肽过氧化物酶（GPX）和谷胱甘肽还原酶（GR）活力显著提高。

（三）运动对心理健康的影响

面对 21 世纪的激烈竞争，心理素质的地位和作用日趋突出。运动对心理健康的促进作用研究越来越得到重视，在认识上也越来越深入。未来的人才不仅要掌握现代化的科学技术、具有较全面的能力，而且要有强健的体魄、健全的人格、健康的心理素质、良好的适应能力。在运动中，不断优化心理素质，增强适应能力，是现代人应该重视的。

关于什么是心理健康，许多学者提出了不同看法，其中马斯洛（Maslow）和米特尔曼（Mittleman）提出的十条标准：有充分的适应力；充分了解自己，并对自己的能力作恰当的估计；生活目标能切合实际；与现实环境保持接触；能保持人格的完整与和谐；具有从经验中学习的能力；能保持良好的人际关系；适度的情绪发泄与控制；在不违背集体的意志的前提下，能作有限度的个性发挥；在不违背社会规范的情况下，个人的基本要求能恰当满足。

运动被誉为行为的艺术。体育活动和运动是人的积极主动的活动过程，他可以有效地调整人的行为方式，也能有效地促进个体的心理健康。人们愈来愈认识到运动不仅能增进身体健康，而且对心理健康也有着积极的作用。认识运动对心理健康的促进作用归纳起来有以下几个方面。[②]

---

① 高充，刘越泽．运动与生理功能的提高及心理的调节［J］．山西医科大学学报，2010，41（10）：917－919．

② 余虹．浅谈运动对心理健康的促进作用［J］．现代医院，2005，5（7）：129－131．

1. 作为社交经验的运动，有改善人际关系的作用

一些专家学者早就提出参加运动能够满足个体某些社交的需要。几乎所有的体育活动都能为人们提供一种社交的环境，提供一种与他人分享某些重要体验的机会，例如接触一些新的人和事物，与他们保持某种特殊的关系等。不管是有组织的，还是偶发的体育活动还是自我运动都有这种作用。增强社会交往能力、改善人际关系。尤其是集体性项目可以广交朋友、交流信息，克服孤独感，增强合作意识，通过关心他人、帮助同伴而获得价值感，促使人际关系更加和谐。

2. 专为身心健康的运动，对情绪的调节作用

几乎所有的现代人都相信运动具有适宜地增进人的身体和心理健康的作用，这不仅是可能的，而且是人们所向往的。像健美操和其他一些形体练习主要是改善个体的身心健康，也可以想象其他的体育活动同样为此服务。

（1）运动对情绪的调节作用。从事运动能产生丰富的情绪体验，这是运动本身特点所决定的，也是运动对绝大多数人具有强大吸引力的重要因素。有研究指出："没有情绪的运动和没有运动的情绪，对有机体都是有害的。"意思是说，如果一个人带有强烈的负面情绪，总处在没有身体活动的静止状态时，有可能导致身体某些内环境的紊乱。身体活动具有宣泄、中和、抵消和对抗负性情绪的作用。反之，如果没有任何情绪去参加淡漠乏味的运动，也会因有机体未能充分调动而出现活动效率低甚至受伤等不良后果。

（2）运动能产生丰富的情绪体验，改善情绪状态。情绪为客观事物与人们的需要关系所决定。体育活动本身蕴藏着许多对人的各种刺激，如竞争、冒险、克服困难、把握机会、追求不确定结果、体验成功与挫折等，这些都会相应地引起人们的各种情绪体验，这是体育活动本身特点所决定的，也是体育活动的魅力所在。运动对情绪状态的改善常用于检查体育活动对心理健康作用的重要指标。运动对人的情绪状态具有短期效应和长期效应，短期情绪效应产生于活动过程中和活动的结束，能给锻炼者带来舒适和流畅的感觉，有人称之为"运动的快感"。在这种状态下，人们能忘我地投身于运动中，并产生来自于活动过程本身的直接兴趣和享受。1993 年，麦克英曼（McLnman）等人的研究表明，对活动后的被试测量状态焦虑、抑郁、紧张、心理紊乱等水平显著降低，而精力和愉快程度则显著提高。运动对情绪的长期效应研究相对较少，有限的研究结果不尽相同。有研究结果显示，体育活动对人的情绪的长期效应是存在的，现实中我们看到许多人能常年坚持、风雨无阻地锻炼正是由于这一点。1984 年，海顿（Hayden）等人的研究表明，有规律的锻炼者比不锻炼者较少出现焦虑和抑郁情绪。

3. 作为追求刺激的运动，对心理健康的作用

作为追求刺激的运动是指那些对参与者来说存在某种危险因素的活动。通过速度、速度变化、方向的突然变化或危险情景的突然出现，克服危险，完成活动以显示自我的力量，并从中获得愉悦和陶醉。如速滑，跳跃，空中翻转，摩托车比赛，走钢丝，攀崖等都可以激发类似的感觉。

4. 作为审美经验的运动，对心理健康的作用

很多人都相信，至少有些形式的运动活动通常可愉悦视觉，具有满足审美需要的功能，如艺术体操、花样游泳、花样滑冰，这些动作本身就是具有美或艺术的价值，因而

对个体也有审美的价值。当今流行的健美操、体育舞蹈等，无论对锻炼本身还是对观赏者都给予了一种美的感受。体育活动中任何一个熟练的技巧动作都可以给人一种广泛的美的享受。

5. 作为精神解脱的运动，对心理健康作用

对参与者来说某些能解除由挫折引起的紧张情绪的运动，就是人借助剧烈的肌肉努力来摆脱或排泄郁闷的简单方法。竞争性的运动通常可以提供一种令人满意的，社会性的，排泄本能的攻击动机的环境。

6. 作为自我磨练的运动，对心理健康的作用

把参加运动作为一种自我磨炼的机会。那些成就动机水平较高的人，不管是在运动竞赛中还是其他健身娱乐活动中，都会认识到要想获得成功，必须能够忍受长期的、严酷的训练，克制或压抑追求享受的欲望。现代的竞技运动，似乎可以提供一种类似的机会。当今的运动员要想获得优异成绩，必须经历一种“苦行式”的磨炼，包括长期的、严酷的，通常是痛苦的训练，以及紧张、艰难的竞赛。这些锻炼活动常常要克制或压抑某些生理上和心理上的基本需求。对某些人来说，与此相连的对身体的惩罚和自我磨炼或多或少可以看作有类似宗教的苦行主义。

参加运动能够激发斗志、培养意志力、增强心理承受力。一般来说完成某项体育活动都需要克服一定的客观上的困难（如动作的难度，外部的障碍，外界的作用等）和主观上的困难（如完成动作时的胆怯、困惑、畏惧的心理、身体的疲乏、酸痛等），因此参加运动可以培养积极向上、不怕艰苦、敢于挑战和顽强拼搏的意志品质。

参加运动必然会经常体验到成功的喜悦、失败的沮丧、进步的欣慰和失误的悔恨，这种磨练对心理承受力的增强有着积极的作用。

7. 运动对于陶冶情操、完善个性的作用

（1）运动能够提高人的“品位”。所谓品位不仅指良好的修养、文雅的态度等内容，还应体现为勇敢、进取、积极与活力等特点。参加运动是最能培养这些品质的途径。世界许多国家的领导人大都喜爱运动，例如毛泽东主席从小就酷爱游泳、英国前首相丘吉尔酷爱骑马、爱德华·希思是赛艇高手、巴西历任总统无不喜爱足球、克林顿每天晨跑，被誉为“跑步总统”。许多人凭着体育的一技之长而得以改善形象、提高品位。

（2）运动具有完善个性的作用。个性是指个体在其生理素质和个性心理特征的基础上，在一定的社会历史条件下，通过社会生活的实践锻炼与陶冶，逐步形成的观念、态度、习惯与行为。他是一个人比较稳定的生理、心理素质和社会行为特征的总和。运动在促进个性的形成和发展中起着积极的作用，他不仅作用于人体的生理属性，还能作用于心理属性，促进身心的健全发展，同时还作为社会教化的手段来促进个性的形成和发展。参与运动需要较强的自发性和经常性，所以对个性的作用较大。国外有关研究表明，一个人幼小时期所获得的户外游戏的经验，在其长大后能够促使他积极参加运动，在运动中不可缺少的体力、技能、勇敢、果断、灵敏以及聪明、机智等品质从中得到了锻炼。对于青少年来说，参加体育活动并使其成为生活的一部分，对促进他们的体力和技能是十分明显的，由此带来的成功感和满足感，以及来自伙伴的赞誉和肯定，更能促进他们个性的形成和发展。

8. 运动有健脑作用

运动能够有效地健脑。人们参加运动往往需要动员全身心的能力去投入运动，因此，运动不仅能锻炼身体和肌肉，而且还能增强大脑功能。

（1）运动能发展想象力。想象是人脑对已有表象的加工、改造和组合，并组成新形象的过程。经常参加运动可以培养丰富的想象力。从事体操、舞蹈、武术、健美操等项运动，需要在熟练掌握运动技巧的基础上，发挥想象力，借助原有的运动表象，经过大脑加工而重新编制自己需要的新颖套路。篮球、足球、乒乓球、拳击、击剑等项运动，则要求在掌握基本技术的基础上，能根据复杂多变的场上情况，采用随机应变的技术、战术，达到战胜对手的目的。经过长期训练，可以有助于发展锻炼者的想象力。

（2）运动能发展思维能力。思维是人体大脑对客观事物间接、概括的反映，是对事物本质属性和内部规律的反映。体育是人类社会特有的现象，是人类为其自身需要而进行的一种创造。体育与其他人类活动一样，有思维活动的参与。运动中任何运动技术、技能的掌握过程，都是人的智力和体力活动相结合的过程，他不仅需要逻辑思维能力，而且也需要运动思维能力，包括动作思维、战术思维等。

60 年代美国加州理工学院神经心理学家斯佩里的研究结果表明，大脑右半球专管人的整体、空间、形象、想象、模仿、直觉思维活动等，因此，在美术、音乐、体育、舞蹈的一些创造性活动中发挥重要作用。通过脑电图的研究表明，在进行运动操作时，右脑半球处于相对兴奋状态，可以认为参与体育活动能很好地开发利用右脑功能。

运动中的思维是以操作思维为主，其操作活动不是思考好了再做，而是一边做一边思考，一边思考一边做。动作的准确性、时间要求、顺序性、身体协调性等时空因素十分重要，运动中的思维有别于人们一般概念中的逻辑思维。直觉思维也经常在运动中发挥作用。在运动中，人们的决策往往不是完全依据准确的知觉和严密的思维作出的，要不停地、快速地作出判断和预测，如球的落点、方向、反弹高度、对手的意图、与同伴的配合等，都需要依靠直觉思维来完成。

思维的敏捷性是运动中思维的重要特点。体育人的手快、脚快、动作快，是人们众所周知的，这是行为的外在表现，他依赖于心理的敏捷性，突出体现在思维的敏捷性上。

9. 运动能增强自信心，提高适应能力

参加运动有助于增强自信心，克服自卑心理。当你努力克服困难完成一项活动后，你会体验到一种成功感，随着运动成绩的不断提高，自信心也会随之增强。

参加运动还可以增强生理功能和抵抗力，进而提高对自然环境的适应能力。同时也可以培养豁达的胸怀和处理问题的能力，有利于对社会环境的适应。

运动为人的心理健康奠定体育基础。人的身体素质和心理素质是互相制约、密切联系的两个方面。作为一个身心统一的人，其身体素质健康与否，必然会对心理健康产生影响。运动既能锻炼人的体质，又能促进心理健康，何乐而不为呢？无论你如何认同自己的身心健康，都应积极地加入到运动的行列中来。①

---

① 余虹. 浅谈运动对心理健康的促进作用［J］. 现代医院，2005，5（7）：129－131.

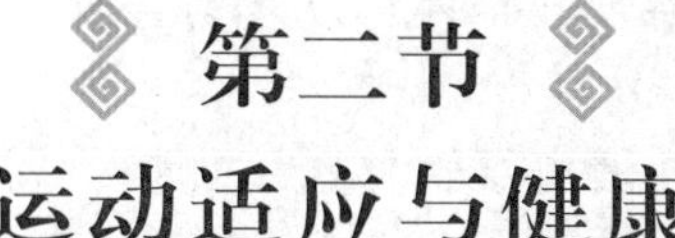

第二节 运动适应与健康

运动过程中和运动后的适应本质，是按运动要求提高运动者身体对运动的适应能力，从而提高身体机能，促进机体健康；长期运动获得的身体机能适应后停止运动一段时间，人体的身体机能将发生一系列的生化变化，在运动中获得的生化变化将逐渐消退。运动所获得的生物学适应，要不断加以巩固，形成运动惯性，当运动者持续保持运动惯性，会获得高度的运动适应，身体无论是器官水平亦或是分子水平所获得的适应性变化都更稳固持久，且身体机能良好的适应性变化可发生运动性遗传。

一、运动适应的生物学特点

适应是指适合客观条件或需要。在身体活动的恢复期，机体会产生自身形态、结构与机能的变化，以对抗身体活动的刺激，使这种刺激对身体的破坏或影响越来越小，从而使机能提高。运动的刺激也能使机体产生适应。运动对身体的适应过程应包括器官、系统的适应及其调节机理，而细胞适应是器官水平的基础。

（一）运动适应的概念

运动对机体是一种特异的刺激，长期系统的运动训练可使机体物质组成、物质代谢和能量代谢能力发生适应性改变，运动性质不同所引起的这些变化也有所不同。运动适应是指机体对不同运动方式所引起化学组成发生适应变化的现象。运动适应的结果被认为是运动能力提高和身体健康的标志。

运动可以引起人体的化学和代谢调节水平发生适应性变化。如长期、系统的耐力训练能使肌肉中肌红蛋白的含量增加，力量训练可使肌肉中 CK 的活性提高。根据这些不同训练适应性变化可以指导运动锻炼的方案，可在训练的不同阶段对锻炼者的机能状态进行评定，提高运动的科学性，合理地安排运动负荷和训练过程，不断提高身体机能。

（二）细胞适应的生物学特点

长期体育锻炼可引起肌细胞产生适应性变化，力量、速度训练可使骨骼肌细胞纤维肥大，肌肉体积增大。耐力训练能使肌肉线粒体数目和总量增加，主要是增加慢肌纤维（I 型）的线粒体数量。

由于力量训练的类型和方法不同，引起骨骼肌细胞纤维的适应特点也有所不同。抗阻力训练可优先使快肌纤维增大，在肌纤维组成不变下可使快肌纤维（II 型）在正常范围内增大 90%；速度或力量训练可选择性地使酵解型快肌纤维（IIb）或氧化型快肌纤维（IIa）变得肥大；在抗阻力或力量训练及部分速度训练时，可使与肌纤维收缩有关的蛋白质增多，从而改善训练所要求的力量和作功。

长时间的有氧运动能促进细胞线粒体数量增多。耐力训练时，主要增加慢肌纤维（I

型）的线粒体数量，有助于提高有氧代谢生成 ATP 的能力，从而提高耐力。细胞结构水平上的这些变化，有助于改善器官和整体运动训练体质，即力量、速度和耐力都会有不同的适应。

运动引起骨骼肌细胞内、外液离子转移速度加快，离子原的数目增加，细胞器各区域中离子组分和含量及其快速转移作用是正常生命过程的基本条件，细胞内、外液离子转移是细胞机能作用的开始，每次机能循环正好随着离子相对移动。这些移动依赖于细胞内外离子浓度的差别；在离子转移达到原贮备基础水平时，会出现由低浓度至高浓度的逆离子浓度梯度，这是一个由细胞膜上离子泵完成的耗能过程，在人体肌肉活检中，证明运动训练可以增加这些离子泵的数值。

当细胞活动时间或强度增加时，需要增加氧的供应以氧化基质，血液从肺泡获取氧，从肝脏、脂肪组织或某些组织获得基质，在动脉末端的毛细血管，在血浆滤过进入组织间液（细胞外液），使氧和基质被细胞应用。静脉末端毛细血管血浆可被重吸收，活动细胞可将未充分利用的产物转运入特定的器官进一步代谢或将产物排出。

（三）能源物质适应的生物学特点

运动适应可引起能源物质增多，如 ATP、CP、肌糖原等（见表 6－1）。由于不同运动中的主要供能系统不同，采取不同方法进行训练，能源物质的代谢特点就不同，对该训练产生适应的代谢途径也不同（见表 6－2）。如：短时间的全力、间歇训练可提高磷酸原代谢的供能能力，ATP、CP 含量增加；而长时间的有氧耐力训练可提高有氧氧化的供能能力，肌纤维内能源物质肌糖原贮备量增加。也就是说，这两个代谢过程分别对短时间的全力间歇训练和长时间的有氧耐力训练产生了适应性改变。

表 6－1　大强度举重训练 5 周后肌肉的生化变化（mmol/kg，肌肉）

细胞内基质	训练前	训练后	增加%
CP	17.07	17.94	+5.1
C	10.74	14.52	+35.2
ATP	5.07	5.97	+17.8
糖原	86.28	113.90	+32.0

表 6－2　不同运动方式能源物质的适应性变化

运动方式	能源物质的适应性变化
力量训练	肌纤维基因表达增加，主要是 II 型肌纤维增加；肌肉中 CP、肌糖原含量增加；CK、MK、PFK 等酶活性增加；骨骼肌无机盐密度增加
速度训练	肌肉中 CP 的贮量明显提高；ATP、CP 分解和合成速率加快；糖酵解酶活性增强，运动时肌糖原分解速度加快，并保持在更高速率水平上合成 ATP；快收缩肌纤维选择性肥大；改善肌肉缓冲酸的能力提高；肌糖原的静态储量增多
速度耐力训练	糖酵解酶活性提高；肌肉耐受酸的能力；肌糖原合成能力提高
耐力训练	I 型肌纤维表达增加；线粒体中与有氧代谢相关的酶活性增加；血红蛋白、肌红蛋白增高；肌糖原、肝糖原的储量增高；糖异生合成糖的能力增高

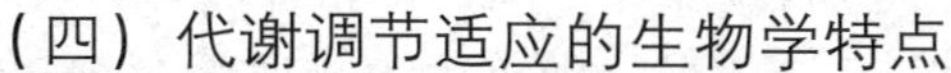

（四）代谢调节适应的生物学特点

运动可改善体内代谢调节功能，提高运动能力，促进健康。调节物质如酶、激素、神经递质等都可适应运动对机体的要求。

1. 酶调节的适应

机体内各种代谢变化快速而又协调，几乎都是由酶来催化。运动训练可引起细胞内一系列酶活性发生适应性变化，包括酶含量的增多和活性的提高。

（1）运动训练引起线粒体酶活性的适应

Benzi G. 经过系统的研究于 1985 年提出耐力训练可提高糖代谢线粒体酶活性，其变化与运动能力密切相关，运动产生这种适应可分为三个阶段。

①线粒体酶非补偿性阶段

在耐力训练开始时，与线粒体中三羧酸循环酶活性升高的同时，细胞质中的酶活性也升高，主要是腺苷酸环化酶、磷酸化酶、磷酸果糖激酶和丙酮酸激酶活性增加。这说明糖原分解和糖酵解过程都加强；乳酸脱氢酶活性升高，说明丙酮酸来不及全部氧化，有部分转变为乳酸。这说明耐力训练初期线粒体中酶活性的提高不足以满足运动时的能量要求，而动员糖酵解的无氧代谢参与供能。

②线粒体酶补偿的适应阶段

以同样强度继续训练 50 ~ 100 d，线粒体三羧酸循环的酶活性不断明显增加，而与糖酵解有关的无氧代谢酵活性下降，下降至接近训练前的水平。说明在这阶段中，线粒体酶活性适应性升高达到能量需求，不需细胞质中无氧代谢酶升高来补偿。

③线粒体酶超补偿适应阶段

随着以同样负荷强度训练至 150 d 时，线粒体酶活性处于稳定状态，此时出现丙酮酸代谢的另一条途径，即丙酮酸与谷氨酸通过谷丙转氨酶的作用产生面丙氨酸和 α - 酮戊二酸，有助于动员氨基酸参加供能代谢。

从上述三个适应阶段规律来看，适应过程与运动负荷和训练时间有关。当耐力训练达到线粒体酶补偿的适应阶段时，应适时增加运动负荷，使身体又回到线粒体酶非补偿阶段，不断在新的基础上达到新的适应，从而提高运动能力。

（2）运动训练引起抗氧化酶的适应

20 世纪 70 年代中期开始，人们对体育运动中自由基的生成产生了极大兴趣，自由基的生成逐渐被认为是引起运动性疲劳的重要原因之一，运动与自由基已成为当前运动医学领域的一个引人关注的课题。机体产生自由基的同时，存在着清除自由基的防御系统，使体内自由基的生成和消除处于一种动态平衡中。消除氨自由基的系统包括抗氧化酶超氧化物歧化酶（SOD）、过氧化氢酶（CAT）和过氧化物酶（POD）、谷胱甘肽过氧化物酶（GSH - P_X）。SOD 是抗氧化系统中最有代表性的一种酶。

耐力性有氧运动可使机体抗氧化酶发生变化，产生保护性适应，而运动强度的大小和运动时间的长短对抗氧化酶活性的影响也不一。小强度运动不足以引起机体产生明显反应，在较大强度运动时，机体的抗氧化能力显著提高。研究发现，强度越大，运动持续时间越长，骨骼肌、SOD 和 GSH - Px 活性提高越明显。不同的抗氧化酶类对运动训练适应的表现不同：CAT 活力表现出高度敏感性，说明较高强度的运动是提高 CAT 活力的有效手段，SOD、GSH－Px 对短时间运动表现不够敏感。运动可以提高肌体防御和清除自由基的能力，降低机体脂质过氧化的程度。

2. 激素调节的适应

激素对急性负荷的应答特征以及对长期运动的适应规律总结如下：（1）应激激素水平在急性运动过程中会升高，且升高幅度与运动负荷强度与运动持续时间相关。（2）对主要应激激素而言，运动中要引起其水平升高，需要一个激活激素升高的运动强度阈值。而且，激活不同激素升高的阈值不尽相同。（3）长期运动训练后，激素水平会发生某种程度的“去补偿”现象，表现为：反映幅度更加精确，机能更加节省化。（4）经过长期训练后，不同激素变化的综合结果，总是朝着有利于运动的趋势发展。

部分激素对急性运动的反应以及对长期运动的适应性变化如表 6－3 所示。

表 6－3　激素对急性运动的反应以及对长期运动的适应性变化

激素名称	对急性运动的应答性变化	经过长期训练的适应性变化
生长激素	随着运动负荷的增加而升高	完成同等运动负荷时反应变小
促甲状腺素	随着运动负荷的增加而升高	未知
促肾上腺皮质激素	随着运动强度和持续时间而升高	完成同等运动负荷时反应变小
催乳素	随着运动升高	未知
促卵泡激素	变化很小或未变	未知
黄体生成素	变化很少或未变	未知
抗利尿激素	随着运动负荷的增加而升高	完成同等运动负荷时反应变小
甲状腺素	游离 T_3 和 T_4 随着运动强度增加而升高	完成同等运动负荷时 T_3 和 T_4 比例改变
甲状旁腺素	随着运动持续时间延长而升高	未知
肾上腺素	在约 75% 的 Vo_{2max} 时开始升高，并随强度增加而升高	完成同等运动负荷时反应变小
去甲肾上腺素	在约 50% 的 Vo_{2max} 时开始升高，并随强度增加而升高	完成同等运动负荷时反应变小
醛固酮	随着运动负荷的增加而升高	
可的松	仅在高强度运动负荷时才升高	稍微升高
胰岛素	随着运动负荷的增加而升高	完成同等运动负荷时反应变小
高血糖素	随着运动负荷的增加而升高	完成同等运动负荷时反应变小
肾素	随着运动负荷的增加而升高	不变
红细胞生成素	未知	不变
睾酮	运动期间小幅度升高	男子运动员安静值降低
雌激素和孕激素	运动期间小幅度升高	高水平女子运动员安静值也许会降低

（五）神经肌肉系统适应的生物学特点

力量训练使肌肉力量增加的同时，也使肌肉的收缩速度加快，但这种适应性变化具有速度对应性，速度较慢的力量训练在慢速范围内可以提高肌肉收缩速度与力量，但对肌肉的快速收缩速度没有影响。Narici（1989）发现，经过60天相对慢速的（2.06弧度/秒）等动伸膝力量训练，使在这个速度和低于这个速度的伸膝力矩增加，但高于这一速度的力距没有增加。由于肌肉的收缩速度主要是由支配肌肉的运动神经元的活动特点决定的，这些研究说明了力量训练中力量—速度—功率输出之间的关系是运动神经元对训练产生不同的适应造成的。

力量训练虽然能在很多相关的运动中提高运动能力，但是力量训练对相关的专项运动技术与运动能力的作用，取决于训练中神经肌肉产生的适应特性，包括提高的肌肉力量能力在向提高专项运动能力的转移过程中，各种神经肌肉适应的相互作用的结果，要结合专项运动技术中肌肉的用力特点和专项训练进行力量训练，使中枢神经系统支配的专项运动中肌肉的收缩方式与力量训练中获得的神经肌肉适应性改变相一致，并在力量训练和专项运动中使身体不同环节肌肉的力量与活动更加协调和平衡匹配，不忽视协同肌和对抗肌的力量训练，才能提高力量训练在专项运动能力中的作用。

肌肉耐力训练后，运动终板的突触前膜和突触后膜的结构与功能都会产生适应性的变化。多数研究发现，耐力训练使运动终板体积增大，快肌纤维运动终板区乙酰胆碱酯酶活性增加（通过增加数量），快肌纤维突触前膜重摄取乙酰胆碱的能力增加，可以降低使受体脱敏感的影响，运动神经元末梢成熟的递质释放囊泡数量增加，可以降低使受体脱敏感的影响，运动神经元末梢成熟的递质释放囊泡数量增加，快、慢肌突触后膜乙酰胆碱受体数量增加，这种适应性变化一方面使突触前膜释放递质的能力（一次释放的数量和持续时间）增加，另一方面增强了突触后膜的反应性终板电位增加，Dorlchtcr（1991）观察到小鼠耐力训练后趾长伸肌终板电位比对照鼠增加一倍，总的结果是增加了肌肉的耐力力量和抗疲劳耐力能力。运动终板区AchE增加的机制目前还不清楚，可能的影响因素包括运动神经元释放的降钙素基因相关肽和乙酰胆碱受体激动引起的细胞反应，涉及的环节可能包括与酶基因表达相关的转录前细胞信号转导、转录调节，也可能包括翻译调节与翻译后修饰调节。

运动能力改善首先是骨骼肌纤维结构和代谢能力改变，肌纤维代谢改善需要和系列器官协调。机能能力提高的表现是身体活动时协调，身体内各系统、器官、组织和细胞间的改善和在活动时的整体性协调改善。因此，运动引起的细胞适应，应包括心肌、肝脏、肾脏、神经、内分泌和其他细胞的适应。①

第三节
惯性运动，健康一生

运动是改变身体健康状态的关键，他能有效干涉人们的生活方式，预防各种慢性病

① 林文弢．运动生物化学［M］．北京：人民体育出版社，2009．

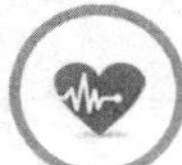

的发生。适量的体育活动是增进健康和维持健康的最简易方法之一，坚持体育活动，持之以恒，形成了运动惯性，机体获得运动适应，可使人在体力上、精神上感觉更好。有助于保持身体的柔软性和灵活性，加强肌肉、关节及骨骼的功能，提高心脏工作的效率，改善血液循环，预防心血管疾病，同时缓解压力和抑郁。

在生活中，强调科学的运动促进健康的理念，强调身体运动的重要性，运动惯性是机体在运动适应的基础上形成的更稳固的、不易消退的机体健康状态，运动惯性是保持身体健康的主要手段和方式。

随着人们更加注重生活质量，运动惯性成为提高大众健康水平，延缓衰老，防治心血管疾病、神经退行性疾病、糖尿病、肥胖等不可获缺的重要手段。静式生活方式（sedentary lifestyle）则被证明与多种慢性疾病的发生密切相关。

运动惯性对收缩器官（骨骼肌）及远隔器官（心脏、肝脏、胰腺、脂肪等）均有健康促进效应，是防治衰老及多种慢性疾病的有效手段。从图6－1所示，我们可以直观的看到运动时机体各个器官水平均会产生良好的生物学变化。

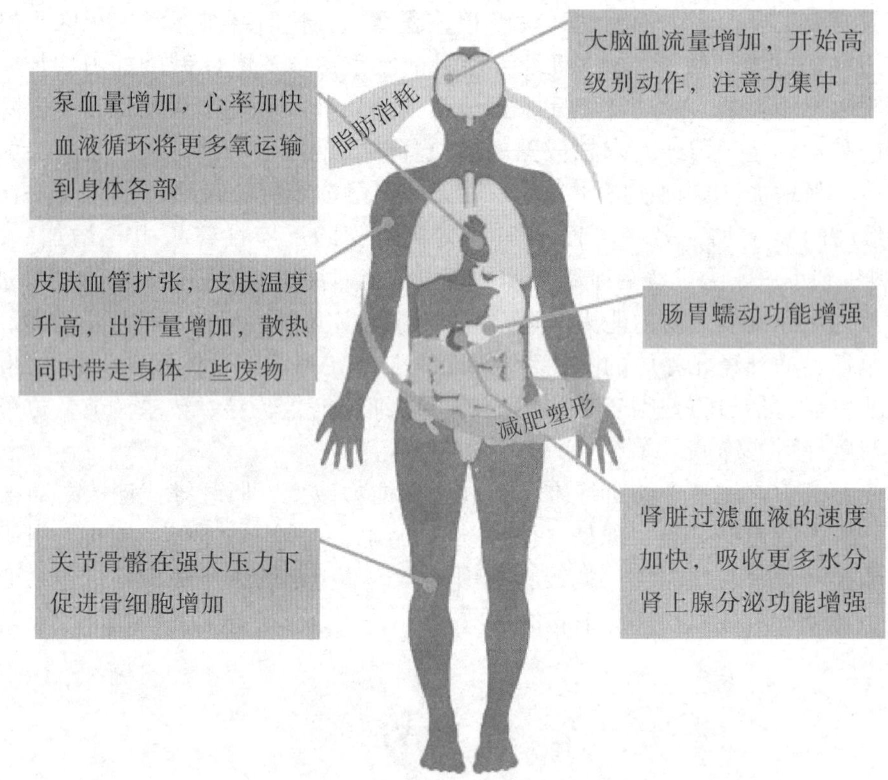

图6－1 运动时人体变化图示①

对于健康的关注，许多的名人都已经走在运动惯性的路上了，最简单的运动如跑步

① 39健康网运动时身体发生哪些变化？运动有什么好处？［EB/OL］http://fitness.39.net/a/151030/4718980.html.

就让他们形成良好的运动惯性，各界的顶级精英都在坚持运动。

比如 Facebook 创始人兼 CEO 马克·扎克伯格（Mark Zuckerberg），他在 Facebook 晒出了一张晨跑照（图 6－2），显示其在天安门跑步。扎克伯格在 Facebook 上称，“回到北京感觉很棒！我到中国的第一件事，就是跑步经过天安门广场、故宫，最后到达天坛。”扎克伯格称，他今年已经跑完了 100 英里（约 161 千米）。扎克伯格年初时宣布今年执行跑步计划，每天坚持跑 1 英里，一年总共完成 365 英里。扎克伯格每到一个城市，都会晒出他在该城市跑步的照片。

Mark Zuckerberg 在 天安门广场
1 小时前 · 中华人民共和国北京市 ·

It's great to be back in Beijing! I kicked off my visit with a run through Tiananmen Square, past the Forbidden City and over to the Temple of Heaven.

This also marks 100 miles in A Year of Running. Thanks to everyone who has been running with me -- both in person and around the world!

（截自 http://www.facebook.com/zuck/）

图 6－2 Facebook 创始人兼 CEO 马克·扎克伯格的 Facebook 截图

说起坚持跑步的原因，扎克伯格说：“我发现跑步是理清思绪，获得更多精力，以及找到时间思考，我在脸书应对的挑战和我们公司哲学的绝佳方式。当我出行时，跑步是一种在一整天密集开会之前探索一座新城市、克服时差影响的绝佳方式。”①

很多人知道村上春树，更多是因为他的作家身份和作品，但其实他在开始职业作家

① Kelme Running Club. 那些与我们一样热爱跑步的名人［EB/OL］. http://sanwen8.cn/p/30fJvSs.html.

生涯之际，即开始了长跑。此后近三十年，从夏威夷的考爱岛到马萨诸塞的剑桥，从日本村上市参加铁人三项赛，到踏上希腊马拉松长跑古道，他，永远奔跑着。他甚至还写了一本书《当我谈跑步时，我谈些什么》。在他看来，诚实地书写跑步，也就是在某种程度上诚实地书写自己。只要跑步，村上春树便感到快乐。“跑步，在我迄今为止的人生中养成的诸多习惯里，恐怕是最为有益的一个。由于30多年从不间断地跑步，我的躯体和精神大致朝着良好的方向得到强化。”村上春树称。①

美国前总统小布什是一个出了名的“跑步痴”（图6-3），他在接受《跑步爱好者》杂志采访时说：“那时，我还很年轻，但体型开始发胖，出于虚荣心，我在朋友的带领下，开始练习跑步。时间一长，我发现，跑步让我戒掉了抽烟、喝酒的坏习惯。跑步的确是锻炼人的好办法。”小布什甚至把一台自行车健身器搬到了“空军一号”上，而且，不论他走到哪儿，酒店总统套房里都要给他准备一台跑步机。②

据说，小布什总统判断白宫员工的标准之一就是“体格”，总统助手们想博得总统的好感，经常上健身馆绝对是个好方法。而成为小布什的助手或是贴身保镖，先决条件是必须通过总统规定的“100华氏度俱乐部”测验（即高温跑步测试）。相传小布什的安全顾问赖斯与小布什相识也是因为跑步。③

图6-3　美国前总统小布什④

放眼各个行业的顶尖人物，无一不是能够坚持运动，十年如一日地保持良好的运动惯性，严格管理自己身体的人。有人说，身体是供奉灵魂的神殿。如果咱们连神殿都照顾不好，谈什么灵魂的修养呢？还在犹豫要不要运动的你，有没有变得坚定一些？⑤

当你开始运动后，来看看机体在经过的运动锻炼后发生的变化吧。

一、运动惯性可提高心肺功能防治慢性疾病

刚开始运动时，短时间内或许无法改变很多事情，但是身体开始发生正向的改变，运动的初体验让自身的心率加快、血液快速流过全身、身上多余的脂肪开始燃烧。

虽然双腿会感到酸痛，心情却莫名地感到舒畅。运动会促使脑垂体分泌出快乐激素——内啡肽，就像是恋爱的感觉，会觉得自己能跑得快飞起来了。运动带给自身一天的好心情和更加轻快的人生态度，认人觉得沿途的风景都是不一样的。

坚持一段时间的运动后，你的呼吸变得均匀平稳，心跳变得沉稳有力。你应该已经甩掉了几斤赘肉，慢慢地有些衣服裤子穿上去已经有点大了。而你的生活习惯也在悄然

①②③④⑤　Kelme Running Club. 那些与我们一样热爱跑步的名人［EB/OL］. http：//sanwen8.cn/p/30fJvSs.html.

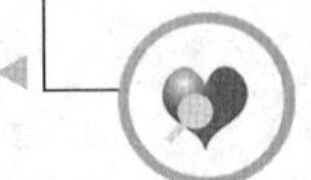

发生改变，你会发现早睡早起不再是难事。为了保卫运动的成果，自然会吃得清淡，对高脂肪、高糖、高热量食物的渴望也不像之前那么强烈。

当你稳步建立了坚持运动的习惯后，运动让你的免疫系统在24小时内都全力运转。体能和耐力大幅度提高，更低的心率意味着更强劲的心脏，更平缓的呼吸意味着更加高效率的心肺系统，你已经可以跑下绝大多数人跑不到的距离。

体育锻炼能提高心搏输出量，降低心率。一般人在安静状态下每搏输出量为50～70毫升，经过锻炼的人，心脏每搏输出量80～100毫升。由于体育运动能提高心脏每搏输出量，心脏每次收缩能把较多的养料和氧气输送到机体组织，因而就可以减少搏动次数，同样可以达到每分钟输出量，甚至更多，即可完全满足机体的需要。一般人安静时的心率为70～80次/分，经常参加体育锻炼的人，安静时心率为50～60次/分，这样相应地减少了心脏工作量，提高心脏持久而有节奏地工作能力。由于体育锻炼提高了心搏输出量，降低了心率，降低了心肌本身的能量消耗。一般人在紧张工作时心跳增加到每分钟180次就会出现脸色苍白、胸闷、恶心、甚至昏倒等现象。而训练有素的运动员在剧烈活动时心跳每分钟可高达200次以上，心脏能在高负荷状态下维持较长时间的工作，而且运动后能较快恢复正常。可见经常锻炼者的心脏活动潜力是很大的。

体育锻炼使血管壁肌层增厚，提高血管壁的弹性，增大管径，以有利于血液的流通和个体在工作、学习中所需氧气和营养物质的供应，并能顺利地排出二氧化碳和其他废物。体育锻炼还可改善微循环。人体在安静状态下，肌肉中开放的毛细血管数量很少，而开放的毛细血管口径却很大。若大量的毛细血管处于闭塞状态，长期不加使用，这些毛细血管就会逐渐趋于萎缩退化。体育锻炼能使肌肉中的毛细血管大量开放，能极大地改善微循环机能，使之有更大的潜力来满足激烈活动所需的能量物质供应。①

运动惯性可以使心脏肌肉发达，心收缩力增强，每搏输出量增多，这样心脏能用较少的搏动次数能够维持全身血液供应的需要，大大增加了心脏的休息时间，从而减轻心脏的疲劳。血管壁肌层增厚，弹性好，有利于血液流通，从而使血压下降，保证了人体中所需要的氧和营养的供应，同时也顺利地排出二氧化碳和其他废物，具有防止动脉粥样硬化的功能，从而防止高血压、冠心病等慢性疾病的发生和发展。

运动惯性还可以帮助我们控制体重，防止肥胖症及其所引起的代谢性疾病，如Ⅱ型糖尿病等慢性病的发生及发展，运动惯性带给你高速的新陈代谢，你的身体就是一台“脂肪燃烧器”，脂肪不再会囤积。而你的同龄人，很多都是珠圆玉润，腰腹部带着一个游泳圈，当他们在研究减肥的时候，已经坚持运动成惯性的你无论是体能还是体型都是他们望尘莫及的。图6－4将为我们带来直观的感受。

---

① 吴中南，吕莉. 体育锻炼对人体生理机能的作用［J］. 黄冈职业技术学院学报，2008，10（3）.

图 6－4 坚持运动后体型的改变①

二、运动惯性可提高免疫能力延缓衰老

运动免疫学认为，坚持适度的运动或短时间中等强度的运动能够对免疫功能起到有益的调节作用。运动惯性可促进机体抗炎细胞因子水平的提高，以及作为最大的内分泌器官，通过骨骼肌收缩，分泌大量的细胞因子，影响着新陈代谢和免疫能力。

运动惯性可增强体质，加强呼吸系统对气温的适应，提高抵抗力，调节血液中白细胞、巨噬细胞、淋巴细胞等比例，而他们能吞噬人体内可能有的癌细胞。当很多同龄人的身体开始走下坡路，各种小毛病频繁来袭时，保持运动惯性的你身材却更加健硕了，容貌甚至逆生长。

长期坚持运动，造就了健康良好的身体状态，也磨炼了坚韧不拔的精神性格。运动惯性，成为了你的一个人生标签，坚持运动并不是为了战胜谁，而是为了与更好的自己相遇！

一项对 1 020 名 65 岁以上老年人的研究显示，炎性标志物白介素 6（IL－6）、CRP 和 IL－1RA 与体能和力量高度相关，提示健身运动通过抗炎作用，有利于提高免疫力，维持老年人的健康水平。

细胞衰老指细胞从生长状态转变为不可逆转的生长停滞状态，细胞衰老是机体老化和老年性疾病的基础机制，衰老细胞失去了分裂能力，分泌炎症因子、生长因子和蛋白酶，从而破坏了周围细胞。长期坚持运动能够消除对人体有危害作用的自由基，延缓衰老进程，你会发现体能状态一点不输年轻人，傲人的耐力和体力甚至可以和自己的孩子来一场真正的较量。你的身材体型、仪表姿态、体能水平、精神气质站在同龄人中，显得那么与众不同！著名的足球运动员大卫·贝克汉姆便是坚持运动保持健康体魄的最好的诠释（图 6－5）。

---

① 迈林兰骑行俱乐部．运动前后脸型的惊人变化［EB/OL］．［2015－03－04］．http://mp.weixin.qq.com.

图 6-5　足球运动员大卫·贝克汉姆①

运动与不运动的人，在每天看来没有任何区别；在每月看来差异也是微乎其微；在每年看来差距虽然明显，但好像也没什么了不起的；但在每 5 年来看的时候，那就是身体和精神状态的巨大分别。等到了 10 年再看的时候，也许就是一种人生对另一种人生不可企及的鸿沟。

运动作为一种应激原，在人体各个不同的结构水平都可能引起短时的变化；长期的体育运动也可能在各个不同的结构水平引起相对持久的变化。前者称为反应，如运动时心率加快呼吸加深，运动停止后又可恢复常态；后者就是通常所说的运动适应，如训练有素的运动员安静时心搏徐缓，呼吸徐缓，可持续数年。坚持运动，使运动适应作为一种惯性形成后，机体将产生高度适应，获得良好的健康状态，延缓衰老，机体在分子水平的变化，将进一步发生遗传，延续良好体质。

现代分子遗传学表明，细胞分化源自基因修饰上的差异，不同修饰使细胞具有不同的功能和适应能力。在运动应激下，有些细胞幸存的原因是基因的有利修饰，但是他们在亚细胞水平或分子水平上的“改革”既证明了“自然选择”的强大渗透力，也体现了幸存细胞的代偿性适应。

运动使呼吸循环系统的运氧效率不得不改善，肌肉的体积和力量不得不增长，毛细血管在组织间的分布不得不加密，从而换得新型细胞的新生，新生细胞在继承前任义务的基础上，在适应能力上有进步之处。生命在凋亡，生命在新生，体育运动在凋亡—新生—再凋亡—再新生的生命循环中推波助澜，“运动选择”使不利的基因修饰淘汰，有利的基因修饰继续繁衍，加速细胞的更新与改进。

研究显示，仅仅进行 26 周的力量锻炼就能从基因层面上逆转老龄化的进程。加拿大健身专家和理疗师莫琳·黑根说：“在老年人不患有严重疾病的前提下，他们依然可以像年轻人那样对各个肌肉群进行力量训练。”力量训练还能保持肌肉重量，随着年龄的增长，人们每 10 年就会丧失约 2.3 公斤的肌肉，而脂肪在同期内会增加 4.5 公斤。为了保持肌肉和脂肪之间的平衡状态，老年人也应当进行力量训练。

运动惯性对延缓衰老的作用在基因水平上也有了新发现。2009 年，在斯德哥尔摩举办

① Kelme Running Club. 那些与我们一样热爱跑步的名人［EB/OL］. http://sanwen8.cn/p/30fJvSs.html.

的诺贝尔奖颁奖礼，无疑是一场空前盛会。不光美国总统亲临现场，更有3位美国知名抗衰老科学家共同获得了诺贝尔医学奖，以奖励他们发现了人类逆转衰老的关键—端粒酶。

诺贝尔专家评审组认为，端粒酶对人类长寿与治疗各种衰老造成的疾病、功能退化，有着决定性功效，合理的运用提取生物端粒酶技术，将可让全球人类生理年龄出现逆增长，许多困扰医学界的慢性疾病将得到治疗。早在20世纪40年代，各国科学家就已发现人类细胞染色体末端的DNA重复序列部分，并命名为“端粒”。端粒的长度决定了人类的健康状态和寿命，当端粒变短时，人便老去，各种疾病缠身；端粒消失，人的寿命也到了尽头。但人类体内有一种特殊的核蛋白逆转录酶，可促进端粒生长，逆转细胞衰老，恢复人体内循环功能，保持血管弹性和细胞活性，从而治疗衰老带来的各种疾病，他就是神奇的“端粒酶”。

导致细胞衰老的一个主要现象正是端粒的缩短。端粒是染色体末端类似保护帽的重复DNA序列。每当细胞分裂时，细胞内的染色体都会进行复制，分裂为两个含等量DNA的子细胞。在DNA复制以及新染色体分离的过程中，染色体两端存在DNA减少缩短的情况。在端粒保护帽的作用下，这一缩短过程仅仅影响端粒酶，而不会对染色体内重要的基因编码部位造成影响。

某个细胞组织内的细胞受损时，邻近的细胞或者说再生干细胞及祖细胞便会发挥作用，进行分裂以替换这些受损细胞。较长的端粒能让周围这些具有再生能力的细胞持续分裂，从而修复该细胞组织，然而较短的端粒能发挥作用的次数却非常有限，因为他们所具有的端粒保护帽会随着细胞分裂而变得更短。包括干细胞在内的再生细胞需要频繁地进行分裂，而这些再生细胞内所含的端粒酶，即能阻止端粒缩短的酶类，含量越高越有利，其原因正在于此。因此，端粒酶就如同抗衰老酶。

一个人的细胞中都存在这种物质，可惜当人体过了25岁后，端粒酶便失去活性，直到30岁彻底消失，人体从此踏入衰老期。研究表明适宜的运动能激活端粒酶的表达，激活端粒酶能够减慢端粒在细胞分裂中缩短的速度，延缓细胞的衰老，起到延缓衰老的作用。①

坚持运动，保持运动惯性，机体产生相对持久的有利变化，运动会对个体体细胞有优化作用，机体对不同运动方式所引起化学组成发生适应变化，不利基因型的个体被淘汰，有利基因型的个体得以繁衍，在群体上表现为人类的适应性进化。

研究表明，适量规律性运动可促进脑组织重塑，表现为刺激神经元增殖与分化，促进长时程增强的诱导，提高机体学习和记忆能力。此外，运动训练可通过改善海马神经元线粒体功能、促进脑区多巴胺代谢等途径参与阿尔兹海默病（AD）、帕金森症（PD）等神经退行性疾病的防治。②

当我们通过运动获得的身体机能适应，良好的健康体质时，保持运动惯性，维持机体健康水平的发展，减缓机能衰退，是提高生活质量的保障。

运动惯性与健康状况息息相关。现代生活方式的转变严重影响了人类追求健康长寿、和谐平衡发展的目标。运动是提高人类生存质量的重要手段，应该积极形成并保持良好的运动惯性，提高我们的健康状况和生活质量。

---

①② 熊正英，刘志刚. 运动与细胞衰老的端粒机制及其研究进展［J］. 陕西师范大学继续教育学报2004，21（3）.